主 编 曾天山 王定华

# Voice of Reform and Opening Up

Practice and Exploration of Foreign Language Education in China

2nd Edition

改革开放的先声

——中国外语教育实践探索

第二版

编 者 李建忠 田 辉 秦 琳
姜晓燕 张晓光 孟庆涛
赵章靖 王晓宁 陈春勇
郑大鹏

平装版

外语教学与研究出版社
FOREIGN LANGUAGE TEACHING AND RESEARCH PRESS
北京 BEIJING

**图书在版编目（CIP）数据**

改革开放的先声：中国外语教育实践探索：第二版／曾天山，王定华主编；李建忠等编．－－ 北京：外语教学与研究出版社，2019.8
ISBN 978-7-5213-1141-9

Ⅰ．①改… Ⅱ．①曾… ②王… ③李… Ⅲ．①外语教学－教学研究－中国 Ⅳ．①H09

中国版本图书馆 CIP 数据核字 (2019) 第 180954 号

出 版 人　徐建忠
责任编辑　巢小倩　付分钗
责任校对　孔乃卓
封面设计　孙莉明
出版发行　外语教学与研究出版社
社　　址　北京市西三环北路 19 号（100089）
网　　址　http://www.fltrp.com
印　　刷　北京盛通印刷股份有限公司
开　　本　787×1092　1/16
印　　张　20
版　　次　2019 年 8 月第 1 版 2019 年 8 月第 1 次印刷
书　　号　ISBN 978-7-5213-1141-9
定　　价　80.00 元

购书咨询：（010）88819926　电子邮箱：club@fltrp.com
外研书店：https://waiyants.tmall.com
凡印刷、装订质量问题，请联系我社印制部
联系电话：（010）61207896　电子邮箱：zhijian@fltrp.com
凡侵权、盗版书籍线索，请联系我社法律事务部
举报电话：（010）88817519　电子邮箱：banquan@fltrp.com
物料号：311410001

记载人类文明
沟通世界文化
www.fltrp.com

# 序

王定华

时光荏苒，年华如歌。40年前，一个伟大的决定，吹响了中国改革开放的号角，唤醒了东方再次沉睡的雄狮，激发了震惊世界的发展活力；40年来，在中国共产党的坚强领导下，中华儿女团结一心，奋发图强，锐意改革，深化开放，成就辉煌；40年后的今天，我国社会发展进入新时代，向着全面建成小康社会目标努力奋斗，全国上下正在加快建设富强、民主、文明、和谐、美丽的社会主义现代化国家，中华民族再次屹立于世界民族之林。

回眸改革开放之初，百废待兴，百业待举，外语教育率先发声。自此，一批批莘莘学子走出国门，操起他国语言，探究异邦之长，借鉴外国先进科学技术，汲取人类优秀文明成果；一所所大中小学校开设外语课程，学生勤奋阅读，刻苦训练，互动交流，蔚然成风。从而，国人正视差距，拓宽视野，创新思维，奋起直追，拉开了全面改革开放的大幕。可以说，改革开放推动外语教育，外语教育助力改革开放；改革开放的40年，也是中国外语教育不断发展壮大的40年。外语教育与国家命运紧密相连，成熟的外语教育和外语教育政策是一个国家整体战略的重要组成部分。语言是国际交流与合作的重要沟通工具，是人类思想与文化的重要载体。中国人学习和使用外语对借鉴外国先进科学技术、汲取人类优秀文明成果、传播中华悠久灿烂文化、增进我国与其他国家的相互理解和交流具有重要意义。

值此纪念中国改革开放40周年之际，本书选取中国外语教育这一独特视角，力求从重大意义、发展历程、政策分析、重要举措、巨大成就、突出贡献、基本经验、走向新时代八个方面，全景展示改革开放40年中国外语教育发展历程。其中，有三个方面的意义尤为彰显。

一是总结经验，坚定"四个自信"。本书通过缜密的梳理、翔实的数据和海量的研究，勾勒出改革开放40年来中国外语教育的风貌：对促进国家经济发展、推动中外文化交流、提升国民国际素养、加强国家软实力具有重大意义；历经了服务于"四化建设"的外语教育恢复和重建阶段、服务于扩大对外开放的外语教育发展阶段、服务于面向国际市场的外语教育强化阶段，以及服务于"走出去"战略的外语教育新时代四大发展历程；采取了政策、制度、课程、师资、资源、评价六大重要措施，形成了世界最大规模的外语学习群体、建立了一套行之有效的外语教育评价制度、建立了多语种多层次的外语专业人才培养体系、取得了外语教育和质量不断提升的巨大成就；为推动国家外向型经济贸易发展、提高国家综合实力、提升国民素养、扩大中国影响力做出突出贡献；总结出政策引导、规划发展、健全体系、课程建设、师资保障、社会参与、信息化支持、国际交流合作八个方面的基本经验。归根结底，这是坚持中国共产党的领导、扎根中国大地发展外语教育的结果。所以，我们要更加坚定中国特色社会主义道路自信、理论自信、制度自信、文化自信，坚持办好中国特色社会主义教育，发展中国特色外语教育。

二是发现问题，提出切实建议。经过40年的快速发展，在取得辉煌成绩的同时，也不可避免地出现了一些问题。当前，中国改革进入深水期，外语教育还不能满足新时期国家和人民的新需求。为此，本书提出了加强外语学科建设战略发展规划、明确复合型人才培养目标、突出交际能力和人文素养的培养模式、多途径加强外语师资建设、运用多样化教学法、积极发展在线教育、促进外语培训行业健康发展、改进外语测试与评价等切实有效的建议。

三是展望未来，突出贡献担当。党的十八大以来，中国特色社会主义逐步进入新时代。国家各项工作朝着更加注重内涵和全面协调发展的方向迈进，对外开放走上一个新台阶。"一带一路"倡议、扩大中外人文交流、构建人类命运共同体、讲好中国故事、贡献中国方案等，对中国外语教育提出了新的要求。本书编写期间，恰逢新时代第一次全国教育大会隆重召开。习近平总书记号召大力培养掌握党和国家方针政策、具有全球视野、通晓国际规则、熟练运用外语、精通中外谈判和沟通的国际化人才，有针对性地为"一带一路"建设培养急需的懂外语的各类专业技术和管理人才，有计划地培养选拔优秀人才到国际组织任职。习近平总书记指出，中国要加强同世界各国的互容、互鉴、互通，加强教育服务国家外交的能力，通过教育交流合作，助推构建人类命运共同体。从习近平总书记的讲话中，我们要清楚地认识到，中国的外语教育不能削弱，而要继续加强；中国的改革开放不能停滞，而要继续深化。在这种背景下，中国的外语教育必将大有可为。

本书由曾天山研究员牵头策划。身为中国教育科学研究院副院长，他在教育理论、教育政策、教育学科、教育实践等领域著作颇丰，主持过多项国家重大课题，目前受教育部委托正在进行外语教育课题研究，与北京外国语大学形成合作关系。我们两人自1990年相识，已多次开展学术合作。此次受天山邀请，我和他共同担任主编，执笔部分章节并做序，与一些新老朋友一起完成书稿，至感荣幸。我相信，书中内容对广大读者会有一定启发。不过，虽然作者与主编认真撰写和审定，但限于水平和时间，书中疏漏与不足恐难避免，望各位贤达不吝赐教，我们将认真审视、虚心接受，并在修订或再版时予以订正。

2018年10月18日

于北京外国语大学

# 目　录

# Contents

# 前　言

## 努力打造新时代外语教育升级版

　　国民多则用语广，国家强则外语通。语言是人类进行各种交流和社会交往的工具，也是其使用者民族文化和历史的载体。外语是了解多样化世界的有效途径，是国民个人发展的关键能力，是社会开放包容的晴雨表，是国家现代化发展的必由之路。重视国家语言能力建设、发展外语教育已成为世界各国的共识，是全球化战略的重要内容。回顾中国外语教育历程，发轫于洋务运动，发展于民国时期，调整于中华人民共和国成立初期，发达于改革开放时期。外语教育推动了中国教育现代化，加快了中国融入世界的进程。在建设教育强国的新时代，总结新中国成立后尤其是改革开放40年来的外语教育成就与经验，对于优化外语教育政策规划、推动外语教育改革创新、提高国民外语能力具有重要意义，有助于加快教育现代化，实现中华民族伟大复兴梦想。

## 一、外语教育在全球化时代日显重要

### （一）国家语言能力彰显综合实力

　　"人之所以为人者，言也。" 2014年世界语言大会形成的《苏州共识》指出："语言是人类文明世代相传的载体，是相互沟通理解的钥匙，是文明交流互鉴的纽带。"言为心声，语言是民族文化和知识的载体，是集体经验的贮藏器，语言能力对个人、国家和人类意义重大，提升语言能力事关国家综合实力的提升。国家语言能力关乎社会整体的母语素养与水平，以及外语能力与水平，包括国家处理内外事务所需要的语言能力，以及掌握和利用语言资源、提供语言服务、处理语言问题等能力，既是国家实力也是国家资源。人类90%以上的信息依存于语言文字，国家语言能力与一国获取信息能力、信息资源储备利用保护能力、国际空间开拓能力和国际竞争能力成正比。

联合国教科文组织《世界濒危语言地图（2018）》显示，在世界现存的约6,700种语言中，有40%的语言濒临灭绝。语言越使用就越有活力，按照使用人口上亿的10种语言排序，依次为：汉语（13亿）、英语（10.5亿，其中3.5亿人为母语，7亿人为第二语言）、俄语、西班牙语、印地语、阿拉伯语、葡萄牙语、孟加拉语、德语、日语。使用哪种语言，则是国家事权，取决于该国的经济文化实力和推广能力，取决于该语言通用的国家数量、全球范围内的使用人数，及其历史渊源、地理区位、交往情况等。综合六大因素（母语使用人数、第二语言使用人数、使用国家数目和人口、国际上使用该语言的主要领域数目、使用该语言的国家的经济力量及社会与文学声望），韦伯得出以下世界十大最具影响力语言，评分从高到低依次为：英语（37）、法语（23）、西班牙语（20）、俄语（16）、阿拉伯语（14）、汉语（13）、德语（12）、日语（10）、葡萄牙语（10）、印地语/乌尔都语（9）。国际通用语一般有以下特点：使用人口多，有小部分独立的非母语使用者（作为通用语），标准语体，作为外语被广泛教授。语言共同体不是缘于种族界线划分，主要是一些语言在一些国家有官方或正式地位，广泛用于国际贸易、国际组织活动、学术交流，同时也是文学的重要载体，与该语言的声望也紧密关联。

作为通用语种，其特点是使用人口众多、流通广泛、科技含量高、出版物多、在他国使用等。通用语的选择与综合国力、国际地位相匹配，比如拉丁语曾是欧洲的"官话"，法语曾是国际外交语言，后逐渐让位于英语。英语是目前使用最广泛的国际通用语言。美国《全球主义者》在线杂志2017年12月曾刊登题为《使用最广泛的语言》的报道称，全世界有110个国家将英语作为母语、官方语言或普遍的第二语言，其他任何一种语言在世界各国都没有得到如此广泛的使用。[1] 其后依次是阿拉伯语（60国）、法语（51国）、汉语（33国）和西班牙语（31国）。英语是世界上作为母语使用人数第三多的语言，英语母语人数最多的是美国（2.25亿），其次是英国（5,560万）、加拿大（1,940万）和澳大利亚（1,560万）以及南非、爱尔兰、新西兰和新加坡。英语的国际性在很大程度上归功于英国在全球广泛的影响。英国在工业革命后成为全球霸主，建立了横跨五大洲、拥有69块殖民地、3,350万平方公里、39,350万人口的"日不落帝国"，组建了英联邦国家，通过基督教会和英国文化协会在世界各地传播英语文化。另一个关键因素是，美英两国近两个世纪以来在世界经济和文化事务中的支配地位，尤其是美国二战后的长期霸主地位和在全世界的影响力，把英语真正推上了垄断的位置。英语也是世界上最易学习的语言之一，被美国FSL评为难度一级。作为拼音语言，英语基本上会拼则会写，不像一些语言分阴阳性还有多重变位；从基础入门到顺畅沟通，仅需375—600小时。简单的语法规则使得英语更易学习和传播，进一步加强了英语的强势地位，使之成为许多国家的官方语言或通用语言，进而逐步发展成全球性语言。[2]据统计，全世界60%的广播节目和75%的电视节目所用语言为英语，互联网上多达90%的信息都是以英语为载体（法语仅占5%，汉语不足1%），绝大部分国际会议以英语为第一通用语言。

在全球化背景下，沟通交流需要有相通的语言，通用语言能力高的国家和地区更容易获取全球资源，加强自身竞争力。联合国的正式工作语言有英语、法语、俄语、汉语、西班牙语和阿拉伯语6种（见图0-1），这主要是根据这些语种的影响力及其在世界范围内的通用程度来决定的。英语

---

[1] 刘君羽. 美媒：英语是全球使用最广泛语言 110国将其作为母语[N]. 参考消息, 2018-01-04.

[2] 周有光. 英语流通全世界的历史背景[N]. 语言文学周报, 2011-03-23 (4).

是五大常任理事国所使用的语言，且有不少英联邦成员和原殖民地国家广泛使用；法语在一战前曾是国际外交语言，在欧洲、非洲、美洲、亚洲的不少地区广泛使用；俄语广泛使用于独联体国家和东欧地区；汉语拥有世界上最多的使用人口，在南亚和东南亚地区很有影响；西班牙语是因为15世纪西班牙强盛时殖民地遍布各处，欧美有不少国家把西班牙语作为官方语言，而且也是从国联时期就开始使用到现在的工作语言；1973年，鉴于在中东以及整个阿拉伯世界的影响，阿拉伯语也被确立为联合国工作语言。联合国原始文件里80%用英语，15%用法语，4%用西班牙语，剩下的1%里有俄语、阿拉伯语和汉语。

| |
|---|
| [汉语]联合国（汉语） |
| [English]United Nations (UN)（英语） |
| [Français]Organisation des Nations Unies (ONU/ Nations Unies)（法语） |
| [Русский]Организация Объединённых Наций (ООН)（俄语） |
| [Español]Organización de las Naciones Unidas (ONU/Naciones Unidas)（西班牙语） |
| (الأمم المتحدة) (اللغة العربية)（阿拉伯语） |

图0-1　联合国六种工作语言

英语已成为联合国、世贸组织、国际刑事法庭、国际民航组织、国际赛事的官方语言，在国际政治、贸易、科技、旅游、学术等领域广泛使用。虽然国际通用语语言中也包括法语、西班牙语、汉语等语种，但英语通用程度最高。

## （二）国民外语能力体现国际化水平

歌德说过，不懂其他语言的人，也不真正懂本民族的语言。会多少种语言，就有多少种生活。英语作为全球通用语的地位日益得到认可，它不但是国际语言，也是全球企业与贸易通用的语言。作为一个国家经济竞争力的关键指标，英语熟练度与国家的国际贸易政策以及国民的收入、生活质量与经商便利度高度相关，英语较佳的人往往拥有更高的收入及生活质量，这种相关性从长期来看也非常稳定。世界范围内，大部分具有较强英语能力的国家仍持续进步，而英语能力较弱的国家则显示停滞或下降。

英孚教育自2011年即开始发布的EF EPI英语能力指数（世界各国成人英语熟练度的数据），是衡量一个国家成人英语综合能力的标准。2014年，在全球63个国家和地区、针对75万名成人进行的英语熟练度测试（语法、词汇、阅读、听力测试，共50分钟）显示：欧洲是英语程度最高的地区，其中丹麦成人英语熟练度首度位列全球第一，超越了之前三次蝉联全球桂冠的瑞典；马来西亚、新加坡则挤入"高程度"等级；韩国、印度及日本分别排名第24、25、26位，印尼第28位；中国排在了第37位，列在"低程度"等级，但七年来稳中有升。而根据EF EPI 2015年调查结果来看（该排名是基于参加在线测试的90万名成年人的成绩得出），在70个国家中，瑞典、荷兰、丹麦、挪威、芬兰等欧洲国家英语水平名列前茅，亚洲地区整体排名较低，韩国第27位、日本第30位、中国第47位（比之前下降10位，超过中国的大多是拉美国家）。欧洲排名靠前最大的原因是"英语和欧洲其他的语言非常类似"，其语法、词汇、文字等有很多共通点，日常能经常使用到的1,000个英语单词里，约30%都起源于法语，而英语和汉语、日语、韩语相去甚远。2017年英语熟练度报告显示，欧洲地区英语熟练度水平排行首位，其次为亚洲、非洲、拉美和中东地区。在过去五年中，中国英语熟练水平稳步上升，列居第36位，达到自2011年开始评分以来的最高水平，从低熟练度水平逼近中等熟练度水平。

**（三）推动语言国际化成为各国政府行为，非英语国家大力加强英语教育，融入经济全球化**

欧洲各国多年前就开始对小学生进行英语教育，并制定了有力的政策措施，其结果便是国民英语品质的大大提升，本国英语水平优秀的教师足够多，没有必要从别国寻找母语为英语的人来教学。德国在二战后大力推进英语教育。日本自明治维新以来脱亚入欧，以各种优惠政策推进英语教育。韩国自20世纪60年代起制定积极的对外开放政策，加强外语教育。东盟等国也纷纷把英语列为官方语言之一加以推广。在李光耀的推动下，新加坡20世纪70年代把英语列为最重要的语言大力推广；从1999年开始积极推动的"说好英语运动"倡导使用标准英语，对新加坡经济腾飞功不可没。在俄罗斯，英语是除俄语之外最常被提及的语言，几乎所有地方学校都教授英语，2010年俄罗斯英语使用者达750万人，占全国人口的5.48%。[1] 拉美国家发起了全国性行动加强英语培训，如巴西的"英语无国界"项目。各国为提高本国英语水平使用的多样化方法包括将英语作为教学语言、引入课程改革及标准化评估、提升高等教育国际化、设立大学生海外留学奖学金、推进成人英语培训、利用技术辅助学习、培训当地英语老师、利用大型国际赛事活动促进英语学习等。中国自改革开放开始，就将英语作为最主要的外语语种，加强英语教育，在大学开设公共英语教育，在中小学教育中英语也一度作为主科，在日常教学和学生升学考试中占很大分量。

与此同时，非英语国家积极推动本国语言教育国际化，不断挑战英语的垄断地位。结合了标准英语和本地语言的混合式英语正在传播，如西班牙式英语、中式英语；单是在印度就有印式英语、孟加拉式英语、泰米尔式英语，加上信息化的广泛应用和其他强国语言的流行，英语作为头号全球性语言的地位开始动摇。非英语国家在政府推动下，稳固区域性传统优势，采取多种方式对外推广本国语言，不仅传播了语言本身，对促进国际交流、树立国家形象也发挥了重要作用。在法国文化协会的推动下，法语区国家和地区达到40多个，法语成为使用国家和涉及范围第二的语种，在非洲等地影响很大。西班牙语区涉及20多个国家和地区，主要集中在拉丁美洲；1991年西班牙创办塞万提斯学院，其宗旨是与以西班牙语为官方语言的20多个国家合作，共同推动世界西班牙语教学，传播西班牙语

---

[1]奥列格·叶戈罗夫. 俄罗斯境内语言丰富多样[N]. 环球时报，2018-10-13.

文化。如今，该学院在30多个非西语国家设有机构，分院遍及世界各地。葡萄牙语区包括9个国家和地区，主要集中在非洲和巴西。德国通过1951年创立的歌德学院大力推广德语，在国外建立了128家分支机构，遍布78个国家和地区，形成了歌德学院、歌德中心、阅览室、考试中心和语言学习中心构成的语言网络。俄罗斯拥有2.5亿俄语使用者，通过主要由独联体国家构成的俄语区，扩大俄罗斯文化和语言的空间；2012年设立俄罗斯世界基金会，负责同世界各地的高校及相关教育机构合作，组建俄语中心，发展和推广俄罗斯文化；2013年建立俄联邦政府下属的俄语理事会，主要任务是研究俄语推广和发展问题，并提出相关政策建议，由国立普希金俄语学院负责国外俄语中心的各项工作，并提供远程俄语教育课程，推动俄语在境内外的传播。[1]

牛津布鲁克斯大学孔子学院主办中欧学术出版研讨会

[1]曹妍. 俄建立俄语理事会 致力于在境内外推广俄语[EB/OL]. http://www.chinanews.com/gj/2013/11-06/5472281.shtml.

随着中国的崛起，在孔子学院的推动下，汉语区从南亚、东南亚向全球推广，世界掀起汉语学习热：首家孔子学院2004年在韩国首尔设立，截至2017年12月，我国累计已在146个国家（地区）设立525所孔子学院和1,113个孔子课堂。孔子学院覆盖率占全球230多个国家和地区的61.7%，其中各大洲覆盖率由高到低分别为：欧洲93.5%、非洲63.3%、亚洲55%、美洲42.3%、大洋洲25%。目前已有67个国家和地区通过颁布法令、政令等形式，将汉语教学纳入国民教育体系。2015年，美国学中文的在校中小学生人数在两年内增加了一倍，1,100多所学校开设中文课。虽然特朗普政府2018年8月签署了《2019财年国防授权法案》，禁止向办孔子学院的美国大学拨款，但并没有影响汉语热[1]；英国近10年来高校中学汉语的学生增加了50%[2]，2018年选考汉语的有3,334人，比上年增长了8.6%，首次超越德语，成为英国高考（A-level）的第三大外语[3]；俄罗斯学汉语的人数近十年增加了两倍多（约5.6万人），开设汉语的高校达到179所（2017年），一些中小学也引入汉语教学，2019年汉语已成为高考选考科目（此前有英语、德语、法语、西班牙语），还可能会成为首选[4]。教授汉语的中学也在增多（从2016年的1.6万所增至2017年的1.9万所），超过1.9万名俄罗斯人在中国留学。[5]白罗斯政府计划在学校全面推广汉语教学。中非合作提供了诸多商机，也把汉语教育带到了非洲，乌干达的乡村学校有了汉语课，课堂上了当地电视台节目。[6]中国香港在英国实行殖民统治时期大部分政府文书都以英语为主，英语长期是唯一法定语文，1971年汉语获得与英语同等法定地位，1987年明确规定所有法令都必须以中英双语制定和

---

[1]刘晓燕.美国学生学汉语热情不减[N].环球时报，2018-10-11.
[2]罗宾·勒斯蒂诺.英语仍将是"世界上最受青睐"的语言吗?[N].参考消息，2018-06-13.
[3]汉语成英国"高考"第三大外语[N].参考消息，2018-08-18.
[4]俄罗斯高考明年可选考中文[N].环球时报，2018-08-29.
[5]中俄人文合作搞得有声有色[N].参考消息，2018-11-01.
[6]乌干达乡村里的汉语课[N].参考消息，2018-08-31.

颁布，1990年《中华人民共和国香港特别行政区基本法》确认回归后的语文使用政策[1]，目前中英文都是法定语言，绝大部分政府公文、街道指示牌等都是中英文并用。

日本大力推广日语教育国际化，政府、学校、独立行政法人、民间组织等协作，文部科学省与外务省发挥主导作用，前者采取召开日语教育研讨会、资助外国留学生、开展国内的外国人日语教育、推进国际交流、派遣日语教师赴海外支教等举措，后者采取向海外大学赠送日语教育器材（同声翻译器）、图书、NHK国际电视频道接收装置等开发援助方式推广日语。日本大使馆通过开办日语讲座、在各大学里主办"日本文化祭"等方式推广日语。从1974年到2012年，全世界日语学习者人数增长了50余倍（2012年海外共有1.6万个日语教育机构，6.4万名日语教师，日语学习者399万人）。2015年日语学习者约为366万人，比2012年略有减少。[2] 日本近年来把重点转向亚洲，与越南政府达成协议，逐步使日语成为越南人的"第一外语"，在越南小学大力推广日语教学，部分中学现已设置日语课程，目前约有4.6万人学习日语。[3] 日本除在他国增建日语教师培养基地外，还邀请学习日语的高中生赴日进行6—10个月的交流，提出到2022年招收2万名高素质人才的目标。

在非英语国家推广本国语言的过程中，英语国家也在加强本国外语教育，增强国际竞争力。美国1958年颁布《国防教育法》，把数学、外语、科学教育列为最重要的课程；1996年发表《外语学习标准：为21世纪做准备》，21世纪以来出台了《国家外语能力行动倡议书》。英国2002年发布《外语教育发展战略》，要求提高国民外语素质。

一些国家着眼国际化，开展第二外语教育。在复杂多样的世界，一种外语早已不够用。随着中国影响力的扩大以及汉语的主动推广，加上汉语

---

[1]林郑月娥紧急否认不重视英语[N].环球时报，2018-07-05.
[2]日本在亚洲大力推广日语教育[N].参考消息，2018-01-04.
[3]越政府推动日语进小学 或成为越南"第一外语"[N].环球时报，2016-03-03.

语法简单、表达简洁，在联合国官方文件中文本最薄，且中国文化开放包容等原因，一些国家日渐重视汉语教育。汉语已成为日本的第二外语，而汉语取代日语成为韩国第二外语的原因，也是因为韩国人敏锐地意识到中国的综合国力正在不断增强。在新加坡，英语、华语、马来语及泰米尔语四种官方语言并存，但华语教育越来越受到重视。

## 二、从民族自强到开放包容：中国外语教育发展的战略轨迹

中国外语教育历史悠久，史料有证，元世祖至元二十六年在大都设立回回国子学（1289年），之后有明代永乐五年创办的四夷馆（1407年），清初改制为四译馆，康熙四十七年（1708年）创立俄罗斯文馆，雍正七年（1729年）设立肄习拉丁文译学馆（西洋学馆），乾隆十三年（1748年）创办会同四译馆。从1862年清政府成立京师同文馆培养英语人才算起，英语教育在中国经历了150多年的历史。时至今日，中国的英语教育可以说取得了显著的成果。

揆诸中国外语教育的历史，可以说，从晚清以来对民族屈辱历史的觉醒而图强，到新中国成立后"以苏联为师"的规划布局，再到改革开放新时期，"构建人类命运共同体"方略指引下的全方位开放，中国前所未有地注重外语教育，走过了一段极不平凡的历程。

### （一）为"师夷之长技以制夷"而被迫学外语

台湾有所学校的英语教材第一页上印着这样一句话："中国人学英（日）文是我们的国耻行为，学英（日）文是中国最可悲的行为，但我们不能不学，因为别人超过了我们，敌人的枪炮、科学压过了我们。"两次鸦片战争，船坚炮利的西方工业文明战胜了中国的农耕文明，打断了中国自有的发展进程。正如马克思所说，"英国的大炮破坏了皇帝的威仪，迫使天朝帝国与地上的世界接触。"面对"数千年未有之变局"与"数千年未有之强敌"，以奕䜣、曾国藩、李鸿章等为代表的开明士大夫，以"自强""求

富"为口号，开展了以兴办学堂、培植人才为核心内容的洋务运动，启动了现代化进程。"欲悉各国情形，必先谙其言语文字"，洋务运动派在沿江沿海大城市创办了近40所洋务学堂（含军事、实务、外国语），其中外国语文学堂创办最早，影响力最大。晚清政府先后创办了京师同文馆、上海广方言馆（1863年）、广州同文馆（1864年）、台湾西学馆（1887年）、珲春俄文书院（1887年）、湖北自强学堂（1893年）、京师译学馆（1903年）。1866年，清政府派出了第一个出访欧美的使团——斌椿使团，成员中就有中国最早一批学习英文的张德彝（1847—1918），他最早引介国外的标点符号，引发了北洋政府1920年颁行《通令采用新式标点符号文》，诞生了中国第一套法定的标点符号。[1]

### （二）为国家富强而学习发达国家语言

主要以西方发达国家和苏联（俄罗斯）为学习对象，学习英语、俄语、法语、德语、西班牙语、日语、意大利语等。民国时期，英语成为第一外语，新中国成立初期，俄语成为第一外语。从20世纪60年代开始，伴随新中国外交事业的发展，英语成为我国外语教育的第一外语。改革开放以来，英语作为第一外语的地位不变，并进一步得到加强，中小学开设英语，并于1983年作为高考必考科目。伴随改革开放进程的加深，对英语的需求日益增长，国民学习英语的热情也日渐高涨，现在英语学习人数已超过4亿人。外语教育投入也不断加强，据估算，我国外语教育费用每年高达300亿元。

### （三）为"一带一路"建设而主动学多国语种

"一带一路"沿线国家使用的语言约有1,000多种，其中官方语言及国语总共60多种。我国高校基本上都开设外语学院，但绝大多数高校的授课语种为英语。随着"一带一路"倡议的深入实施，我国外语教育进一步强化非通用语种，各大院校尤其是外国语类院校增设了很多非通用语种专业。

---

[1]江河文. 谁最早引介国外标点符号[N]. 北京晚报，2018-06-11.

2018年8月23日，中国—中东欧国家出版联盟启动仪式在北京举行

　　2015年9月，教育部印发了《关于加强外语非通用语种人才培养工作的实施意见》，拟通过加快培养国家亟需的非通用语种人才等重要举措，实现所有已建交国家官方语言全覆盖，人才培养、智库建设取得显著进展，基本满足我国经济社会发展特别是扩大对外开放的新需要。2018年，北京外国语大学开设了101个外语语种，实现了语言建设的发展目标。上海外国语大学现有授课语种数量已达39种。

　　随着中国在拉美影响的扩大，在中国学习西班牙语和葡萄牙语的人数也在快速增长。2016年，有大约2万名中国本科生选择了西班牙语专业，而1999年只有500人。[1] 因为中国与巴西贸易扩大的需要，学习葡萄牙语的中国学生人数急剧增长，创下了历史纪录。

## （四）为构建人类命运共同体而加强人文交流

　　当今世界正在经历百年未有之大变局，一个世界，多种语言，多元文化。世界多极化、经济全球化、社会信息化、文化多样化深入发展，世界各国人民的命运从未像今天这样紧紧相连。和平与发展是当今世界

---

[1]西葡语成中国学生热门选择[N]．参考消息，2018-09-04.

的主题，也是时代的命题，国之交在于民相亲，民相亲在于心相通，心相通在于语同音。外语作为人类共通的交流工具，蕴藏着丰富的文化内涵，是文明交流互鉴、交融共存的桥梁和拉近各国人民情感的纽带。我国充分发挥中美、中英、中法、中德、中俄、中欧等人文交流机制，为中华文明复兴、文化进步、文艺繁荣提供持久助力，为合作发展提供更深厚的精神滋养，也为构建人类命运共同体发挥重要作用。人文交流的深入发展，为多语种教育繁荣提供了进一步发展的空间。个人的外语学习要基于兴趣，认识到外语学习的快乐与价值。知晓外语意味着了解异域文化，开拓国际视野，增进国际理解，促进民间交往，拓宽就业创业渠道。较强的外语能力能弥合不同国家人民的观念分歧，避免因为语言不通讲不好中国故事，避免因为不熟悉文化习俗造成外交误解和国民的刻板印象，避免文化在"翻译中的丧失"而成为影响文化交流的"烦恼源"。努力促进多种外语的使用，尤其是在教育中的使用，制定国家和地区外语教育战略，使之为世界联通创造有利环境，通过鼓励人们认识和掌握沟通语言，发展不同民族、文化和文明间的对话，有效促进语言和文化的多样性。学习多种语言，了解多种文化，培养多元思维，创造多种可能。

## 三、加强和改进中国外语教育

语言是人类生存、斗争的武器，外语是走向国际化的一把利器，只能加强不能削弱，只有改革才能发展。在全球化的浪潮中，以美国为首的西方国家一直被视为语言和文化的输出者，占强势地位。在世界各国交往越来越紧密之际，一些西方媒体猛然发现自己国家的外语人才已跟不上时代发展的需求，开始探讨自己国家的外语教育是否存在缺失。仅有英语无法满足一个多样化世界的需求，西方国家轻视外语教育，导致国际影响力被削弱，国内多元化遭扼杀，被认为是一种危险的缺乏深思熟虑的短视迹象。[1] 美国人文与科学院发表的《美国的语言》报告中指出，英语排斥其他语言的现象已在国内外产生各种不便——无论在商业、外交、公民生活还是在理念交流领域。澳大利亚高中毕业后学过第二语言的学生人数在经济合作与发展组织（OECD）的36个成员中位于末席，社会对双语技能人才的旺盛需求并没有反映在澳大利亚的教育体系和教学实践中，象征性地让大学生接受6个学分的外语课程显然是不够的。澳大利亚对于新移民掌握英语的要求，远远大于对英语母语者学习第二语言的关注，12年级学习外语的学生比例已从1960年的40%下降到2016年的10%左右。汉语是澳大利亚使用最多的第二语言，但在学校学习汉语课程的大多数仍是华裔。法国和德国都对母语保护十分重视，但在多语言的新世界格局中，过分的保护导致外语教育发展落后。欧盟委员会2012年的一项调查显示，法国中学阶段外语教学并不完善，教育部要求中学生须掌握2门外语方可毕业，但在接受完5年中学教育后，仅有14%的学生可很好地掌握第一外语——英语，11%的学生能流利使用二外——西班牙语。法国BMF电视台报道称，在欧盟成员国中，法国人的外语使用水平排在第22位。在法国外语专家看来，法国本土文化传播绝少使用外语，大部分通过法语配音和法语翻译进行传播，外语学习环境相对不佳，学生的外语教育时间也不够充分，这些是导致法国外语教育滞后的很重要的原因。德国的外语教育相对出色，但偏科严重，外语教育体现出冷战时期地缘政治的痕迹。一份最新的调查显示，在全球英语为非母语的国家中，德国人的英语程度位列世界第9，但亚洲语言教育十分薄弱；以2017年为例，以汉语为专业的大学新生仅有484人，德国对汉语教育的敏感度偏低，跟不上时代形势的发展。

我国在44个母语为非英语的国家及地区中，英语熟练度偏低，在亚洲地区排名倒数，能够用英语顺畅沟通的人数不足总人口的3%，存在着只背

---

[1]轻视外语教育，西方遇难题[N]．环球时报，2018-08-13.

单词、不学语法、教材老化、脱离生活、理念落后等问题。基于现状我们应从以下几个方面采取措施，改变局面。

**1. 优化中国外语教育政策和发展规划**

语言政策的变化影响外语教学，教育系统和社会培训系统需经历一段时间的适应期，需要及时总结发展经验，优化外语教育政策和发展规划。

**2. 从单语种到多语种教育**

选择语种主要从地缘性、实用性、易学性的角度考虑，一般国家的选择顺序是继英语和西、法、意、德、葡语梯队之后，接下来就是日语、汉语、阿拉伯语、俄语等。2001年，联合国教科文组织第31届大会通过了《世界文化多样性宣言》，重点强调了保护语言多样性的重要性。2018年9月，由联合国教科文组织、中国教育部在中国首次举办世界语言资源保护大会，旨在在世界范围内重申对语言资源保护问题的重视和关注，促进各国（地区）进一步形成保护语言多样性的共识，强调语言文化多样性构建是共同的责任。在这样的背景下，我国外语教育也进一步开放，不再仅仅着眼于世界主要语种，而是进一步面向全球，着眼于那些主要语种之外的语言，从构建人类命运共同体的高度，将世界所有语种都纳入视域中。

**3. 从为考试学到为交际用**

世界上的语言各具独特之处，共同丰富提升人类智慧。语言是文化的地图，它为你解答人们从哪里来到哪里去。南非前总统纳尔逊·曼德拉曾说过："如果用一个人听得懂的语言和他交谈，触动的是他的思维；如果用一个人的母语和他交谈，触动的则是他的心灵。"

**4. 从工具论到文化理解**

语言不仅仅是一种交流工具，还传递着经验、传统与知识，更积淀着价值观、信仰及身份认同。语言多样性反映了人类丰富多彩的想象力和生活方式。人文交流体现语言融合，变种英语催生多国另类文化，如洋泾浜英语、印度英语、新加坡英语成为"黏合剂"，结合了马来语、闽南语、粤语及泰米尔语等。学习外语要深度学习其文化，不仅要解读有字书，更要解读无字书，善定弦外之音。

### 5. 从死记硬背到多方式学习

欧洲盛产语言学习达人，革命导师马克思、恩格斯据说掌握了数十门外语，马克思甚至能"阅读欧洲一切国家的文字"。影响语言互通性学习的一大因素是亲族关系，大部分欧洲语言都属于印欧语系的分支。汉语在"语言家族树"上属于"汉藏语系"这一古老的分支，和日语、韩语、越南语等语种的词汇共通度相当于近亲语言的水平。对大部分中国人来说，尤其是边境民族，学习日语、韩语和越南语有一定的优势，而学欧美语言却需要克服诸多困难。很多人从小学开始学习英语，十几年后仍然不能熟练、流畅地使用英语，这就需要改进教学方式和改善学习环境，要练就英语脑、英语耳、英语舌，理解英语文化，提高英语交际能力。

### 6. 从自由生长到科学指导

规范外语教学标准、营造语言交际环境、加强国际合作是外语教育发展的方向；制定具有前瞻性、实用性、符合国家利益和大众需要的外语教育规划，保持其稳定性、连续性和可操作性，避免急功近利的短视行为。1975年，《欧洲语言学习基本标准》问世，在20世纪90年代开展了为期10年的外语教学与评估调研。2001年，欧洲理事会颁布了《欧洲语言共同参考框架：学习、教学、评估》，首次明确了3类6级的能力等级，在促进欧洲外语教学方面发挥了规划和指导作用。2004年至今，欧盟先后颁布了《语言学习和语言多样性行动计划（2004—2006年）》《语言多样性：欧洲的财富与共同的义务》等文件。2018年，我国出台《中国英语能力等级量表》，意在使我国的英语教育与测评步入"车同轨、量同衡"，解决外语考试种类繁多但互不衔接、无法参考等问题。

### 7. 从语言教育到国际人才培养

一些高校历史悠久，教授语种多，办学层次齐全，覆盖文学、法学、经济学、管理学和工学等学科，它们突破传统的单科型教学模式，实行专业和外语并重的方针，培养适应21世纪国情需要的人才。一些高校主动服务国家"一带一路"倡议和文化"走出去"重大战略，率先提出"多语种+"的卓越国际化人才培养战略，形成以语言文学类学科见长，文学、教育

国际化人才培养高峰论坛暨生源基地校工作会议现场

学、经济学、管理学、法学等门类协调发展的学科格局，多元并举，特色鲜明。全球治理人才培养应突出"会语言、通国家、精领域"，致力于培养思想素质过硬、中外人文底蕴深厚、跨文化沟通和专业能力突出、创新创业能力强的"多语种+"卓越国际化人才。

本部分从国际国内两个视角，对当前外语教育进行了鸟瞰与梳理。随着国际竞争的日渐激烈，培养具有全球竞争力的人才业已成为世界各国的共识。各主要国家无不注重外语教育，将外语教育提升到国家战略的高度加以重视，并出台相应的外语教育战略。与此同时，注重本国语言文化的输出，彰显本国软实力。改革开放进程的开启，为我国外语教育的长足发展提供了契机。改革开放40年来，我国外语教育政策不断完善，建立了完整完善的各级各类外语教育体制，培养了大批的外语人才；语种教育不断丰富，逐渐涵盖了除主要语种之外的世界各国语种教育；外语教育理念不断深化拓展，从培养外交、科技、外贸等专业人才，逐步发展至提升国民素质；外语教育方法也不断完善，外语教育教学逐渐与国际接轨。开放的中国逐步走向世界舞台中央，外语教育在其中功不可没。展望未来，外语教育在培养21世纪人才、提升民族素质等方面的作用会进一步凸显。在全球化和信息化时代，借助教育大数据、人工智能、"互联网+"等新生事物，外语教育将会进一步完善体系建设，打造中国特色外语教育体系，构建中国外语教育模式，外语教育的作用将会更加突出。

第一章

外语教育的重大意义

语言代表着一个国家的软实力和国际话语权。在全球化时代，外语是不同文化之间沟通的重要媒介，是国际交往和科技文化交流的重要工具。外语教育事关一个国家的安全、竞争力和未来发展。世界各国都从战略高度考量和诠释外语教育的意义和作用。美国认为外语教育关乎国家安全和经济增长，英国认为国家外语能力关系到国家的经济繁荣，欧盟国家认为多语教育对促进跨文化交流发挥着不可替代的作用。中国对外开放离不开外语人才，而外语人才培养离不开外语教育。外语教育具有工具性教育价值，通过外语学习国外的前沿知识、先进技术和管理经验，服务于国家经济建设。外语教育具有人文性教育价值，不仅可以增强民族文化自信，而且可以形成跨文化意识，学习和使用外语对汲取人类优秀文明成果、传播中华优秀文化、增进中国和其他国家的相互理解与交流具有重要的意义与作用。外语教育具有国际性教育价值，提高国民国际素养，培养具有家国情怀、全球视野、跨文化交流能力、通晓国际规则和能够参与全球治理的高素质国际化人才是外语教育在新时代肩负的重要使命。当今世界正处在大发展和大融合的变革时期，作为一个和平发展的大国，中国正日益走向世界舞台中央，承担着重要的历史使命和国际责任与义务。全面提升国家外语能力对提升国家文化实力、加强中国品牌与国家形象建设、推动构建人类命运共同体具有重大意义。

## 一、促进国家经济发展

改革开放是当代中国发展进步的必由之路。回顾历史，开放合作是增强国际经贸活力的重要动力；立足当今，开放合作是推动世界经济稳定复苏的现实要求；放眼未来，开放合作是促进人类社会不断进步的时代呼唤。以开放促发展、促改革是我国不断取得新成就的重要策略。1978年，中国开启了改革开放的历史进程。改革开放是中国人民用双手书写的国家和民族发展的壮丽史诗，是中国和世界共同发展进步的伟大历程，中国的改革开放不仅深刻改变了中国，也深刻影响了世界。中国对外开放离不开外语人才，而外语人才培养离不开外语教育。"文革"十年动乱严重削弱了我国外语教育的基础，推进社会主义现代化建设迫切需要学习借鉴国外先进的科学知识和技术，迫切需要恢复和加强外语教育。1979年3月，教育部印发了《加强外语教育的几点意见》，文件指出："外语教育与整个国民经济发展的需要更是严重不相适应，与我国的国际地位极不相称。""为了实现四个现代化，加强我国与世界各国人民的友好往来，建立国际反霸统一战线，迫切需要加强外语教育，培养大批又红又专的外语人才。高水平的外语教育同时也是提高整个中华民族科学文化水平的重要组成部分，是一个先进国家、先进民族所必须具备的条件之一。因此，各级教育行政部门和学校领导，必须充分认识外语教育的重要作用，彻底批判'四人帮'鼓吹的'不学ABC，照样干革命'的反动谬论，采取有力措施，加强对外语教育的领导。"改革开放初期，我国将外语教育目标定位为掌握语言技能与实用知识，强调外语教育的工具性价值，通过外语学习前沿知识、先进技术和管理经验，服务于国家经济建设的目的。从20世纪80年代初开始，我国外语教育探索培养专门用途外语人才，直接服务于外贸、旅游等行业。培养复合型外语人才经过近20年的探索，直到21世纪来临之前才以官方文件形式正式提了出来。党的十八大以来，培养国际化人才成为外语教育应肩负的重要历史使命，为参与全球治理和推动经济全球化提供人才储备和支撑。

## （一）学习前沿知识

中华人民共和国成立后，我国外语教育无论经过哪个历史阶段的起起伏伏，也无论如何调整语种布局，始终围绕服务国家战略的这个目标定位都没有发生改变。从1952年决定在高中和初中开设俄语或英语到2001年规定在小学开设英语的近半个世纪的时间里，我国对外语教育重要性的认识经历了不断深化的过程。外语开设的学段的下移，特别是1978年开启的改革开放进程更是将对外语教育的重视程度提升到一个新的高度。

中国的改革开放是与世界共同发展的伟大历程。1978年12月，党的十一届三中全会的召开标志着政府的工作中心转移到经济建设上来，我国进入了以改革开放为中心的社会主义建设新时期，学习和使用外语对学习先进的科学文化知识、借鉴外国先进科学技术具有重要的作用。在这种背景下，我国也重启留学教育，大规模派出留学人员，学习前沿知识，服务国内经济建设，缩小与发达国家存在的巨大知识差距。

改革开放拉开了中国大规模派遣留学人员的序幕。40年前，邓小平以非凡的政治勇气和智慧，开辟了改革开放的历史征程，使改革开放的巨轮打破坚冰，扬帆起航。通过留学教育培养高素质人才服务于社会主义现代化建设是邓小平关心的重要问题。1978年6月，邓小平在听取清华大学工作汇报时做出重要指示，出国留学是我国提高科学技术和现代化水平的重要方法之一："要成千成万地派，不是只派十个八个……"，"要千方百计加快步伐，路子要越走越宽……"，"我赞成留学生的数量增大，主要搞自然科学……"，"一定要吸收世界先进的东西，洋为中用"。改革开放总设计师这些具有划时代意义的指示，翻开了新时期我国留学教育崭新的一页。1979年1月，邓小平访问美国，与美国正式签订了中美互派留学生的协议。这一批留美人员的派遣以及中美互派留学生协议的签订，具有划时代的意义。随后，赴英国、德国、法国、日本等西方发达国家的中国公派留学人员也陆续踏上了求学征程，掀起了中国近现代史上最大的出国留学热潮。

外语水平是出国留学的基本条件和必备要求，外语是学习前沿知识的重要工具。邓小平重视出国留学和外语学习，指出："要从外语基础好的高中毕业生中选派一批到外国进大学，今年选三四千，明年派万把人……"，"出国前要以一年或一年半时间先学好外语……"，"留学生不同社会接触，这样不利于学好外文"。1978年8月，教育部的报告获批后，各地开始选拔赴美留学人员，考试选拔标准是业务素质好、身体好和外语好，但更注重考察人选的外语水平。1978年12月，中国派出了改革开放后的首批52名赴美访问学者，这是改革开放后中国走向世界的重要一步。外语水平成为当时出国留学的重要考量因素，出国前的集中培训主要是提高派出人员的外语水平，以达到用外语学习和交往的要求。

**专栏1-1** 改革开放后第一批赴美留学生 17 人成为院士

40年前的6月23日，邓小平做出扩大派遣留学生的重要指示，从此掀开中国改革开放的留学工作热潮。

40载白云苍狗，从第一批的52名留美人员，到2017年出国留学生数量达60.84万，一批又一批的留学生成为中国开放富强的见证。

"要成千成万地派，不是只派十个八个……"

1978年6月23日下午，邓小平在听取时任清华大学校长兼党委书记刘达的工作汇报，同方毅、蒋南翔、刘西尧等人谈话时，对留学工作做出重要指示："我赞成留学生的数量增大，主要搞自然科学。要成千成万地派，不是只派十个八个……这是五年内快见成效、提高我国科教水平的重要方法之一。现在我们迈的步子太小，要千方百计加快步伐，路子要越走越宽，我们一方面要努力提高自己的大学水平，一方面派人出去学习，这样可以有一个比较，看看我们自己的大学究竟办得如何。"

美国时间1978年12月27日下午，一行人抵达纽约国际机场。

作为领队的柳百成至今还记得当时的情景：一出海关便看到成群的美国记者，报纸、电视台的记者都有，镁光灯、补光灯照得机场大厅通亮。来自北京协和医院的吴葆祯大夫代表大家用英语宣读了我们在飞机上早已起草好的声明，声明最后几句我至今印象深刻。"中国人民是伟大的人民，美国人民也是伟大的人民。我们不仅为学习美国先进的科学技术而来，也为促进中美两国人民的友谊而来。"

随后留学生被分配在乔治城大学和美利坚大学进行英语强化训练，经过三个月的语言学习，他们被分配到全美各著名大学、研究所开始学习研究，包括麻省理工、加州大学伯克利分校等。

首批留学生在圣诞期间抵美，为中美建交"打了前站"。1979年1月1日，中美建交。27天后，时任中国国务院副总理的邓小平访问美国。白宫草坪上的欢迎人群中就有中国首批52名留美人员。

第一批被派遣出国的52人中，归国后17人成为院士，清华去的有9人回国，李衍达、柳百成、张楚汉成为院士，赵南明获清华大学突出贡献奖。从第一批52人的涓涓细流，到2017年我国出国留学人数首次突破60万大关，40年间，我国各类出国留学人员累计已达519.49万人，其中313.2万名留学生在完成学业后选择回国发展。涓涓细流已经成了奔流的江河，奔涌向前。[1]

调整留学学习方向，大量派出自然科学学生。此前，国家派遣留学生主要集中在语言方面，学习对象国语言，而此次提出要大量派出学习自然科学的学生，学习和掌握前沿自然科学知识，服务国家经济建设的需要，缩小与发达国家的知识差距，这是留学工作方向的重大调整。邓小平做出扩大增派出国留学人员的指示后，中国留学教育掀开了新的一页，留学教育为中国培养了大批经济建设所需的人才，为中国的改革发展提供了重要的智力支撑，推动了中国经济以前所未有的广度和深度与全球经济全面交融。

## （二）吸收先进技术

科学技术是第一生产力。长达十年的"文化大革命"运动导致国民经济面临崩溃，1974年到1976年，全国工业总产值损失1,000亿元，整个国民经济几乎到了崩溃的边缘。1978年9月，邓小平在东北三省视察时说："我们太穷了，太落后了，老实说对不起人民。""社会主义要表现出它的优越性，哪能像现在这样，搞了20多年还这么穷，那要社会主义干什么？"这一连串的问号实际上发出了重新探索"什么是社会主义、怎样建设社会主义"的强有力的信号。

建设社会主义就需要发展生产力，关键是要提高科学技术水平。高层出国考察给人们带来强烈的思想震动，形成对中外经济科技存在巨大差距的真实认知。"文革"结束后，人们急切地想了解外部世界的面貌。通过出国考察高层感觉到，没想到世界现代化发展程度如此之高，中国与发达国家的发展差距有这么大，西方发达国家老百姓的生活水平与中国相比高出这么多。1978年9月，邓小平在朝鲜同金日成会谈时说："我们一定要以国际上先进的技术作为我们搞现代化的出发点。最近我们的同志出去看了一下，越看越感到我们落后。什么叫现代化？50年代一个样，60年代不一样

---

[1]改革开放后第一批赴美留学生　17人成为院士[EB/OL]. http://sh.qihoo.com/pc/9c998a50dcd656fce?sign=360_e39369d1.

了，70年代就更不一样了。"学习西方先进技术、缩小中外差距成为当时高层的共识。

**专栏1-2　高层出访西欧五国引起震动**

从1978年起，全国掀起了一股出国考察热潮，其中以国务院副总理谷牧为团长的赴法国、瑞士、比利时、丹麦、西德西欧五国考察团最为引人注目。该团于1978年5月2日出发并于6月6日回国，行程36天。访问期间，欧洲经济的自动化、现代化、高效率，给考察团成员留下了深刻印象。西德一个年产5,000万吨褐煤的露天煤矿只用2,000名工人，而中国生产相同数量的煤炭需要16万名工人，相差80倍。瑞士伯尔尼公司一个水力发电站，装机容量2.5万千瓦，职工只有12人，而我国江西省江口水电站，当时装机2.6万千瓦，职工却有298人，高出20多倍。法国马赛索尔梅尔钢厂年产350万吨钢，只需7,000名工人，而中国武钢年产230万吨钢材却需要67,000名工人，相差14.5倍。法国戴高乐机场，1分钟起落一架飞机，1小时60架，而北京首都国际机场半小时起落一架，一小时起落两架，还搞得手忙脚乱。[1]

派遣大批外语好的留学生学习先进技术。1978年10月，邓小平在会见外国客人时提出，现在是我们向世界先进国家学习的时候了，20世纪60年代前期我们同国际上科学技术有差距，但不是很大，而这10多年来，世界科学技术有了突飞猛进的发展，差距就拉得很大了，引进国际的先进技术、先进装备应作为我们发展的起点。派遣大批外语好的留学生向欧美发达国家学习先进技术，学习、引进、吸收和消化国外先进技术成为改革开放后中国发展的一条成功经验。

为加快培养懂外语的科技人才，我国决定开设科技英语。《加强外语教育的几点意见》指出："办好高等学校公共外语教育和各种形式的业余外语教育，培养既懂专业又掌握外语的科技人才。开办各种形式的科技人员、高校理工科教师以及出国留学生的外语培训班。有条件的院校要开展

---

[1]1978年高层出国考察引发思想冲击波[EB/OL]．http://news.sohu.com/20081208/n261075712.shtml.

科技外语教学研究，通过试点，开办科技外语专业，培养从事科技外语教学的教师和其他有关人员。"

从学习国外经验到坚持自力更生是一个大国崛起的必由之路。港珠澳大桥被外媒誉为"现代世界新七大奇迹"之一。建桥之前，中国在岛隧工程领域的技术积累几乎为零。2011年，中方与一家荷兰公司商谈沉管安装的技术合作，对方开出了高达1.5亿欧元（当时约合15亿人民币）的咨询费。谈判过程异常艰难，中方表示可以3亿元人民币换取最重要、风险最大部分的技术支持，不曾想对方不屑一顾，回应一句"只能给你们唱首祈祷歌"，这使中方深刻认识到：核心技术买不来也求不来，只能靠自己！[1] 2018年9月，习近平总书记在考察中国一重集团有限公司时指出，现在国际上先进技术、关键技术越来越难以获得，单边主义、贸易保护主义上升，逼着我们走自力更生的道路，这不是坏事，中国发展最终还是要靠自己。

## （三）借鉴管理经验

改革开放之初，发展经济成为我国的头等大事，邓小平认为"经济工作是当前最大的政治，经济问题是压倒一切的政治问题"。要发展经济，我国不仅在技术方面存在差距，而且在管理方面也严重落后，学习借鉴国外企业管理经验迫切需要培养懂管理、懂外语的专业人才。

我国企业管理水平与国外存在巨大差距。1978年9月，邓小平在视察鞍钢时指出："日本年产六百万吨钢的企业，行政人员只有六百人。鞍钢现在的年产量是六百多万吨，行政人员有两万三千人，这肯定不合理。引进先进技术设备后，一定要按照国际先进的管理方法、先进的经营方法、先进的定额来管理，也就是按照经济规律管理经济。一句话，就是要革命，不要改良，不要修修补补。"邓小平特别强调："现在摆在你们面前

---

[1]3亿元买技术遭讽 中国靠自己照样建成港珠澳大桥[EB/OL]. http://www.sina.com.cn/midpage/mobile/index.d.html?docID=fxeuwws7588077&url=news.sina.cn/2018-10-24/detail-ifxeuwws7588077.d.html.

的问题，是鞍钢如何改造，引进技术改造企业，第一要学会，第二要提高创新。"

培养懂管理、懂外语的专业人才是提高企业管理水平的关键。一个地区、一个部门、一个国家的管理能力主要取决于管理队伍的素质与结构以及管理手段的现代化程度。邓小平在视察鞍钢时说，要"按经济规律办事，就要培养一批能按经济规律办事的人。我们需要一些专家、懂行的人，现在不懂行的人太多了，'万金油'干部太多了。我们的干部有一千八百万，缺少的是专业干部、技术人员、管理人员和其他各种专业人员"。

改革开放40年的实践证明，我国重视学习国外经验，邓小平在党的十二大开幕词中说："无论是革命还是建设，都要注意学习和借鉴外国经验。"但学习国外的管理经验并不是照搬其具体做法，而是通过国外考察、人员交往和举办合资企业等途径学习借鉴其先进的管理理念和方法，实现管理现代化。从我国的实际国情出发，就要研究借鉴国际上的先进经验，通过深化改革、体制创新、机制转换，实现企业与市场经济有机结合，以优质的实体经济支撑着我国作为世界第二大经济体更好地发展。

### （四）培养国际化人才

培养高素质人才是外语教育的根本。改革开放以来，外语教育经历了培养口径由窄变宽、人才素质结构不断充实的历程。从教学大纲到教学要求，再到人才培养质量标准，这些文件名称上的变化恰好是培养目标和规格嬗变的印证。从20世纪80年代初开始，以北京外国语大学和上海外国语大学为代表的各类外语院校用了近20年的时间探索，形成了复合型外语人才培养模式。外语教育界清醒地认识到，社会对外语人才的需求已呈多元化趋势，过去那种单一外语专业和基础技能型的人才已不能适应社会主义市场经济的需要，社会对单纯语言文学专业毕业生的需求量逐渐萎缩，拓宽培养口径势在必行。在21世纪来临之前，教育部于1998年发布《关于外语专业面向21世纪本科教育改革的若干意见》，正式以官方文件形式提出培养复合型外语人才的目标，文件指出"外语专业必须从单科的'经院式'人才培养模式转向宽口径、应用型、复合型人才的培养模式"。21世纪的外语人才要具有扎实的基本功、宽广的知识面、一定的专业知识、较强的能力和较好的素质这五个方面的特征。高等学校外语专业教学指导委员会英语组2000年4月发布《高等学校英语专业英语教学大纲》，充分体现了1998年教育部文件的精神，提出"培养具有扎实的英语语言基础和广博的文化知识并能熟练地运用英语在外事、教育、经贸、文化、科技、军事等部门从事翻译、教学、管理、研究等工作的复合型英语人才"。2018年1月，教育部颁布《外国语言文学类教学质量国家标准》，进一步明确了复合型外语人才的培养目标，指出外语类专业旨在培养具有良好的综合素质，扎实的外语基本功和专业知识与能力，掌握相关专业知识，适应我国对外交流、国家与地方经济社会发展、各类涉外行业、外语教育与学术研究需要的各外语语种专业人才和复合型外语人才。

实际上，党的十八大以来，我国的国际地位不断提高，我国已成为世界第二大经济体。积极参与全球治理，逐步走向世界舞台中央，是大国的责任与担当；培养大批国际化人才就成为适应新时代更高水平改革开放的必然要求，而外语教育则肩负着重要的历史使命。2010年发布的《国家中长期教育改革和发展规划纲要（2010—2020年）》提出国际化人才的概念，指出"培养大批具有国际视野、通晓国际规则、能够参与国际事务与国际竞争的国际化人才"。2016年9月，习近平总书记在主持中共十八届中央政治局第三十五次集体学习时的讲话中指出："参与全球治理需要一大批熟悉党和国家方针政策、了解我国国情、具有全球视野、熟练运用外语、通晓国际规则、精通国际谈判的专业人才。要加强全球治理人才队伍建设，突破人才瓶颈，做好人才储备，为我国参与全球治理提供有力人才支撑。"这进一步明确了国际化人才的内涵和特征，强调外语能力是国际化人才的核心素质。

拥有大批国际化人才是我国参与经济全球化和全球治理的根本保证，而要拥有大批国际化人才，一是需要培养国际组织人才，为参与经济全球化和全球治理提供人才支撑。中国是国际秩序的坚定维护者、积极建设者。中国已高度融入国际组织体系，加入了400多项多边条约，参加了所有联合国专门机构和大约90%政府间国际组织，中国在国际组织中的参与率正在快速接近参与率最高的法、德等国水平。培养具有开阔的国际视野与浓厚的中国情怀、通晓国际规则、精通两种以上外语，具有出色的跨文化沟通和实践能力，掌握丰富的国际法、国际政治与国际关系、国际经济与金融专业知识及专业技能，在全球化竞争中善于把握机遇和富有创新、合作精神，能胜任国际组织不同岗位工作的国际化人才，是我国更深融入国际社会、参与全球治理的根本保证。二是需要培养非通用语种外语人才，服务"一带一路"建设。随着"一带一路"倡议的持续推进，我国与东南亚、南亚、西亚、中东、中东欧等地区国际合作不断深入，国家和社会对外语水平高、综合素质强、具有国际视野、能够参与国际竞争的非通用语种人才的需求日益迫切，需要增加非通用语种专业数量，实现对已建交国家官方语言的全覆盖。三是培养区域与国别研究人才，服务国家决策和战略。中国正经历由一个区域性国家成为世界性国家的历史转折期，需要更加关注世界、了解世界，这对学术研究与领域拓展提出了更高的要求，高等院校和研究机构要为国家和世界的发展提供学术支持和人才支撑。

培养国际化人才需要改革培养模式，完善国际化人才培养体系。很多高校在这方面做了有益的探索。有的高校设立国际组织学院，打造国际组织学科建设、人才培养培训和输送基地，加强学科建设，实施本硕博贯通式培养。有的高校设置国际化人才培养相关的二级学科硕士学位授权点，开展双学位教育。改革培养模式还包括建立国际组织人才推送和资助机制，选拔国际组织优秀人才，教育主管部门推动建立和完善国际组织实习制度，资助高校学生到国际组织实习，举办到国际组织实习任职全国高校巡讲会。很多高校采取措施培养"非通用语+英语+专业课程"的复语型人才和"专业知识+外语技能+文化素养"的复合型人才，开展国内国外学习交替进行的非通用语种人才贯通培养项目，派出学生到语言对象国学习对应语种，熟悉体验对象国文化。众多高校设立区域和国别研究以及国际教育研究基地，通过加大政策引导、实施项目支撑、强化制度建设、注重调查研究等举措，努力构建基地建设和人才保障并重、基础研究和课题研究并行、研究对象和领域全面覆盖，构成重点突出、研究主体和方式多元开放而协作共享的区域和国别研究的新格局，以培养具有国际视野、较高外语水平的区域和国别研究人才，服务国家外交战略，推动教育对外开放。

# 二、推动中外文化交流

外语教育本质上是一种文化教育，不仅可以增强民族文化自信，而且可以形成跨文化意识，具有较强的人文性教育价值。外语教育对推动中外文化交流发挥着重要作用。加强外语教育、提高外语能力水平有利于理解、尊重和包容他国文化和人民，有利于促进世界各种文化相互借鉴，取长补短，有利于各国教育、科技、人文交流合作。对于我们国家来说，加强外语教育有利于促进中华文化走向世界，扩大中华文化在国际上的吸引力和影响力，增强文化自信。

## （一）增进尊重理解

理解、尊重和包容是国与国、人民与人民之间交往的基本原则。对他国文化和人民的理解、尊重和包容有助于增进不同文化背景、不同种族、不同宗教信仰和不同区域、国家、地区人们之间相互了解和相互宽容，有利于加强国家和人民之间相互合作，共同认识和处理全球社会存在的重大共同问题。外语教育蕴含着丰富的跨文化教育课程元素，培养学生学会理解、学会尊重、学会包容是外语教育的基本目标。

培养学生学会理解。理解是对他国文化和人民的了解和尊重。美国总统威尔逊说："理解绝对是养育一切友情之果的土壤。"1994年10月，联合国教科文组织第44届国际教育大会通过《大会宣言》和《为和平、人权和民主的教育综合行动纲领》，倡导多元主义教育价值观，提倡全球化时代的基本精神，鼓励各国开展国际理解教育。要提升对外语学科的认识，学习外语不只是为了掌握一种语言工具，更主要的是为了更深刻地理解和体认其他文化，为建立国家之间和人民之间更深刻的理解奠定基础。

培养学生学会尊重。尊重是对他国文化和人民的尊敬、重视。一切文明成果都值得尊重，一切文明成果都要珍惜。尊重国家与国家之间的文化差异，尊重他国人民的思维习惯、话语表述方式、风俗习惯。我国古代思想家孟子说："爱人者，人恒爱之；敬人者，人恒敬之。"法国哲学家笛卡尔说："尊重别人，才能让人尊敬。"德国哲学家叔本华说："要尊重每一个人，不论他是何等的卑微与可笑。要记住活在每个人身上的是和你我相同的性灵。"联合国教科文组织指出，必须尊重少数民族或种族、宗教和语言上处于少数地位的人士以及土著居民的教育权，并在课程内容、教学方法和教育组织形式方面加以落实。

培养学生学会包容。海纳百川，有容乃大。文明具有包容性，人类文明因包容才有交流互鉴的动力。与不同文化背景的人打交道要学会包容，对他们的文化、观念、语言和习俗持有包容的态度。法国文学家雨果曾说："世界上最宽阔的是海洋，比海洋更宽阔的是天空，比天空更宽阔的是人的胸怀。"可以说，比海洋浩瀚的是天空，比天空浩瀚的是人的心灵，因而对待不同文明，我们需要有比天空更宽阔的胸怀，需要有更加包容的态度。

### （二）促进互学互鉴

互学互鉴就是在尊重文明多样性、道路多样化和发展水平不平衡等差异的基础上相互学习，相互借鉴、取长补短，共同提高。外语是推动不同文明交流互鉴的重要工具。

通过人员交往促进互学互鉴。文明因交流而多彩，文明因互鉴而丰富。文明交流互鉴是推动人类文明进步和世界和平发展的重要动力。中华文明是在中国大地上产生的文明，也是同其他文明不断交流互鉴而形成的文明。公元前2世纪，中国就开始开辟通往西域的"丝绸之路"。汉代张骞于公元前138年和公元前119年两次出使西域，向西域传播了中华文化，也引进了葡萄、苜蓿、石榴、胡麻、芝麻等西域文化成果。中国唐代是中国历史上对外交流的活跃期，与中国唐代通使交好的国家多达70多个，首都长安来自各国的使臣、商人、留学生云集成群。这个大交流促进了中华文化远播世界，也促进了各国文化和物产传入中国。[1]

通过语言学习促进文明交流互鉴。一个国家和民族的文明是一个国家和民族的集体记忆。佛教产生于古代印度，但传入中国后，经过长期演化，同中国儒家文化和道家文化融合发展，最终形成了具有中国特色的佛教文化，对中国人的宗教信仰、哲学观念、文学艺术、礼仪习俗等产生了深刻影响。著名高僧玄奘与鸠摩罗什、真谛并称为中国佛教三大翻译家。为探究佛教各派学说分歧，玄奘于贞观元年西行五万里，历经艰辛到达印度佛教中心那烂陀寺取真经。前后17年学遍了当时的大小乘各种学说，共带回佛舍利150粒、佛像7尊、经论657部，并长期从事翻译佛经的工作，他与其弟子共译出佛典75部（1,335卷）。玄奘被誉为中外文化交流的杰出使者。中国人在中华文化的基础上发展了佛教思想，形成了独特的佛教理论，而且使佛教经中国传播到了日本、韩国、东南亚等地。明末清初，中国人积极学习现代科技知识，欧洲的天文学、医学、数学、几何学、地理学知识纷纷传入中国，开阔了中国人的知识视野。

国家外语能力的提升助推"一带一路"互学互鉴。自2013年"一带一路"倡议提出以来，全球100多个国家和国际组织积极支持和参与"一带一路"建设，联合国大会、联合国安理会等重要决议也纳入"一带一路"建设内容。加强外语非通用语种教育、培养外语非通用语种人才推动"一带一路"建设从理念转化为行动，从愿景转变为现实，深化沿线各国相互理解，相互尊重，相互信任。

### （三）推动交流合作

语言是重要的交际交流工具。加强外语教育、提升国家外语能力有助于形成全方位多层次宽领域的国家对外开放格局，促进我国与各国的教

---

[1]习近平在联合国教科文组织总部的演讲 [EB/OL]. http://www.xinhuanet.com//politics/2014-03/28/c_119982831_3.htm.

育、科技和人文等领域的交流合作，增强与外部世界利益交融，为人类和平与发展的崇高事业做出重要贡献。

**1. 提高外语能力水平有利于推动教育国际化**

推动双向留学，提高教育国际化水平。外语水平的提高有助于推动公派和自费出国留学，促进教育交流。我国已成为世界第一大留学生源国，出国留学人员外语水平的普遍提高是其中一个重要因素。通过加强汉语教育和增加英语授课课程，提高来华留学的吸引力，扩大来华留学规模，打造"留学中国"品牌。汉语教育在非洲国家越来越受到重视，非洲国家留学生成为我国留学教育的新的增长点。习近平总书记在2018年中非合作论坛北京峰会上指出，加强同非洲发展经验交流，为非洲培训1,000名精英人才，提供5万个中国政府奖学金名额和5万个研修培训名额，邀请2,000名非洲青年来华交流，支持非洲符合条件的教育机构申办孔子学院。

助力深化中外学校间交流合作。提高师生外语水平有助于中小学校与国外学校建立友好学校关系，开展多渠道对外文化教育交流，拓展国际视野。通过提高外语水平，职业学校和应用型高校可以引进国外高水平专家和优质课程资源，开展教师互派、学生互换；研究型大学可以与世界一流大学和学术机构开展高水平人才联合培养及科学联合攻关，联合开设学位课程，联合授予学分学位，在国际一流刊物联合署名发表成果，依托优势学科举办高水平国际学术论坛，打造高端国际学术交流合作平台。提高外语水平有助于高校教师和科研人员参加国际交流，大中小学校长和骨干教师参加海外研修培训，更广泛更深入地参加国际学术交流与合作活动。

助力提升中外合作办学质量。中外合作办学对学校教学改革具有推动作用。提高外语水平有助于引进国外优质教育资源，建设一批示范性合作办学机构和项目，职业学校与国外一流职业学校开展合作办学培养高水平技术技能人才，研究型大学与世界一流大学在优势学科领域可以合作举办非独立设置的二级学院，共建研究机构，建设一流学科，提升国内高校和职业学校办学水平。

助力深化多边教育合作。国际组织人才对参与全球治理发挥着关键性作用，支持懂业务、外语水平高的高素质人才在联合国教科文组织担任重要职务，在上海合作组织、亚太经合组织、金砖国家教育合作等多边教育部长会议机制中发挥作用，拓展教育合作空间。深度参与国际教育规则制定需要有大批外语能力强的专业人才，加强对各类国际重大教育规则的研究，充分利用国际组织平台，主动在全球教育发展议题上提出新主张、新倡议和新方案。推进共建"一带一路"外语教育发挥着不可或缺的作用，不仅需要有外语非通用语种人才作为智力支撑，而且也需要从沿线国家和地区高校吸引研究相关国家经济、文化、法律等领域的专家学者来华任教，开展国别教育、语言文字、经济、法律、文化、政策等决策咨询研究。[1]

**2. 提高外语能力水平有利于扩大国际科技交流合作**

科学技术是第一生产力，是先进生产力的集中体现和主要标志。纵观全球，许多国家都把强化科技创新作为国家战略，把科技投资作为战略性投资，大幅度增加科技投入，并超前部署和发展前沿技术及战略产业，实施重大科技计划，着力增强国家创新能力和国际竞争力。增强国家自主创新能力，要充分利用对外开放的有利条件，扩大多种形式的国际和地区科技合作与交流。提高外语水平有助于科研院所、高等院校与海外研究开发机构建立联合实验室或研究开发中心，在双边、多边科技合作协议框架下实施国际合作项目，积极主动参与国际大科学工程和国际学术组织。提高外语水平、培养外语人才有助于我国企业"走出去"，扩大高新技术及其产品的出口，在海外设立研究开发机构或产业化基地，与在华设立研究开发机构的跨国公司开展合作。提高外语能力水平有助于我国科学家参与国际学术交流，在重要国际学术组织中争取担任领导职务，在我国设立重要的国际学术组织或办事机构。

---

[1]国家教育事业发展"十三五"规划 [EB/OL]. http://www.moe.edu.cn/jyb_xxgk/moe_1777/moe_1778/201701/t20170119_295319.html.

### 3. 提高外语能力水平有利于推动中外人文交流

中外人文交流是国家对外工作的重要组成部分，是夯实中外关系社会民意基础、提高我国对外开放水平的重要途径。我们要不断创新和丰富多边人文平台的内容形式，深入推进不同国家、不同地区、不同文明交流互鉴。提高国家外语能力，实现关键外语语种全覆盖，扩大参与国家范围，打造人文交流国际知名品牌，丰富和拓展人文交流的内涵和领域。培养外语专业人才，提高语用能力，坚持"走出去"和"引进来"双向发力，把汉语、中医药、武术、美食、节日民俗以及其他非物质文化遗产作为代表性项目推向世界，深化文物、美术和音乐展演、大型体育赛事举办、重点体育项目发展等方面的合作。提升中外人文交流外语传播能力，推动中外广播影视、出版机构、新闻媒体开展联合制作、联合采访、合作出版，促进中外影视节目互播交流，实施图书、影视、文艺演出等领域的专项交流项目和计划，丰富人文交流的文学艺术内容和载体；做大做强关键语言"互联网＋人文交流"，实现实体与虚拟交流平台的相互补充和良性互动。通过丰富媒体交流形式、打造具有国际影响力的全媒体和文化传播机构等举措，用外语讲好中国故事，传播中国声音，阐释中国道路，增强中国文化形象的亲近感，有力推动全球范围内的人文交流与文明互鉴。[1]

### （四）坚定文化自信

文化兴则民族兴，文化强则国家强。不忘本来，吸收外来，面向未来。文化自信是一个民族、一个国家以及一个政党对自身文化价值的充分肯定和积极践行，并对其文化生命力持有的坚定信心。文化自信从本质上来说是一种文化心态，是对文化价值和生命力的信念、信心。习近平总书记在党的十九大报告中强调："文化自信是一个国家、一个民族发展中更基本、更深沉、更持久的力量。"外语教育有利于使学生"加深对祖国文化

---

[1]中共中央办公厅，国务院办公厅.关于加强和改进中外人文交流工作的若干意见[EB/OL].http://www.xinhuanet.com/politics/2017-12/21/c_1122148432.htm.

的理解，增强爱国情怀，坚定文化自信，树立正确的世界观、人生观和价值观"。[1]

世界各国积极向外宣传本民族文化，增强文化自信。在当今世界上，没有哪个国家的文化软实力是在否定自己文化的基础上形成的，无一例外都是在传承和弘扬本民族文化的过程中造就的。世界各国都在竭力向外宣传本民族文化，展现本民族文化的独特魅力，以期提升文化软实力，设立向外推广本国文化的专门机构，如韩国的世宗学院、法国的法语联盟、德国的歌德学院、西班牙的塞万提斯学院、英国的英国文化协会、印度的文化关系委员会等。质疑和否定本民族文化，只会割裂民族发展的根脉，导致思想混乱，弱化文化软实力。如果跟在别人后面亦步亦趋，永远也不会有自己的文化核心竞争力。中华优秀传统文化积淀着中华民族最深层的精神追求，滋养了独特丰富的文学艺术、科学技术、人文学术，是中华民族最深厚的文化软实力。

将中华民族文化融入外语教育课程内容。传承民族文化是增强文化自信的根本所在。文化自信源自对博大精深的优秀传统文化的传承、对奋发向上的革命文化的弘扬、对社会主义先进文化的发扬。教育部2016年9月发布的《中国学生发展核心素养》强调文化自信是学生发展核心素养之一，提出学生要"具有文化自信，尊重中华民族的优秀文明成果，能传播弘扬中华优秀传统文化和社会主义先进文化；了解中国共产党的历史和光荣传统，具有热爱党、拥护党的意识和行动；理解、接受并自觉践行社会主义核心价值观，具有中国特色社会主义共同理想，有为实现中华民族伟大复兴中国梦而不懈奋斗的信念和行动"。优秀传统文化是我们最深厚的文化软实力，是我们文化发展的母体，积淀着中华民族最深沉的精神追求。"自强不息"的奋斗精神、"精忠报国"的爱国情怀、"天下兴亡，匹夫有责"的担当意识、"革故鼎新"的创新思想，是中华

---

[1]中华人民共和国教育部. 普通高中英语课程标准[S]. 北京：人民教育出版社，2017.

民族奋发进取的精神动力。"天人合一""天下为公"的社会理想，以人为本的治国理念，"与人为善""己所不欲，勿施于人"的处世之道，"和而不同"的东方智慧，是中华民族治国理政的思想渊源。这些最基本的文化基因是有别于其他民族的独特标识。奋发向上的革命文化脱胎于中华民族优秀文化传统，井冈山精神、长征精神、延安精神、雷锋精神、大庆精神构成具有中国特色革命文化的内涵。社会主义先进文化是对中华民族优秀传统文化和红色革命文化的继承和发展，社会主义先进文化的明显特征是中国特色社会主义的共同理想、以爱国主义为核心的民族精神和以改革创新为核心的时代精神。在几十年的社会主义实践中，我们创造了中国道路、中国模式、中国奇迹，这充分说明社会主义先进文化是一种有生命力的文化，是一种体现人类文明发展进步方向的优秀文化。

外语教育是增强文化自信的重要途径。有比较才有鉴别，我们首先要培养学生文化自信的态度。坚定文化自信要克服文化自卑心理，轻视、怀疑乃至于否定自身文化价值，认为本国文化不如他国文化，对自身文化不够自信会导致盲目迷信西方文化。同时，也要反对文化自负，对自身文化发展状态的盲目乐观、故步自封、墨守成规，轻视和否定其他文化的价值、本能地排斥外来文化会导致在自我封闭中陷于停滞。加强外语教育课程体系建设，将中华优秀传统文化、革命文化和社会主义先进文化融进外语教育课程中，增强学生文化自信心，传承中华民族文化基因。提高外语运用能力，在国际交流合作实践中积极传播宣传中华优秀传统文化和社会主义先进文化，增强国际传播能力，传播好中国声音。习近平总书记指出，要下大气力加强国际传播能力建设，加快提升中国话语的国际影响力，让全世界都能听到并听清中国声音。

文化的优秀、国家的强大、人民的力量，就是我们文化自信的强大底气，是文化自信的水之源、木之本。正如习近平总书记所说："站立在960万平方公里的广袤土地上，吸吮着中华民族漫长奋斗积累的文化养分，拥有13亿中国人民聚合的磅礴之力，我们走自己的路，具有无比广阔的舞台，具有无比深厚的历史底蕴，具有无比强大的前进定力。中国人民应该有这个信心，每一个中国人都应该有这个信心。"

## 三、提升国民国际素养

国际素养是公民素养的基本内涵。国际素养是指能够分析地方、全球和跨文化问题，理解和欣赏他人观点和世界观，能与不同文化背景的人进行开放、得体和有效的互动，为集体福祉和人类可持续发展采取适当行动的能力。具有全球视野、跨文化交流能力、通晓国际规则和能够参与国际事务是公民国际素养的核心内涵。外语教育发挥着提高国民国际素养的主渠道作用。

### （一）拓展全球视野

全球视野也称为国际视野、全球意识等，是指人们能从世界的高度了解世界历史和当今国际社会，评价本国地位和作用，认识自己的权利和义务并在国际交往中具有负责的行为与态度。它是一个人在全球化背景下具有的意识、知识、能力的综合体现。在世界多极化、经济全球化、社会信息化和文化多元化深入发展的今天，人们将面临更多跨文化交流的机会和挑战。学习参与更多相互联系、复杂多样的国际社会逐渐成为一种迫切需要，具有全球视野在相互联系和多元化的国际社会中变得越来越重要。

我国日益重视培养学生的全球视野。外语教育不仅具有工具性和人文性价值，而且还具有国际性价值。1998年教育部发布《关于深化教学改革，培养适应21世纪需要的高质量人才的意见》和《关于加强大学生文化素质教育的若干意见》文件，提出了文化素质教育和人文素养的概念。2007年教育部发布的《大学英语课程教学要求》强调要提高学生的综合文化素养，设计大学英语课程要充分考虑对学生的文化素质培养和国际文化知识的传授。2011年教育部颁布《义务教育英语课程标准》指出，学习英语能帮助学生形成开放、包容的性格，发展跨文化交流的意识和能力，促进思维发展，形成正确的人生观、价值观和良好的人文素养。2017年教育部发布的《大学英语教学指南》强调："学生学习和掌握英语这一交流工具，除了学习、交流先进的科学技术或专业信息之外，还要了解国外的社会与文化，增进对不同文化的理解、对中外文化异同的意识，培养跨文化交际能力。"2018年1月，教育部发布《外国语言文学类教学质量国家标准》，对外语类专业学生提出素质要求，要"具有正确的世界观、人生观和价值观，良好的道德品质，中国情怀和国际视野，社会责任感，人文与科学素养，合作精神，创新精神以及学科基本素养"。随着我国推进新一轮高水平对外开放，外语教育的国际性价值日益凸显。

国际社会对培养学生的全球视野也日益重视。经济合作与发展组织认为，全球视野包含四种能力。一是具有分析地方、全球、跨文化议题的能力。全球性的问题包括全球变暖、环境生态、贫困饥饿、性别歧视、教育资源不均衡等，人类在地球上只有一个使命，就是使世界变得更美好。二是具有对他人的看法和价值观表示理解和欣赏的能力。无论在世界的哪一个角落学习、工作和生活，无论来自哪里、信仰如何，都要学会欣赏和理解其他人的价值观和世界观。三是具有与不同文化背景的人进行开放、得体、有效互动的能力。这意味着至少要掌握一门外语，能够与其他国家的人进行沟通交流，彼此包容、理解和尊重，求同存异，和而不同。四是具有为了集体福祉和全人类可持续发展而采取行动的能力。这意味着不能纸上谈兵，想改变世界，就要采取行动。[1] 因而全球视野可概括为能够分析当地、全球和跨文化的问题，理解和欣赏他人的观点和世界观，与不同文化背景的人进行开放、得体和有效的互动，为集体福祉和可持续发展采取行动的能力。

外语运用能力和跨文化交流能力是全球视野的核心要素。人们要想与不同文化背景的人进行开放、得体、有效的互动，就得具备较高的外语水平，能直接阅读外文资料、善于通过第一手的外文讯息来分析处理地方、全球、跨文化的问题。日本著名社会学家大前研一说："如果你的外语能

---

[1]OECD．PISA 2018 Global Competence [R]．http://www.oecd.org/pisa/Handbook-PISA-2018-Global-Competence.pdf.

力，特别是你的英文能力非常强大，那么你在这个世界上，在全球化时代，就会比别人多拥有50%的机会。"具有全球视野的中国青年是未来世纪的"超强战士"，他们能用外语来了解世界，用外语来把握世界，还会用外语去讲好中国故事，传播中国文化，开展跨文化交流。参与国际交流活动是拓展全球视野的重要途径，《外国语言文学类教学质量国家标准》指出，要通过开展国际交流活动拓展学生的国际视野，提升跨文化能力，各专业应根据人才培养目标、办学特色和自身条件，有计划地开展暑期国际夏令营、短期留学、国内外联合培养等形式多样的国际交流活动。

### （二）提高跨文化交际能力

语言是文化的载体，也是文化的组成部分。外语教育是学校人文教育的一部分，兼有工具性和人文性双重性质。外语教育的重要任务之一是进行跨文化教育。跨文化教育的重要性越来越受到人们的重视。2017年，教育部公布《大学英语教学指南》，文件指出："学生学习和掌握英语这一交流工具，除了学习、交流先进的科学技术或专业信息之外，还要了解国外的社会与文化，增进对不同文化的理解、对中外文化异同的意识，培养跨文化交际能力。"跨文化交际课程应成为大学外语教育的核心课程之一。跨文化交际课程旨在进行跨文化教育，帮助学生了解中外不同的世界观、价值观、思维方式等方面的差异，培养学生的跨文化意识，提高学生社会语言能力和跨文化交际能力。跨文化交际课程体现了外语教育的人文性特征。学校可根据需要开设不同级别的跨文化交际课程，也可在通用英语课程体系内融入跨文化交际的内容。基础级别的跨文化交际课程以丰富学生中外文化知识、培养学生中外文化差异意识为目的。可在通用英语课程内容中适当导入一定的中外文化知识，以隐性教学为主要形式，也可独立开设课程，为学生讲授与中外文化相关的基础知识。提高级别的跨文化交际课程在学生已掌握的语言文化知识基础上开设，主要包括文化类和跨文化交际类课程，帮助学生提升文化和跨文化意识，提高跨文化交际能力。发展级别的跨文化交际课程旨在通过系统的教学，进一步增强学生的跨文化意识，扩展学生的国际视野，进一步提升学生的语言综合应用能力和跨文化交际能力。

中英学生一起练习绘画

外语教育本质上就是跨文化教育教学，核心是培养跨文化交际能力。跨文化交际能力是指能了解中外文化异同、与不同文化背景的人沟通交流的能力。跨文化交际能力具有多重构成要素。一是具有跨文化同理心和批判性文化意识。要尊重世界文化多样性，由于地理和历史的原因，世界不同国家和区域的文化呈现出丰富的多样性。联合国教科文组织在《世界文化多样性宣言》中指出："文化跨越时空，呈现出多种多样的形式，构成人类整体的不同群体和社会之身份的独特性与丰富性。"一个具有跨文化能力的人应该尊重世界文化多样性，能够进入不同文化的心灵，感同身受地理解不同文化的关切和逻辑，具有深刻的反思能力，能够对本土文化和外国文化进行客观公允的评价和鉴别。二是能从本质上了解中外文化异同。熟悉所学语言对象国的历史与现状，理解中外文化的基本特点和异同。如果没有对语言对象国历史与现状的比较全面和深入的了解，就不可能真正理解语言对象国人们的信仰、价值观念、生活方式与行为习惯，也就不可能进行深层的跨文化交流。学生还必须了解中国本土文化，在比较学习中发现和理解中外文化的表层和深层异同。三是具有跨文化思辨能力。学会灵活运用跨文化理论和知识，对不同文化现象、文化作品进行阐释和评价，从中外比较的视角进行深入阐释，探索其背后隐藏的文化原因，并进行批判性审视，进而提高跨文化思辨能力。四是能得体和有效地进行跨文化沟通。跨文化沟通是跨文化能力在跨文化交际行为中的表现。在跨文化沟通的过程中能够尊重对方的价值观念和行为规范，保持融洽的人际关系，行为得体；通过沟通达成跨文化交际交流的目的，增进理解和友谊，促进合作，实现有效性。任何一种语言符号体系都是特定文化的产物，同时又成为这一文化的载体。掌握一种语言就是理解一种文化，语言学习的最终目的是要实现得体和有效的跨文化沟通，因此外语能力与跨文化能力密不可分。五是能帮助他人进行有效的跨文化沟通。一个拥有跨文化能力的人还能帮助不同语言文化背景的人士进行有效的跨文化沟通，在不同语言文化背景的人士之间架设沟通的桥梁。翻译能力也是跨文化交流能力的一种重要技能，促进了人类不同文化的理解和交流。[1]

### （三）通晓国际规则

国际规则是国际法、惯例和原则的统称，是国际交往中被大多数国家承认并遵守的行为规范。规则意识和契约精神是市场经济和现代国际秩序的基础。遵守规则、尊重契约使得不同个人、群体和国家可以形成广泛合作，是人类进入文明社会的主要特征。通过教育教学让学生学习、了解、掌握、运用和维护国际规则是外语教育的重要内容。

学习了解掌握国际规则，为参与国际事务奠定基础。国际规则涉及安全、政治、经贸、教育、科技、文化等众多领域。《联合国宪章》的宗旨和原则奠定了现代国际秩序基石，确立了当代国际关系基本准则。《宪章》将维持国际和平及安全作为联合国的宗旨，明确将各国主权平等、内政不

---

[1]孙有中. 外语教育与跨文化能力培养[J]. 中国外语，2016（5）：17-22.

容干涉、领土完整必须确保、倡导和平解决争端、禁止使用武力或以武力相威胁、合作消除安全威胁作为基本准则。《宪章》建立了止战维和的保障机制，规定了联合国各机构以及成员的权利、责任与义务，授权安理会担负起维护国际和平与安全的主要责任。在经贸领域，最重要的国际规则是世界贸易组织规则，主要体现在世贸组织基本原则之中，这些基本原则包括：互惠原则（对等原则）、透明度原则、市场准入原则、促进公平竞争原则、非歧视性原则等。应对全球气候变化是人类社会面临的重大挑战。2015年12月在巴黎气候变化大会上通过的《巴黎协定》，主要目标是将21世纪全球平均气温上升幅度控制在2摄氏度以内，并将全球气温上升控制在前工业化时期水平之上1.5摄氏度以内，确立了共同但有区别的责任原则、公平原则、各自能力原则。《联合国海洋法公约》对岛、群岛国、12海里领海、毗邻区、专属经济区、大陆架等核心概念进行了定义，了解这些规则有利于维护我国的海洋权益特别是南海主权和权益。在文化教育领域，国际规则主要有《儿童权利公约》《经济、社会及文化权利国际公约》《取缔教育歧视公约》以及高等教育学历学位互认地区公约等国际公约。

加强国际规则教育需要改革外语教育课程体系，将相关专业领域国际规则融入专业课程内容，把有重大影响的国际法纳入外语教育课程体系，系统掌握相关国际规则知识，提高运用国际规则的能力，通过模拟联合国、到国际组织实习、在国际会议和主场外交活动中担任志愿者，提高国际规则意识以及维护和捍卫国际规则的能力。

提高国际规则意识，践行和捍卫国际规则，坚定维护国家和人民利益。在复杂多变的国际形势下，我国要与各国一道坚持国际规则，维护现有国际规则的权威性和严肃性，反对采取双重标准，随意取舍或选择规则，甚至将国内法凌驾于国际法之上。当今，在美国霸凌主义面前，我们要坚定维护以规则为基础的世界贸易体系，坚定遵守和维护世贸组织规则，支持开放、透明、包容、非歧视的多边贸易体制，支持基于全球价值链和贸易增加值的全球贸易统计制度等改革，支持对世贸组织进行必要改革，坚决反对单边主义、保护主义和贸易霸凌主义，中国要做国际规则的坚定捍卫者。[1]

### （四）参与国际事务

积极参与国际事务是大国责任担当的体现。当今世界正处在大发展大变革大调整时期，地缘政治版图日益多元化、多极化，国与国相互依存更加紧密。党的十八大以来，以习近平同志为核心的党中央洞悉世界格局变化和中国发展大势，提出了一系列外交新理念，取得了一系列外交新突破，开拓了中国大国外交的新局面，展现出中国特色、中国风格和中国气派，中国与世界的关系也发生了历史性变化，中国日益走近世界舞台中央，不断为人类做出更大贡献，体现了我国综合国力的提高、国际话语权的提升和对全球治理的深度参与。在世界格局深刻变革的大棋局中，在中华民族伟大复兴的新征途上，中国与世界深度融合，命运与共。

外语教育要优化课程体系和课程结构，覆盖国际事务的主要领域。国际事务涉及政治、安全、经贸、教育、科技、文化、体育等各个领域。中国是国际事务的参与者和贡献者。中国积极参与联合国事务，中国是联合国创始成员国，是第一个在《联合国宪章》上签字的国家。中国坚定维护以联合国为核心的国际体系，坚定维护以《联合国宪章》宗旨和原则为基石的国际关系基本准则，坚定维护联合国的权威和地位，坚定维护联合国在国际事务中的核心作用。1971年，中国恢复在联合国的合法席位、重返日内瓦国际机构后，逐步参与裁军、经贸、人权、社会等各领域事务，为重大问题解决和重要规则制定提供了中国方案。近年来，中国积极参与伊朗、叙利亚等热点问题的对话和谈判，为推动地区问题政治解决做出了中国贡献。中国坚定发挥着和平与安全的维护者作用，以自身发展繁荣维护和平稳定。中国倡导并一贯坚持和平共处五项原则，是联合国五个常任理事国中派出维和部队最多的国家，累计派出维和军事人员3.5万余人次，

---

[1]国务院新闻办公室. 关于中美经贸摩擦的事实与中方立场[R]. http://www.scio. gov.cn/zfbps/32832/Document/1638292/1638292.htm.

先后参加了24项联合国维和行动，被国际社会誉为"维和行动的关键因素和关键力量"。中国先后成功向国际奥委会申办夏季和冬季两届奥运会和残奥会，中国10多项世界自然遗产和文化自然双重遗产申请得到世界自然保护联盟支持。中国秉持和平、主权、普惠、共治原则，把深海、极地、外空、互联网等领域打造成各方合作的新疆域，而不是相互博弈的竞技场。因而，外语教育应根据各专业培养目标和培养规格设计课程体系，完善公共课程、专业核心课程、培养方向课程和实践环节课程。

外语教育要培养学生参与国际事务的关键能力。这些能力包括：国际谈判能力，就是用外语直接与对手进行谈判的能力，既坚持原则又保持一定的灵活性，维护国家和人民的利益；沟通能力，就是与各国政府部门、国际组织和机构进行沟通联络的能力；国际协调能力，就是在承办、组织重大国际活动过程中能协调各利益相关方的关切和诉求；国际规则制定能力，就是能在国际平台和多边机制中参与制定反映广大发展中国家意愿的国际规则；议题设置能力，就是能在国际组织和主场外交活动中提出体现中国智慧的方案；应急处置能力，就是能及时有效应对国际突发自然灾害和公共卫生事件，具有参与救援的能力，体现大国的责任担当。参与国际事务的能力不是在课堂上培养，而是要通过实习、实践培养这些能力，在真实的情境中培养这些能力，从而为参与全球治理奠定必要的能力基础。

## 四、加强国家软实力

软实力是国家综合国力的重要体现，语言影响力则是国家软实力的重要象征。拓展国家软实力就需要加强外语教育，提升国家外语能力，推进国际传播能力建设，培养具有外语素养的国际化人才，加强国家品牌与形象建设，为推动构建人类命运共同体提供人才支撑。

### （一）提升国家文化实力

国家软实力是指一个国家除了单一经济实力外很多涉及文化方面的一种力量，实际上是一个国家的文化实力，是一国综合国力的重要体现。这种影响力及对外界的形象都构成这个国家综合国力的概念。软实力是20世纪90年代初美国哈佛大学教授约瑟夫·奈提出的概念，认为软实力即国家的文化力量，包括三种力量：对他国产生的文化吸引力、本国的政治价值观和具有合法性和道德威信的外交政策。软实力包含内部软实力和外部软实力。外部软实力包括国家的创造力、思想影响力、观念文化的亲和力及文化产品的传播能力和辐射能力等；内部软实力包括凝聚本国民族的民族精神和传统文化等。语言影响力是国家软实力的重要体现。

提升国家外语能力助力推进国家传播能力建设。一个大国发展兴盛，必然要求文化影响力大幅提升，实现软实力和硬实力相得益彰。在全国宣传思想工作会议上，习近平总书记提出了"展形象"的重要使命任务，明确了提升中华文化影响力的工作要求，为我们在新形势下做好对外宣传工作、提高国家文化软实力指明了方法路径，提供了根本遵循。国家外语能力提升可以加强国家外语传播能力建设，推动对外宣传创新，扭转"西强我弱"的国际舆论格局，增强国际话语权，提升国家文化软实力。

提升国家外语能力助力讲好中国故事，传播中国理念和中国智慧。一个故事胜过一打道理，以外语形式讲好中国故事是外宣工作的基本方法，也是提升中华文化影响力的基本途径。通过讲故事介绍中国道路和共建美好世界的理念主张，通过故事传播中国理念，以理服人，以情动人。不断提升国家外语表达能力，围绕国际社会关注的问题，主动宣介习近平新时代中国特色社会主义思想，主动讲好中国共产党治国理政的故事、中国人民奋斗圆梦的故事、中国坚持和平发展合作共赢的故事，让世界更好地了解中国。

提升国家外语能力助力构建中国话语体系。要采用外国人听得懂、易接受的话语体系和表述方式，生动鲜活地讲述中国故事，入情入理地讲述中国故事，让故事更加贴近中国实际、更加贴近国际关切、更加贴近国外受众，展现中国真诚亲和的态度。

## （二）加强国家品牌与形象建设

国家对外传播能力对中国品牌的传播推广起着重要作用。中国品牌是指由中国企业原创、产权归中方企业所有的品牌。一种民族品牌不仅代表着一个国家相关行业的生产力，而且是一个国家文化的重要载体。我国从2012年开始实施"中国品牌影响力提升计划"，旨在提升中国品牌在国内国际的品牌影响力和行业竞争力。近年来，我国企业不断提高对外传播能力，加大对中国品牌的传播投入，中国品牌的国际知名度在稳步提高。2018年世界杯中国品牌成为最大赞助商，在17个官方赞助商中，中国企业占据7席，全面覆盖3个赞助级别，创下中国企业赞助世界杯的新纪录，中国品牌投入高达8.35亿美元赞助费（约合人民币53亿元），超过排在第二位的美国一倍多，打破了昔日由欧美和日本等国企业对奥运会、世界杯等国际体育盛会赞助席位垄断的局面。中国品牌手机异军突起，一改过去给人们留下的中低端印象，技术品质和品牌效应正逐渐向国际水平靠拢；海外市场规模逐步扩展，华为、OPPO、VIVO、小米在很多国家和地区的表现非常抢眼，许多标志性地点都可以看到各种品牌的密集广告宣传，开店速度和推新速度更是惊人。如果人们去东南亚等地旅游，一下飞机就能看到招牌亮丽的各种中国品牌手机的外文广告。中国国家形象全球调查表明，传统行业品牌熟悉度排名有所上升，排在前5位的中国品牌依次为联想、华为、阿里巴巴、中国国际航空公司和中国银行，与2015年相比，中国银行、比亚迪汽车等传统行业品牌的熟悉度排名有较大幅度的上升，国外年轻群体也越来越认同中国品牌。

积极发挥外语在品牌宣传传播中的重要作用。加强人才队伍建设，发挥企业家领军作用，培养引进品牌管理专业人才，造就一大批技艺精湛、技术高超、懂外语的技能人才，提高企业员工全球化意识。加强国际标准研究，推动标准制修订工作，提高相关产品和服务领域标准水平，推动国际国内标准接轨。用多语种宣传展示自主品牌，设立"中国品牌日"，大力宣传知名自主品牌，讲好中国品牌故事，提高自主品牌影响力和认知度。鼓励各级电视台、广播电台以及平面、网络等媒体，在重要时段、重要版面安排自主品牌公益宣传。定期举办中国自主品牌博览会，在重点出入境口岸设置自主品牌产品展销厅，在世界重要市场举办中国自主品牌巡展推介会，注重企业多语种网页建设，加大自主品牌在海外宣传力度，扩大自主品牌的知名度和影响力。[1]

国家外语能力在对外塑造和传播国家形象方面发挥着关键作用。国家形象是一个国家对自己以及他国公众对该国的多维度整体性认知的结合。随着中国成为世界第二大经济体，综合国力不断增强，中国国家形象稳步提升。当代中国与世界研究院等机构自2011年起连续5次开展中国国家形象全球调查。最新的调查结果表明，中国整体形象好感度稳中有升，内政外交表现广受好评，"一带一路"倡议赢得普遍点赞，中国经济的国际影响力获得公认，未来发展赢得海外信心，受访者中预期中国即将成为全球第一大经济体者逐年增加，中餐、中医药、中国高铁等中国文化与科技元素继续成为国家形象亮点。[2] 国外的调查也显示中国国家形象在不断提升。2017年，美国皮尤研究中心对全球38个国家4.2万名受访者进行的国家形象全球调查结果显示，中美在国际上受欢迎程度旗鼓相当，49%的受访者对美国抱有好感，47%的受访者对中国抱有好感，中国的全球不受欢迎率为37%，而美国为39%，俄罗斯和撒哈拉以南非洲国家对中国的好感度最高。[3]

提高国家形象对外塑造和传播能力。党的十八大报告明确提出"要扎实推进公共外交和人文交流"。加强国民教育和外语教育，提高国民国际素养。每个个体都是国家形象的一个具象符号，每个个体的一言一行都可能影响到全世界对国家整体的评价，让每个国民深刻意识到自己是国家形象的一部分，努力提升个体意识，维护和提升国家形象。拓宽我国外宣工作队伍的国际化视野，提高新媒体环境下对外传播能力与水平，增强议题

---

[1]国务院办公厅. 关于发挥品牌引领作用推动供需结构升级的意见（国办发〔2016〕44号）[EB/OL]. http://www.gov.cn/zhengce/content/2016-06-20/content_5083778.htm.

[2]《中国国家形象全球调查报告2016—2017》在京发布[EB/OL]. http://www.chinatoday.com.cn/chinese/sz/news/201801/t20180105_800113756.html.

[3]Pew Research Center. Globally, More Name U.S. Than China as World's Leading Economic Power [R]. http://www.pewglobal.org/2017/07/13/more-name-u-s-than-china-as-worlds-leading-economic-power/.

"汉语桥"巴勒斯坦学生夏令营开营仪式

设置的意识和能力，讲述好中国新征程故事，传播好中国新时代声音，让国际社会了解一个真实、立体、全面的中国。重视中国优秀文化产品输出，加强现当代文学和电影作品的外译工作，把反映当代中国社会面貌的信息通过文化作品传递到国外去。发挥企业公共外交的作用，跨国企业承载着国家形象，中国企业的形象在一定程度上代表着中国国家的形象，企业已经成为中国与外部世界进行文化和心理沟通的重要桥梁，要在海内外广泛宣传介绍我国企业承担的海外社会责任的生动故事。扩大中外青年各领域务实交流，夯实中外民意基础，培养更多亲华友华的海外年轻人。皮尤调查还表明，海外年轻群体对中国内政外交表现评价更高、整体印象更好，对中国未来发展形势的看法更为乐观，更相信中国品牌，来华旅游和学习意愿更高。

## （三）推动构建人类命运共同体

坚持推动构建人类命运共同体，是习近平新时代中国特色社会主义外交思想的核心和精髓。党的十八大以来，以推动构建人类命运共同体为引领，我国的国际影响力、感召力、塑造力进一步提高，为世界和平与发展做出了新的重大贡献。外语教育对推动构建人类命运共同体肩负着重要的历史使命。

外语教育要通过改革课程体系、课程结构和教育内容培养学生树立人类命运共同体意识，应对人类面临的共同挑战，积极参与全球治理和经济全球化发展进程，为人类和平发展做出贡献。新时代新使命迫切要求拓展外语教育的目标内涵，提升外语教育的价值，实现工具性、人文性和国际性价值的融合统一。《中国学生发展核心素养》指出，要培养学生具有全球意识和开放的心态，了解人类文明进程和世界发展动态，关注人类面临的全球性挑战，理解人类命运共同体的内涵与价值。

外语教育要通过培养具有国际视野、外语运用能力和跨文化交流能力的高素质国际化人才为积极参与全球治理提供人才储备，通过提高国家外语能力为推动构建人类命运共同体提供人才支撑。

**1. 培养国际化人才推动建设一个持久和平的世界**

国家和，则世界安；国家斗，则世界乱。外语教育要将《联合国宪章》相关内容融入课程内容，教育学生深刻理解掌握其宗旨和原则，化解纷争和矛盾，消弭战乱和冲突，维持国际和平及安全。积极参与国际维和事务，提高维和官兵外语水平。秉持和平、主权、普惠、共治原则，把深海、极地、外空、互联网等领域打造成各方合作的新疆域。

**2. 培养国际化人才推动建设一个普遍安全的世界**

和平问题、发展问题是摆在全人类面前的严峻挑战，宗教极端势力、国际恐怖势力对国际安全形势构成威胁。要通过外语教育培养国际化人才，树立共同、综合、合作、可持续的安全观，积极参与国际安全事务，为建设一个普遍安全的世界做出贡献。

**3. 培养国际化人才推动建设一个共同繁荣的世界**

提高国家外语能力，实现与建交国家语言全覆盖，着力培养非通用语种人才，服务"一带一路"建设，坚持合作共赢理念，促进与沿线国家社会、经济、教育融合发展，实现共同繁荣；培养国际化人才特别是国际组织人才，坚定维护世贸组织规则，支持开放、透明、包容、非歧视性的多边贸易体制，构建开放型世界经济。

### 4. 培养国际化人才推动建设一个开放包容的世界

人类文明多样性是世界的基本特征，也是人类进步的源泉。世界上有200多个国家和地区、2,500多个民族及多种宗教，提高外语教育水平，理解、尊重和包容不同文化、不同种族、不同宗教信仰和不同国家人民，深化中外人文交流极为重要。外语教育要提高国家语言能力，推动文明交流互鉴，不同文明取长补短、共同进步，让文明交流互鉴成为推动人类社会进步的动力和维护世界和平的纽带。

### 5. 培养国际化人才推动建设一个清洁美丽的世界

遵循天人合一、道法自然的思想，坚持绿水青山就是金山银山的理念，寻求永续发展之路。《中国学生发展核心素养》提出教育应培养学生的社会责任感，教育学生"热爱并尊重自然，具有绿色生活方式和可持续发展理念及行动"。外语教育要体现环境保护的思想，注重培养学生的环境保护意识和行为，将《巴黎协定》确定的标准和原则以及2030年可持续发展议程作为外语教育课程要素，倡导绿色、低碳、循环、可持续的生产生活方式。[1]

提高国家外语能力、国际传播能力和对外叙事能力，培养高素质国际化人才是推动构建人类命运共同体的重要保障。中国不忘初心，始终与世界同行，顺大势，担正义，行正道，坚定不移维护多边贸易体制，坚定不移推动全球治理体系变革，始终做世界和平的建设者、全球发展的贡献者、国际秩序的维护者，坚定不移推动构建人类命运共同体。

改革开放40年来，我国外语教育发生深刻变化，折射出外语教育从价值观、重要性认识、人才培养目标等各个方面在不断适应我国政治经济社会发展的要求。外语教育价值观念发生重要变化，从突出外语教育的单一

---

[1]习近平. 习近平谈治国理政：第2卷[M]. 北京：外文出版社，2017：537-549.

工具性价值到强调外语教育的工具性和人文性价值并重，再到注重外语教育的工具性、人文性和国际性价值融合统一。与此相适应，对外语教育重要性的认识发生显著变化，从强调外语教育服务国家经济发展的功能到突出外语教育发挥推动中外人文交流的作用，再到适应新时代高水平对外开放的需要，强调外语教育服务国家软实力提升的需要，为推动构建人类命运共同体提供人才支撑。外语教育人才培养目标发生重大变化，从培养较窄口径的单科型外语专门人才向培养宽口径的复合型外语人才转变，再到着力培养适应高水平对外开放新时代需要的高素质国际化人才，经济全球化和世界多极化蓬勃发展迫切需要培养具有家国情怀、全球视野、熟练掌握外语、能够参与全球治理的国际化人才。外语教育人才培养质量标准发生重要变化，从教学大纲到教学要求，再到人才培养质量标准，人才素质结构和维度不断丰富完善。在新时代，我国外语教育要以提高国家外语能力、服务国家战略为总体目标，加强外语教育规划，优化语种布局，提高外语教育质量，培养适应新时代高水平对外开放要求的高素质国际化人才，为推动多层次宽领域中外人文交流、全球治理体系变革、构建人类命运共同体做出更大贡献。

第二章

外语教育的发展历程

改革开放开启了全新的时代，开辟了中国外语教育的新纪元。从1978年到2018年，我国社会的经济、政治、文化发生了翻天覆地的变化，改革开放也进入"四十不惑"的关键之年。中国的对外开放经历了从改革之初的"引进来"为主，到全球化时代的"走出去"的发展历程。随着教育发展水平和国家核心竞争力的不断提升，我国对外的教育开放有了更多的自信，对内的教育体制改革有了更多的从容。站在新的历史起点，研究总结和详细梳理改革开放以来中国外语教育的发展进程，有助于准确把握我国外语教育的发展方向，探究其背后的规律与特征，更好地鉴往知来。

回顾改革开放40年来的中国外语教育发展史，其中一条最主要的线索就是：以开放促改革，以改革促发展，在渐次改革的过程中，外语教育制度逐步健全，人才培养体系逐步完备，外语教学与研究的专业性日趋增强，建立了科学完备的外语教育体系。结合国内外形势和外语教育自身发展轨迹，又可分为四个历史阶段。第一阶段：服务于"四化建设"的外语教育恢复和重建阶段（1978—1991年）。这段历史时期的主要背景是：党的十一届三中全会的胜利召开，开启了改革开放的新纪元，外语教育由此也迈入了革故鼎新的历史时期。第二阶段：服务于扩大对外开放的外语教育发展阶段（1992—2000年）。这段历史时期的主要背景是：党的十四大确立了社会主义市场经济路线，外语教育肩负引领对外开放走向21世纪的时代任务。第三阶段：面向国际市场的外语教育强化阶段（2001—2012年）。这段历史时期的主要背景是：加入世贸组织之后，我国深度参与世界事务，全球化进程加速，对外语人才的规模、规格和素养提出了更多要求。第四阶段：服务于国家"走出去"战略的外语教育新时代（2012年至今）。这段时期的时代背景是：进一步主动迎接全球化，服务于"一带一路"建设。

## 一、服务于"四化建设"的外语教育恢复和重建阶段（1978—1991年）

1978年党的十一届三中全会的胜利召开，标志着改革开放新纪元的正式开启。在邓小平的直接关怀和领导下，我国高校恢复了招生考试，从"不学ABC，照样干革命"回归到了"尊重知识、尊重人才"的求真务实的轨道。外语教育就是在这样的历史背景下，在改革开放的春天里，迈入了革故鼎新的历史阶段。

"文革"结束，人心思稳，党的工作重心转移到以经济建设为中心上来，重开国门于世界。百废待兴的局面急需大批外语人才，客观上需要大力加强外语教育。在改革之初，并没有固定的模式可依，面对百废待兴的形势，一方面，恢复"文革"前正常的外语教育教学工作[1]；另一方面，求知识于世界，引进国外教材，引进外籍教师，学习国外先进的教学方法。大致说来，这段历史时期主要是对"文革"期间造成的损失进行纠正、重建、调整，以及在教育领域渐次对外开放，包括派遣留学生、发展外语教育、学好外语这门工具等。这段历史时期所做出的决策，包括大中小学课程设置、教学大纲、教学计划、师资培训等方面，为改革开放以来的外语教育发展做了铺垫。

## （一）恢复重建，扩大规模

在政策规划方面，1978年全国外语教育座谈会召开，吹响了改革开放

---

[1]此时对外语教育教学工作的恢复，在规章制度方面主要是回到了"文革"前、1964年制定和颁布的《外语教育七年规划纲要》所规划的外语教育工作思路和局面上来。《规划纲要》认真总结了中华人民共和国成立15年来的外语教育工作，着重指出了当时外语教育的矛盾，对以后的外语教育提出了四条方针，分别是：(1) 专业外语教育和共同外语教育并重；(2) 学校外语教育和业余外语教育并举；(3) 确定英语为学校教育中的第一外语；(4) 在大力发展数量、调整语种比例的同时，要特别保证质量。同时提出如下发展指标：一是加强普通中学外语教育；二是规定了高校共同外语课的语种，包括英、俄、德、法、日等语种，以英语为第一外语；三是大力发展外国语学校；四是增设新的语种，要求从1964年的39个语种，发展到1970年的49个语种；五是派遣留学生出国学习外语，语种包括英语、德语、西班牙语、阿拉伯语等；六是开办研究生班。《规划纲要》在中华人民共和国外语教育发展史上具有继往开来的里程碑作用，是我国自主探索外语教育的集中体现，体现了务实、科学与客观的态度，在中华人民共和国历史上被誉为"为外语教育打开了新局面"。以此为指针，外语教育很快便出现了"文革"前短暂的春天，培养了大批外语干部，加强了师资建设，新建或加强了一批外国语学校，等等。从历史的视角来看，这为"文革"后恢复和发展外语教育直接奠定了基础。

发轫之际外语教育革新的号角。以此为标志，教育部打出一系列外语教育改革组合拳：召开外语教育座谈会，成立各语种教学研究会，颁布制定外语教学计划，扩大外语教育规模，加强外语师资建设，加强中小学英语教育，等等。很快开启了20世纪80年代外语教育迅速发展的局面。

**1. 召开全国外语教育座谈会**

1978年，教育部在北京召开了全国外语教育座谈会。这次座谈会是一次拨乱反正的会议，是"文革"后第一次全面研究和规划外语教育的会议。座谈会的主要任务是贯彻落实全国教育工作会议精神，研究外语教育如何为实现新时期总任务做贡献的问题。会议总结了新中国成立以来外语教育的经验和教训，研究了加强外语教育、提高外语教育质量的办法和措施。会议指出：新中国成立初期，外语教育在数量上有了很大的发展，教育质量也有所提高。但同时也产生了一些缺点和错误。比较突出的问题有两个：一是根据当时形势的需要，大力发展俄语教育，忽视了英语和其他语种，导致外语教育片面发展；二是注意了专业外语教育，对高校公共外语教育和中小学外语教育注意不够。

会议确定了今后一个时期发展外语教育的方针：千方百计提高外语教育质量，切实抓好中小学外语教育这个基础，在办好高等学校外语教育和公共外语教育的同时，大力开展多种形式的业余外语教育。会议还提出：要集中精力办好一批重点外语院系，使之成为培养水平较高的外语人才的基地；必须采取有力的应急措施，使外语教育跟上整个国家发展的需要。

这次会议召开后，教育部于1979年3月印发了《加强外语教育的几点意见》。该《意见》重申了新中国成立初期外语教育的成就和不足，并提出今后一个时期外语教育的总要求：千方百计地提高外语教育质量，切实抓好中小学外语教育这个基础，在办好高等学校专业外语教育和公共外语教育的同时，大力开展各种形式的业余外语教育，努力使越来越多的科技工作者和其他专业人员掌握外语工具。可以说，外语教育座谈会的召开与《意见》的出台，为后续整个20世纪80年代的外语教育改革做出了清晰的规划，标志着外语教育新时代的到来。

## 2. 成立专业学会

1981年5月，中国外语教学研究会在杭州举行成立大会。中国外语教学研究会是中国教育学会领导下的一个群众性学术团体。其宗旨是：团结全国外语教学和研究工作者，在马克思主义指导下，积极开展国内外学术交流，努力提高我国的外语教学和研究水平，为祖国社会主义现代化事业做出贡献。中国外语教学研究会会址设在北京大学，下设八个分会，分别是：中国英语教学研究会、中国俄语教学研究会、中国法语教学研究会、中国德语教学研究会、中国日语教学研究会、中国西班牙语葡萄牙语教学研究会、中国公共外语教学研究会和中国中小学外语教学研究会。

改革开放初期成立的这些外语教学研究会，分别围绕各自语种的教学与研究召开了研讨会，确定了改革开放初期的各语种教学大纲、教材编写、师资培训、人才培养、招生就业等方面的方针计划，如《大学英语教学计划》《高等学校法语专业基础阶段教学大纲》，等等，使各语种教学开始有条不紊地展开。[1] 也正是由于早期一些教育大家发起成立的这些委员会，从专业领域为高校外语教育保驾护航，并进一步发展成为指导本专业语种教学与研究的权威性机构，并在当代外语教育史上发挥了重要作用。

在外语教育语种建设方面，确定了主要的通用外语教育，包括在改革开放初期就建立了由学界耆老领头组织的教学与研究协会，制定和颁布了教学大纲，厘定了各级各类院校语种教学大纲、教材建设与教学调查与研究。成立的各主要语种的教材编审委员会在教材编写、教学指

---

[1]这些研究分会分别召开专业会议，由外语学界耆老牵头，认真调查，广泛听取意见和建议，制定出台了各语种的教学大纲和教学计划，在各自的语种教学中做出了开创性贡献。例如，1984年5月召开全国公共英语（理工科用）教学大纲审定会，审定通过《大学英语教学大纲（高等学校理工科本科用）》，1985年2月由教育部印发；1986年12月，外语专业教材编审委员会法语编审组审阅和通过了《高等学校法语专业基础阶段教学大纲》，并上报国家教委审批。1988年4月，国家教委高教司批转《高校德语专业基础阶段教学大纲》《高校俄语专业基础阶段教学大纲（高等学校非俄语专业通用）》。1989年5月，国家教委高教司批准《大学日语教学大纲（高等院校非日语专业本科用）》。

导等方面发挥了重要作用。这些德高望重、学识渊博、治学严谨的老前辈，不仅为我国的外语教学事业做出了卓越的贡献，而且为我国的知识分子树立了榜样，堪称一代师表。在当时，季羡林、许国璋、王佐良、桂诗春、冯至、贾植芳等大师，为外语教育的恢复与发展发挥了开山作用。比如，季羡林先生就担任多个协会的主席，也是第一批博士学位授予点的博士生导师。这一代学人的文化视野、所提出的意见和建议对推动改革开放后外语教育的发展发挥了举足轻重的作用，规划出了中国改革开放新时期外语教育发展的新路径，并由此形成了良好的传统，一直惠及当今外语教育教学。

### 3. 加强外语师资建设

恢复发展外语教育，外语师资建设乃重中之重。改革开放伊始，党就意识到了这一问题的重要性。"十年浩劫"使老年教师力不从心，中年教师业务荒疏，而青年教师才疏学浅，业务亟待提高。为改变师资队伍不能完全适应教学工作迫切需要的情况，国务院批准教育部提出的新中国成立以来规模最大的"1980年至1983年高校英语培训计划"。该计划指定在24所院校分别举办师资培训班，以外国专家为主，配以中国教师辅导，培训时间每期半年左右。[1] 这个培训计划对改变我国英语师资队伍的面貌起到了重要作用。通过培训，4,800多名基础语言课教师学习了现代语言，开阔了眼界，扩大了知识面，提高了语言实践水平和教学指导能力，迅速为百废待兴之际的外语教育补充了新鲜血液。通过培训还引进了一些新的教学理论、教学方法和教材，对外语教学改革及学术研究既起了促进和推动作用，又提供了条件和平台。

### 4. 编制教材，落实规划

早在1978年全国外语教育座谈会上，专家们就指出了长期以来忽视中小学外语教育的状况，提出要编选出版一批质量相对稳定的大中小学外

---

[1]李传松. 新中国外语教育史[M]. 北京：旅游教育出版社，2009：236.

语教材，同时也指出要加强外语教学法和语言科学的研究。在1979年制定颁布的《加强外语教育的几点意见》中，更是进一步做了详细规定。1981年《全日制五年制小学教学计划（修订草案）》出台，规定小学外语课改为选修，在四、五年级开设。1982年5月，教育部在北京召开全国中学外语教育工作会议。这是中华人民共和国成立以来第一次就中学外语教育工作召开全国性会议。会议在总结历史经验的基础上，提出了《关于加强中学外语教育的意见》。《意见》强调："加强外语教育是发展我国同世界各国交往的迫切需要，是培养社会主义现代化建设人才和提高我国文化科学技术水平的迫切需要，具有重要的战略意义。中学外语是一门重要的工具课，也是整个外语教育的基础，必须从中学抓起。各级教育行政部门应提高对中学外语教育重要性的认识，加强领导，认真总结新中国成立30多年来的经验，进一步明确中学外语教育的要求，采取切实有效措施，扎扎实实提高质量。"从这里开始，中学外语教育也走向正规化、科学化发展的路径，外语也开始和语文、数学并列，成为中学教育的主要科目。

### （二）发展大学外语专业教育

改革开放初期大学外语专业教育的发展主要体现在课程与专业设置的恢复与发展、教学方法的改善，以及人才培养目标的不断完善。

首先是课程与专业设置。这一时期的课程设置以恢复、发展为主，恢复和发展了"文革"前在英、日、俄、德、法、西、葡七个主要语种的基础上的课程与专业设置。外语专业建设与普通外语教学同时都取得了显著进展。外语专业具体又分外国语言文学和科技外语两大类。1988年11月，首次科技俄语教学研讨会在北方交通大学举行。经国家教委、铁道部批准，北方交通大学自1988年起开办了国内第一个科技俄语专业，招收了第一届本科生。1988年12月，英语教学研究会第二届理事会专家指出，根据社会需要，在加强传统的外国语言文学专业的同时，近年来开设了一些新专业：国际新闻（英语）、国际贸易专业（英语、日语）、对外汉语专业（英语）、外事管理专业（英语）、教育传播与技术专业（英语）。这些专业中，有的招收专科生和本科生，有的培养双学位学生或硕士研究生，满足了国家对不同规格人才的需要。

其次是探索高校外语教学方法。当时召开了全国英语、俄语、日语、德语、法语等一系列教学研讨会，统一了教学思路，及时回应了改革开放新时期外语教学中的一些突出问题，制定外语教学大纲，编写外语教材，强调科学的教学与学习方法。1982年，英语教学研究会还归纳总结了当时流行的主要教学方法。专家就当时的阅读材料、课时安排、教学方法、听说读写专项教学与训练等专题，均结合形势进行了深入探讨。

最后是大学外语专业人才培养回到正常轨道，恢复了外语专业研究生教育。1981年国务院批准首批博士和硕士学位授予单位，英语语言文学博士点共设5个，硕士点共设28个。1984年国务院批准了第二批硕士、博士点。研究生教育的恢复和博士点的建立，对我国外语教师队伍的建设起了极为重要的作用。在这段时期的高校外语专业人才的培养过程中，外语教育管理者和教师也已开始意识到，不能只是集中于外语知识的掌握与外语技能的提升，无论文科还是理科，均需要辅修一门相关学科专业来提高外语应用技能水平。

### （三）建设大学公共外语

1979年印发的《加强外语教育的几点意见》指出：要大力办好高校公共外语教育和各种形式的业余外语教育，培养既懂专业又掌握外语的科技人才，增加高校公共外语课学时。以此为指针，大学公共外语教育迅速发展。最初体现为大学理工科公共外语教育的迅速发展，1980年5月，教育部委托各高等学校理工科基础课各教材编委会主持工作，分别召开14个编委会扩大会议，正式宣布各教材编委会恢复并重新开展工作。高校理工科公共外语教材编审委员会6月召开扩大会议，讨论修改了高等学校理工科本科四年制试用的《英语教学大纲（草案）》。1984年6月，由中国公共外语教学研究会（后更名为大学外语教学研究会）和理工科公共外语教材编审委员会筹备召开了全国理工科英语教材研讨会。会议认为，随着新的《大学英语教学大纲（草案）》的实施，有必要编写新一代的大学英语教材。新教材应当是以发展交际能力为最终目标，是发展语言技能的教材。要正确处理好语言知识、语言能力和交际能力之间的关系。这段时期大学公共外语教育的进展，主要体现在公共外语教育主要语种的确立，以及大学英语四级考试（CET-4）制度的初步确立，为后续大学英语教育的长远发展做了铺垫。

**1. 英语成为大学公共外语教育最主要的语种**

以大学英语教育为例，将最主要的外语语种英语作为大学教育不可或缺的组成部分，已成为共识。在1988年11月召开的全国大学外语教材编审委员会综合大学英语编审组的扩大会议上，与会者指出：大学英语同时应该是大学教育的一个有机组成部分，它应有利于开阔学生的视野，加深学生对语言对象国的了解，提高学生的文化素质。此时的语种主要是英语、法语、日语、德语、西班牙语、葡萄牙语等，相应的语种教学研讨会也相继成立。但英语由于其世界通用语言的地位，很快成为大学公共外语教育的最主要语种。

**2. 逐步确立英语四、 六级考试制度**

1987年9月，国家教委下达通知，试行大学英语四级标准考试。自愿报名参加考试的有26个省、自治区、直辖市470所高等院校85和86级本科生约10万名。考试由国家教委委托"大学英语四、六级标准考试设计组"负责主持，设在上海交通大学的《大学英语》考试办公室承办具体工作。随着四级考试受欢迎程度的迅速提高，1989年大学英语六级标准考试（CET-6）开始实施。

此后，参与大学英语四、六级考试人数不断增多，直至后来发展成为绝大多数高校衡量外语教学水平与大学生外语学习成绩的最主要标尺。四、六级考试为大学公共外语教育的发展做出了不可或缺的贡献。

**（四）中小学外语教育发展**

改革开放之初的中小学外语教育是在政策先行做好顶层设计的前提下有序恢复和发展的。《全日制五年制小学教学计划（修订草案）》和《关于加强中学外语教育的意见》颁布之后，中小学外语教育特别是中学外语教育开始进入战略性转变的阶段，外语教育在全国层面迅速发展起来。

推进中小学外语教育发展，高等师范院校专业英语教师培养是重中之重。1985年5月，全国师范院校专业英语教学讨论会在武汉举行。会议指出，要改变我国外语教学的落后面貌，关键在于中学，而中学最突出的问题是师资不足。就当时情况看，全国需要补充中学英语教师15万人，而每年师范院校英语专业本、专科毕业生总共才9,000人，毕业生的素质离中学教学的要求也有很大差距。因此，师范院校英语专业多出人才、出好人才有着根本性的战略意义。会议集中探讨了以下四项专题：一是如何在师范院校贯彻高校英语专业教学方案，突出师范特点，加强教学技能培养；二是如何编好师范院校英语专业教材；三是在中学开展调查研究以推动中学英语教学；四是交流教学与科研经验。会议决定以后每两年召开一次全国性师范院校专业英语教学研讨会，并作为一项制度确定下来，为中小学英语师资队伍建设保驾护航。

在改革开放初期，中小学外语教学也经历了一个通过重点带动全面的过程，突出表现在重点中学开设外语课和外国语学校的建设。《加强外语教育的几点意见》指出必须加强中小学外语教育，并指出要继续办好和发展一批外国语学校，为高等学校输送高水平外语学生；办好一批文理分科、加强外语教育的重点中学，为培养有较好外语基础的科技人才创造条件。紧接着，1979年9月，教育部出台了《关于办好外国语学校的几点意见》，恢复、整顿和办好现有的外国语学校，并逐步发展一批新的外国语学校。该《意见》对外国语学校的设置、语种、规模、招生、升学、转学、分配、教材、教师、经费、管理等问题提出了具体措施。1982年7月，教育部发出《关于办好外国语学校若干问题的通知》，明确规定：外国语学校的主要任务是为高等学校输送外语水平较高、一般文化知识较好的学生。进一步对外国语学校的修业年限、毕业生升学与就业、师资队伍建设等做了明确规定。以此为指针，外国语学校很快得以恢复和发展，并为高等院校及时输送了大批外语生源。

"没有调查，就没有发言权"是我们党的优良传统，这样的优良传统也适时地应用在了改革开放初期的中学英语教育实践中，并发挥了巨大作用。1985年6月，教育部发出《关于开展中学英语教学调查工作的通知》，并印发了调查计划。《通知》指出，为了进一步加强高等师范院校英语专业与中学的联系，研究中学英语教学的改革，为提高中学英语教学质量提出科学而又切合实际的建议和措施，决定委托部分高等师范院校、教育学院，在当地教育行政部门的配合下，对部分首批办好的重点中学英语教学状况进行抽样调查。这次调查涉及16个省份的105所学校。调查内容主要包括英语师资队伍状况，教学工作状况，图书、设备及其使用状况，学生英语水平分析与评估，等等。在这次调研基础上出台了调查科研报告，详细展示了当时不同地区、不同学段的中学生英语水平；分析了中学英语教学问题，其中包括：英语教学重视程度不够、师资水平低、教学指导思想不够端正、宏观目标和要求过于划一、缺乏科学的教学理论和方法，等等。报告提出如下建议，包括：提高认识，全面规划，有计划、分层次培训教师，制定科学的教学大纲，鼓励编写多种新教材，改革英语高考，提高初中英语教学质量，开展英语教学科研，改进管理体制，等等。

这次调研活动及形成的调研报告，对20世纪80年代以来的中学外语教育影响很大，调研报告很快受到了国家教委的高度重视。1986年10月，国家教委主持召开全国中学外语教学改革工作会议。时任国家教委副主任邹时炎指出，要充分认识中学外语教学的重要作用，外语应作为中学教育的重要内容来抓。应着力改善师资水平、教学质量和语种结构等方面的问题。本次会议明确了外语教学的任务：一是从实际出发，着眼实效，区别情况，分类指导；二是加强师资队伍建设，培养骨干教师，利用卫星电视开设外语课程；三是创造条件、采取措施，在一些学校开设非英语语种；四是改革教材、教法；五是加强外语教学研究，提倡搞教改实验；六是加强教研人员队伍的建设。同年，下发了修订后的《全日制中学英语教学大纲》，总结了新中国成立后的外语教学经验，吸收了一些外语教育理论，强调解放思想，培养外语基本功，尤其是"听、说、读、写"能力的培养，中学外语教育由此开始步入正轨。

### （五）社会外语教育的春天

在全国上下共同迎来改革开放的春天之际，"文革"后的社会启蒙也同时启动，掀起了20世纪80年代的"读书热潮"。在80年代的读书热潮中，人们学习外语的热情也渐次高涨。中央电视台在当时推出了《跟我学》（Follow Me）节目，节目一经播出，便迅速红遍全国。在社会思想解放的大潮下，外语教育风景独好，业余学校、电大、夜大培训班的兴起也有力地说明了这一点。

英语教学节目《跟我学》（Follow Me）录制现场

与此同时，许国璋等一批老教授身体力行，为提升大众外语水平奔走呼号。这个时期，外语教学与研究出版社（外研社）拍摄的《许国璋电视英语》和《英语学习》《英语世界》等刊物纷纷出版，为普及英语教育做出了积极贡献。

在这一历史时期，我国外语教学的对外交流也不断增强，主要体现在邀请外国专家和学者来华开展短期培训。自1980年，美、日、德等国政府及社会团体、文化组织与我国相关部门、机构合作，在一些高校举办短期师资培训班。这种培训班时间虽短，但目的明确、效果明显。如美国富布赖特基金会在上海外国语学院举办每期6个月的师资培训班、北京语言学院举办的大平日语教师培训班等，都发挥了良好的作用。

在恢复重建阶段，各项制度也在不断健全，一系列重要文件先后制定颁发，从学制厘定到外语科目传授，从教材编写到教学大纲制定，方方面面做出了详细的规定。可以说，在这段时期既体现出以我为主、博采众长、为我所用，又体现出了"向世界学习"的开放气度与制度自信、道路自信。

在这一进程中，外语教育教学一方面是对内调研，摸清外语教育实际情况。1985年到1986年持续一年半的中学英语教学调研，对中国学生的外语学习进行了全面、客观和较为准确的调研。1988年3月到12月，北京外国语学院受国家教委委托，对全国高等院校本科英语教育情况进行抽样调查。[1]另一方面是打开国门，求知识于世界，向国外同行学习，这体现在一系列的国际学术会议以及赴国外考察调研外语教学上。1986年5月，中国英语教学考察团根据中英文化交流计划，赴英国对以英语作为外语及第二语言的教学与研究进展状况进行了考察。考察团由胡文仲、任丽春、孙骊、韩其顺、陈祖芳五人组成。他们此行访问了伦敦、牛津、剑桥、爱丁堡等11个城市的19所语言教学与研究方面具有代表性的学术机构，其中大学与学院15所，同时也对测试、出版、资料中心等教学服务机构进行考察。本次教学考察团在《赴英考察英语教学的报告》中写道："对英国在以

---

[1]这次调查的目的是：准确了解高校本科英语教育状况，为提出目的明确、切实可行的改革措施提供科学依据。这次调查内容包括七大指标：师资队伍素质、课程教学质量、学生水平测试、教学管理水平、图书资料及电教设备、科研情况、毕业生质量等。这次调查也的确反映出一些问题。例如，在1989年12月提交给国家教委的报告中显示：在英语本科从事教学的教师队伍是一支勤勤恳恳、任劳任怨，有上进心、事业心的队伍；同时，这支队伍存在着知识断层、年龄断层、后继无人的危机；这支队伍是在生活条件差、工作条件艰苦、图书资料缺乏、"超负荷运转"的情况下，为国家培养着外语人才。

英语为外语或第二语言的教学与研究方面从总体上及指导思想上有了进一步的了解，对英国同行在教学与研究工作中的新探索与新思考有了进一步的领会。"该报告在外语教学及教学法、科学研究、测试、计算机在外语教学与研究方面的应用等方面做了详细的阐述，并对国内英语教学提出了几点建议。

从政治环境、学术气候与社会文化氛围三个不同维度的发展与演变来梳理总结这一阶段的特征：政治层面，改革开放大门的徐徐打开，开启了新的时代，具备了新的气象，激发了社会活力。在学界，政治上的宽松带来了学界的自由。"研究无禁区"成为彼时的口号，学界也涌现出一大批突出的研究成果。值得注意的是学界耆老的重要作用。他们虽饱经"文革"的磨难，却仍然焕发出"第二春"，季羡林、许国璋、李赋宁等老一辈外语教育名家，有着丰富的人生阅历、深邃的历史与时代眼光，以及独特的人格魅力，他们所开启的育人传统、所提出的政策建议，至今为后人所沿袭。在社会文化心理方面，先是20世纪80年代既有"伤痕文学"对"文革"的反思，又有"振兴中华"口号的凝聚人心；随后对20世纪80年代的怀旧，更多的是对那个时代思想解放的留恋，可以说，20世纪80年代开启了时代新纪元，注定是一个思想解放的春天。当时的外语教育还集中体现了"开放促发展"这一有力政策环境的支持，许多新专业采取引进人才和派出进修相结合的办法，解决了师资不足的问题。有的专业得到国外有关政府部门的支持（如加拿大），有的得到国外半官方机构的支持（如英国文化委员会、美国富布赖特基金会等）。各高校纷纷与欧美国家高校签订协议，确定交流项目。全社会上下齐努力，共同促进外语教育在改革开放初期的发展。

## 二、服务于扩大对外开放的外语教育发展阶段（1992—2000年）

1992年年初，邓小平发表视察南方重要讲话，开启了改革开放的新纪元。自此之后，中国改革开放事业的航船经历了探索时期的波折，又稳稳驶向前方。党的十四大确立了建设社会主义市场经济制度的方略，党的十五大又将邓小平理论写入党章。市场经济的确立，对外语教育人才培养提出了新的要求，人才培养不再沿袭计划经济时代的思路，呈现更多的灵活性、自主性，也具有了更多创新空间。在面向21世纪的90年代，培养21世纪外语人才成为外语教育改革的主要使命，基本实现途径则主要体现在深化改革与制度化建设方面。

### （一）调整结构，提高质量

这段时期的政策规划，是在继承20世纪80年代外语教育恢复和发展的基础上，进一步完善制度建设，巩固改革成果。同时，社会主义市场经济也向外语教育提出了新课题，以此为重要参照，外语教育在人才培养方面也开展了一系列改革，大中小学外语教育的师资建设、教材制定、考试制度等方面均推出了新的举措。

这段时期的政策规划主要体现在以下四点。一是适应时代发展与社会主义市场经济要求，对外语教学大纲及时做出修订，如《大学英语教学大纲（修订本）》（1999年）、《中等职业学校英语教学大纲（试行）》（2000年）。二是面向21世纪的人才培养这一时代课题，出台一系列重要文件，如《关于深化教学改革，培养适应21世纪需要的高质量人才的意见》《关于外语专业面向21世纪本科教育改革的若干意见》。同时进一步意识到外语教育的特殊性，开展大中小学英语"一条龙"改革试点工作。三是改革与完善外语测试（主要指专业英语四、八级和大学英语四、六级）。四是加强外语教学评估工作。一系列政策措施的出台，可以看到外语政策规划的连贯性与自主性。可见，无论是修订大纲、厘定目标，还是改善测试、加强评估，其目的均指向了提高教学质量这一主线，主要的方式则是对已有的制度进行完善和巩固，对外语人才培养的规格做出结构性调整，以适应面向21世纪培养人才的需求。

### （二）面向21世纪的大学外语专业教育

这段历史时期大学外语专业教育的发展，主要体现在对大学主要语种教育教学的调研，以及大学外语专业教育跨世纪文件——《关于外语专业面向21世纪本科教育改革的若干意见》的出台。

外语教育教学调查是在20世纪80年代全国中学英语教学调查和全国高等院校本科英语教育情况调查的基础上，面向21世纪的进一步丰富与完善。主要分为以下四个方面：一是对全国（包括大中小学与各级各类院校）各语种外语教学情况做全面的调查，如全国英语、日语教学情况调查；二是对全国高校外语专业教学调查，如全国德语专业调查；三是对全国高校外语专业教学的若干项目进行重点调查，如西班牙语专业点和招生规模、教师、专业课程设置等方面进行调查；四是专题调查报告，如20世纪90年代初的《中国英语本科学生素质调查报告》。

社会主义市场经济的确立，进一步激活了个体自由度，效率、平等、民主、法治意识进一步觉醒，在20世纪90年代全国范围内开展全面、深入调查的同时，全社会对跨世纪外语人才培养的思考也不断深入。1998年12月，教育部颁发了《关于外语专业面向21世纪本科教育改革的若干意见》，这是面向21世纪指导我国高校外语专业教学改革的重要文件。文件指出：面对21世纪的挑战，我国现在的外语专业本科教育存在着思想观念的不适应，人才培养模式的不适应，课程设置和教学内容的不适应，学生的知识结构、能力和素质的不适应，教学管理的不适应。21世纪人才应该具备以下五个方面的特征：扎实的基本功、宽广的知识面、一定的专业知识、较强的能力和较好的素质。由此，该文件提出要培养复合型人才，指出培养复合型外语人才的核心是外语人才，"从根本上讲，外语是一种技能、一种载体，只有当外语与某载体结合，才能形成专业"。结合当时的时代环境与国际环境，该文件的制定者清醒地意识到：21世纪将是一个国际化的高科技时代，是一个由工业社会进一步向信息社会转化的时代。21世纪国际竞争的特点是在交际中竞争，在竞争中交际。作为人类交往工具的外语和文化传播者的外语人才，必将成为这场竞争的核心。外语人才的知识、能力和素质将直接影响我国在国际竞争中的地位。加大急需的外语专业人才的培养力度，保护非通用语种，拓宽外语人才的知识面，提高他们的能力和素质，已是摆在我国外语界面前的一项迫在眉睫的任务。该文件亦体现出面向市场培养人才的自觉意识，指出：过去那种单一外语专业和基础技能型人才已不能适应市场经济的需要，市场对单纯语言文学专业毕业生的需求量正逐渐减小。外语专业必须从单科的"经院式"人才培养模式，转向宽口径、应用性、复合型人才的培养模式。

可以说，《关于外语专业面向21世纪本科教育改革的若干意见》的颁布，为我国世纪之交的外语人才培养进一步明确了方向。这份文件出台后的第二年，我国高校扩招，开启了高等教育大众化时代，高等学校外语专业也随即扩招，培养了一大批外语人才，满足了我国加入世贸组织后对外语人才的需求。

### （三）面向21世纪的大学公共外语教育

大学公共外语教育在20世纪90年代有了进一步发展，首先体现在四、六级考试制度的不断完善。继20世纪80年代大学英语四、六级考试制度确立后，90年代参与四、六级考试的人数进一步增多，大学英语四、六级考试逐步成为衡量大学公共外语教学水平的重要参照。

其次是大学英语教学大纲的进一步完善。高校理工科和文科教学大纲合并，对提高大学生外语素养发挥了重要作用。1997年，国家教委委托全国大学英语教学指导委员会对1986年理工科和文理科两个教学大纲进行修订。修订工作历时两年多。1999年，《大学英语教学大纲（修订本）》（高等学校本科用）颁布实行。修订后的新大纲调整了基础阶段和提高阶段的有关要求，使其更能达到培养目标。新大纲明确提出了复合型人才的培养；强调本科教学的整体性、连贯性和有机结合。

同时，大学公共外语教育理念进一步成熟与完善。1998年，教育部颁布《关于深化教学改革，培养适应21世纪需要的高质量人才的意见》。《意见》提出"教学内容陈旧"等问题，新英语教学大纲的制定针对内容陈旧做出了调整，并进一步为编写"面向21世纪课程教材"提供了依据。在这一背景下，由上海外国语大学和上海外语教育出版社（外教社）倡议，于

2001年在上海成立了包括数位专家在内的全国高等院校英语专业本科生系列教材编写委员会，并召开编委会会议。该系列教材以培养高素质和复合型外语创新人才为目标，注重人文性，突出时代性，着力培养学生分析问题与解决问题的能力，提高学生的人文和科学素养。所编新教材除了教学方法先进、体系完备、内容新颖之外，还融语言知识、技能、文化、人文科学于一体，将英语教学定位于英语教育，不再是单纯的英语语言培训或技能训练，而是以英语为主题，全面培养高素质的复合型人才。

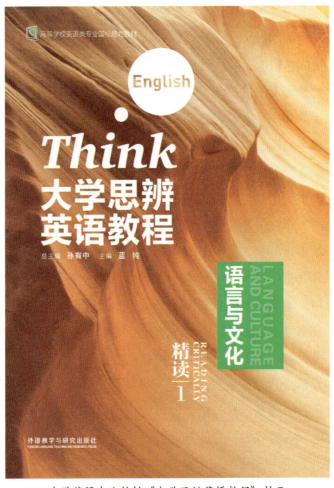

大学英语专业教材《大学思辨英语教程》封面

### （四）面向21世纪的中小学外语教育

经由20世纪80年代中学外语教学调查与高等院校外语专业教育工作的加强，中小学外语师资队伍不断完善。进入20世纪90年代以来，全国初中普及了外语教育，越来越多的小学也开始设置外语教育课程，外语教学方法不断完善。这个时期中小学外语教育的发展，主要体现在中学外语教学座谈会的召开及其对外语教育的影响，以及大中小学英语"一条龙"改革试点对中小学外语教育的创新。

#### 1. 召开中学外语教学座谈会

根据李岚清副总理在1996年6月关于加强外语教学法研究的指示，为指导外语教学改革的健康发展，国家教委基础教育司于1997年6月，在北京召开了中学外语教学座谈会。会议肯定了外语课程改革和教材建设方面所取得的可喜成果：各地教研部门和广大教师积极探索外语教学法，对中学外语教学改革起到了推动作用；外语教师严重短缺的现象有所缓解；教师整体水平有所提高，各地开展了教师继续教育，有计划选派了一些骨干教师出国学习和交流。会议同时也指出，中学外语教学存在许多亟待解决的问题，主要包括如下六点。一是中学外语课程改革需要深化，教材建设需要进一步完善。二是中学外语教学要进一步解放思想，实事求是，从实际出发，积极探索，努力创新，研究改进和推广好的外语教学方法，提高效率，用较少的时间使学生掌握更多的知识和能力。三是采取有效措施，切实抓好外语师资队伍建设，力争在20世纪末使中学外语教师学历达标率赶上或超过各学科的平均水平。四是慎重对待和认真规范小学英语教学（当时，小学英语学习人数已达数百万，但就全国而言，外语课仍不是小学普遍开设的学科）。五是语种设置要有战略眼光和长远打算，改革开放需要多种通用语种，中学应以英语为主，兼设俄语和日语。六是新形势下外国语学校要进一步发展。

在这次会议精神的指导下，各级教育行政部门和各地教研部门积极展开科研活动。中国教育学会外语教学专业委员会每两年召开一次学术会议和教研工作研讨会，探讨外语课程改革中的理论和实践问题，并交流教研工作经验；还组织教学观摩课和学生能力或口语竞赛。全国除了引进功能法、交际教学思想、3P教学法和五步教学法之外，又涌现出"三位一体"教学法、立体教学法、课文整体教学法和"四位一体"教学法等。

**2. 试点推进大中小学英语"一条龙"改革**

2000年11月，大中小学英语"一条龙"改革试点工作研讨会在上海外国语大学召开。会议就大中小学外语"一条龙"教学改革问题进行了广泛热烈的讨论，并达成如下共识。第一，在思想上明确进行大中小学"一条龙"教学改革的重要意义。第二，外语教学目前存在的主要问题是语言应用能力弱，学习效率低，小学、中学与大学外语教学内容上无序衔接，教学分工不合理。第三，英语教学"一条龙"改革的原则与方向是注重语言应用能力的培养；大中小学各阶段英语教学统筹规划，合理分工；大中小学"一条龙"教学改革应从实际出发，注重差异，因地制宜，因校制宜。

## （五）面向21世纪的社会外语教育

随着市场经济的介入与社会理性意识的增强，20世纪80年代《跟我学》那种"赶时髦"式的英语学习热潮昙花一现，取而代之的是社会外语教育的专题式、项目式、系统化发展。比较有代表性的有外研社推出的《走遍美国》专题电视节目，这个节目作为学校英语教育的有益补充，受到了社会民众特别是教育界的广泛欢迎。比起80年代的电视英语学习节目，《走遍美国》这类全民学英语项目更加系统、全面、深入，也说明国人对英语学习的需求已不仅仅停留在简单的习语交际，而有了进一步系统、专业的需求。

与此同时，随着出国热的不断高涨，为了适应出国留学外语考试如托福、雅思、GRE等方面的需求，一些企业化运作的社会英语培训机构开始出现并取得快速发展，较为典型的是新东方等培训机构的出现。其后来的发展历程足以说明开放时代社会外语教育的不可或缺，也是学校教育不可或缺的补充。

如果说20世纪80年代外语教育改革凸显出"春华"气象的话，那么20世纪90年代的外语教育则更多凸显出"秋实"。历史地来看，20世纪90年代的外语教育改革是对80年代外语教育改革的进一步巩固和完善，并且很好延续了80年代外语教育注重调研的传统。面向21世纪，外语教育界提出了"21世纪外语人才培养"的思考，体现出了改革的自觉。与此同时，社会主义市场经济的确立，进一步激发了社会的自由度和个体的灵活性，外语教育进入了深入发展阶段。

## 三、面向国际市场的外语教育强化阶段（2001—2012年）

伴随高等教育大众化在20世纪末的发轫，外语教育也由过去的精英教育逐步走入大众化教育阶段。进入21世纪以来，在全球化背景下，国家发展战略、信息化社会客观需求以及创新人才培养，都对外语教育提出了新的要求。这段时期对外语教育发挥影响的重大事件有两个。一是2001年中国加入世贸组织，改革开放再度跃升，对21世纪人才培养提出了更高要求；由此而开启的渐趋深入的教育国际化进程中，外语教育进一步走在了时代前列。二是20世纪末以来高等教育大众化带来的影响，自1999年开始，我国高校开启了扩招，由此开启了高等教育大众化进程，因扩招而带来的高校外语专业的扩张、高校师资培养规模的扩大，以及高校毕业生就业问题等，也都不可避免地影响到了外语教育。

### （一）对外开放，促进国际理解

加入世贸组织和高等教育大众化是进入21世纪以来影响我国外语教育的重要大事。加入世贸组织，意味着国门的进一步打开，中国深度、全方位参与国际贸易，在经济、文化各方面与世界各国的联系进一步加深，迫切需要更多的新时期外语人才，对外语人才的规模、层次、口径、素质等都提出了新的要求。加入世贸组织以来，教育也随之扩大了对外开放，由于自身外语的便利性，外语教育在高等教育国际交流中一马当先，发挥了开路的先锋作用，并进一步促进和带动了高等教育的国际化。20世纪末的高校扩招开启了高等教育大众化进程，一方面，越来越多的适龄青年进入高校，在圆了自身"大学梦"的同时，也带动了整个民族素质（包括外语素质）的提高，为社会培养出更多的人才；另一方面，高校扩招同时也促进和扩大了高校外语专业人才培养的规模，为外语教育提供了更长远的机会。

在外语教学方面，突出表现在由"教学大纲"向"课程标准"转变。与21世纪初掀起的新一轮课程与教学改革同步，由"教学大纲"转向"课程标准"，意味着对陈旧的苏联教学模式的抛弃，不再过度注重以教师主导，转而拥抱新的课程理念。如果说"教学大纲"强调的是教师教学的话，那么"课程标准"则同时关注教师教学与学生学习，更多地强调"课程"这一兼顾教师专业发展和学生素质提升的教育核心；并且，围绕学生知识、技能和价值观发展的要求，课程标准设置更加具体和丰富，凸显更多的科学性，外语教学进一步向专业化发展。

同样是由于改革开放的进一步推进，开放的中国深度参与国际事务，外语教育也不再是关注外语素养，开始承载更多培养跨文化理解与具有国际素养的人才的使命。这主要体现在《国家中长期教育改革和发展规划纲要（2010—2020年）》等相关重大文件的制定，对教育国际化和加强国际理解教育做了明文规定。这段时期的外语教育政策规划进一步凸显出开放、自主、灵活的特征。

### （二）大学外语专业教育进一步高端化并走向国际化

大学外语专业进入21世纪后进一步加强。首先表现在系统性与专业性加强。2002年，教育部发布关于成立2002—2006年教育部高等学校外语专业等科类教学指导委员会的通知，包括英语、日语、俄语、德语、法语、阿拉伯语、西班牙语、非通用语等。在此基础上，为适应新时期外语教育发展需要，2007年9月，教育部组建成立了2007—2011年高等学校外语专业等四个科类教学指导委员会，该委员会的主要任务是：（1）组织和开展高校学科专业教学领域的理论与实践研究；（2）指导高等学校的学科专业建设、教材建设、教学改革等工作；（3）制定专业规范或教学质量标准；（4）接受委托承担专业评估任务；（5）接受委托承担本科专业设置的评审任务；（6）组织师资培训、教学研讨和信息交流等工作；（7）完成教育部委托的其他任务。

其次是外语专业教学更注重研究方法与国际化发展。例如，2001年由中国英语教学研究、高等学校外语专业指导委员会、北京外国语大学主办，外研社承办的第三届中国英语教学国际研讨会在北京举行，国内外专家近千人参会，宣读论文500余篇。2006年，由上海外国语大学主办、中国日报社等协办的第二届中国外语教学法国际研讨会在上海外国语大学举行，与会专家代表400余人。2004年，第四届中国英语教学国际研讨会在外研社国际会议中心举行，参会代表达1,500人，创下此类研讨会之最。这些研讨会对中国外语教学的发展都起了重要的推动作用。

### （三）大学公共外语教育突出质量导向

进入21世纪后，随着高校扩招规模的不断加大和就业市场对英语水平要求的不断提高，大学公共外语教育进一步发展。主要体现在大学公共外语（英语）课程改革与教学不断加强，以及大学英语四、六级考试的进一步改革。

#### 1. 课程与教学的进一步专业化

2003年3月起，教育部高教司组织了制定《大学英语课程教学要求》的项目组，当年11月完成了《大学英语课程教学要求（试行）》的定稿。《课程要求》将大学英语课程定位为"高等教育的一个组成部分，不仅是一门语言基础知识课程，也是拓宽知识、了解世界文化的素质教育课程"。大学英语教学改革要实现四种转变，即教学观念的转变、教师角色的转变、学习方法的转变和教学管理体制的转变，并指出"教学评估是教学质量的重要依据"。

《大学英语课程教学要求》把大学英语教学分为三个层次，即一般要求、较高要求和更高要求。一般要求是高校非英语专业的本科生毕业时所必须达到的要求，较高要求和更高要求是为那些英语基础较好、学有余力的学生设置的。

紧接着，教育部正式启动"高等学校教学质量和教学改革工程"，将大学英语教学改革列为"质量工程"四项工作中的第二项。其主要内容为：

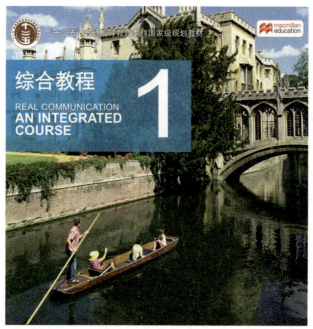

《新标准大学英语》（第二版）教材封面

（1）广泛采用先进的信息技术，推动基于计算机的英语教学改革；（2）改革单一的大学英语教学大纲，由过去的以阅读理解为主向综合实用能力为主转变，研究并制定适应各学科门类的大学英语最低教学要求；（3）进一步改革大学英语四、六级考试，充分发挥其引导高校英语教学改革的作用。

　　"高等学校教学质量与教学改革工程"的启动，标志着大学英语教学改革开始由筹备阶段进入实施阶段。教育部于2004年颁布《大学英语课程教学要求（试行）》，并于2007年颁布经过修订的《大学英语课程教学要求》，提出了以计算机网络技术为支撑，建立"基于计算机和课堂的教学模式"的系统性方案。《教学要求》把培养学生的英语综合应用能力、强化听说能力作为英语教学的首要目标。为了实现这样的目标，要求各高校采用"基于计算机和课堂的英语教学模式，改进以教师讲授为主的单一教学模式"。而这个基于计算机和课堂的英语教学模式是一个创新的大学英语教学模式，为后续大学英语信息化发展提供了基础。

**2. 21世纪大学英语四、 六级考试改革**

大学英语四、六级考试进一步受到重视，但也受到不少质疑，如忽视听说能力，催生"为考试而教学"，等等。有鉴于此，教育部先是在2004年3月正式启动大学英语四、六级考试改革项目，接着于翌年2月召开大学英语四、六级考试改革新闻发布会。会上，吴启迪副部长介绍了大学英语四、六级考试改革的背景、紧迫性和必然性，介绍了改革的总体思路，包括如下三个方面。一是按照《大学英语课程教学要求（试行）》修订考试大纲，重视听说能力为主的英语综合应用能力，终结性测评与过程性评价相结合，逐步建立系统、科学的大学英语教学质量评价体系。二是采取适当措施降低考试的社会权重，突出考试为教学服务的功能。三是改革考试管理体制，进一步加强考务管理。从2005年开始，大学英语四、六级考试由教育部高等教育司与教育部考试中心共同管理。

由这次新闻发布会所开启的全国大学英语四、六级考试改革，是进入21世纪以来大学公共外语教育的一次重要调整，通过教学思想、教学模式和评价体系三个方面的调整和改革，逐步建立适应时代需要的个性化、多样化、立体化的全新大学英语教学体系，全面提高大学生的英语综合实用能力。[1]大学英语四、六级考试呈现出更多的科学性、开放性与灵活性，有力促进了大学英语教学改革与大学生的英语学习。

---

[1]李遵. 考教结合 开创英语教学新局面——小议大学英语四、六级考试改革[J]. 遵义师范学院学报，2004（12）：73.

## （四）中小学外语教育注重实际功能

从颁布制定中小学外语教学大纲到制定中小学外语课程标准，中小学外语教育的理念进一步深入，外语教育的育人作用进一步得到重视，外语教育所承载的跨文化理解功能不断得到强化。

伴随21世纪课程改革的兴起，2001年，教育部正式颁布了《国家基础教育英语课程标准（3—12年级）》，对中小学阶段英语教育的培养目标、课程设置、教育内容、教育方法等方面进行了调整。《标准》规定：高中阶段的英语教学内容，包括语言技能、语言知识、情感态度、学习策略和文化意识五个方面。《标准》首次提出：最高年级的学生须掌握4,500个词，能听懂有关熟悉话题的演讲、讨论、辩论和报告，能读懂一般的英文报刊，从中获得主要信息，能用英文书写摘要、报告、通知和公务信函。

为了使外语教育（英语教育）能适应我国经济建设和社会发展的需要，教育部对我国基础英语课程和大学英语进行了新一轮的改革。这也是20世纪90年代以来，大中小学外语教育"一条龙"改革的持续性推进。2004年教育部颁布了《新英语课程标准》，采用能力级别方式设计英语课程，从小学三年级到高中三年级按能力设定了9个级别要求，设计了义务教育（五级）和高中毕业（七级）的基本要求，高中阶段设计了必修课和选修课程（达到八级、九级）。

2010年7月，中共中央、国务院颁布《国家中长期教育改革和发展规划纲要（2010—2020年）》，这是我国面对全球化挑战、实现中华民族伟大崛起、走向大国的重大教育战略举措。《纲要》明确提出"培养各种外语人才"，体现了党和国家对于中国外语教育发展的战略思考。

在21世纪第一个十年实施英语课程标准的基础上，2012年1月，教育部颁布《义务教育英语课程标准（2011年版）》，明确提出基础英语教育要注重工具性与人文性的平衡，既要帮助学生掌握作为国际交往工具的英语，又要在英语教学的过程中注重学生人文素质的培养和自身的长远发展。2011年版课程标准进一步强化了义务教育阶段与高中阶段英语课程的区分与衔接，明确表述了义务教育阶段的英语课程以小学三年级为起点，以初中三年级为终点，并与高中阶段的英语课程相衔接。将整个基础教育阶段的英语课程按照学生不同阶段的能力水平划分为9个级别，形成循序渐进、持续发展的课程。

随着中小学外语课程改革的逐步深入，关于教材及其使用观念也发生了变化，从传统意义上的"课本"作为一课之本转变为"教材"作为课程资源[1]，鼓励学生从不同渠道、以不同形式接触并学习外语，亲身感受并直接运用外语。中小学外语教材多样化发展，呈现出百花齐放的局面。各地各出版社在英语新课标的指引下，编写或修订了大量中小学英语教材，按照新课标提出的思想性、科学性、趣味性、灵活性等原则，让学生通过学习教材，了解外国文化，提高文化鉴别能力，形成正确的人生观和价值观。教师也逐步转变了"教教材"的观念，确立了"用教材教"的新型教材观。教材逐渐成为一种灵活、发展、开放的教学资源，教师在创造性使用教材的同时，拓展了课堂教学空间。

## （五）社会外语教育多元化发展

进入新千年，尤其是中国加入世贸组织以后，随着国门的打开，社会各行各业对提升外语的需求进一步高涨，顺应此势，社会外语培训机构迅速发展，涉足领域也日益宽广，业已涉及学历学位教育、幼儿教育、信息技术教育、外语、金融、管理、市场类职业培训等诸多领域。英语培训需求也趋于多元化。根据中国社会调查所对北京、上海、广州、武汉等城市1,500个样本的调查发现，英语培训需求主要包括提高英语运用能力、增长知识、开阔社交圈、出国旅游、兴趣爱好或应付考试。[2]

与此同时，随着我国政治外交的扩大、经济的进一步开放以及对外社会交流活动的增多，非通用语种越来越受到社会青睐，逐渐成为培训市场的新热门。

---

[1][2]文秋芳，徐浩. 2011中国外语教育年度报告[M]. 北京：外语教学与研究出版社，2012：16，85.

这段时期的外语（英语）教育产业主要由四种力量组成：一是各高校延伸出来的英语培训机构；二是外资教育培训机构，如英孚英语、培生英语、韦博国际英语、歌德学院等；三是国内知名民营培训机构，如新东方、学而思、学大教育等；四是起点低、数量庞杂的一般民营英语培训机构。在改革开放的历史进程中，这些机构逐渐发展成我国外语教育不可分割的一部分，为我国外语教育做出了很大贡献，对公立学校的外语教育也起了很大的补充作用。

同一时期，先后两次世界级国际盛会——2008年北京奥运会和2010年上海世博会——的成功举办，再次掀起了"全民学英语"的热潮。随着网络时髦用语一夜之间的传播，如"hold住""工作ing""不能太low"等时髦用语的普及，外语已经进入人们的日常生活，成为人们生活的一部分。

这段历史时期的外语教育，前有20世纪90年代的结构调整与制度巩固，后有21世纪初加入世贸组织和高等教育大众化的开启，为外语教育提供了更多的机遇，使各级各类外语教育呈现出更多开放、自主与灵活的特点，外语教育的科学性进一步凸显，从而更多承担起教育对外开放的使命，助推我国进一步走向世界舞台中央。

## 四、服务于国家"走出去"战略的外语教育新时代（2012年至今）

进入21世纪第二个十年，在互联网与移动终端设备迅速普及的前提下，以"大数据"、人工智能等为特征的信息技术飞速发展，将人类社会推入信息化发展的2.0时代，也为外语教育发展提供了无限空间。与此同时，自党的十八大以来，我国进一步深入参与全球化进程，国际化程度进一步加深，开始为国际事务的处理与国际争端的解决提出中国主张，国际事务处理能力不断提升。以习近平同志为核心的党中央审时度势，锐意进取，对国际国内形势做出了准确判断，提出了"一带一路"的宏伟倡议，国内社会主义建设也进入新时期。

随着全球化进程不断向广度和深度推进，中国与世界的全方位交流与合作空前频繁，精通外语的跨文化国际型人才已成为我们这个时代的紧缺人才，也是国家的战略需求所在。[1] 在这样的新时代背景下，外语教育面临大有可为的历史机遇，也必将肩负起更多的时代任务。外语教育需要培养更多的多语种人才和能够参与跨文化交流的人才，以便更好地服务于"中国文化走出去""参与全球治理"等国家发展战略。

## （一）走向世界，传播中国文化

新时期外语教育政策的主题在基础教育阶段主要关注学科素养，在高等教育阶段则主要关注非通用语种建设、国际化人才素养与加强学科专业标准；对于整个外语教育系统而言，则是进一步服务于教育对外开放，服务于"一带一路"倡议，培养具有国际竞争力的人才，培养更多的非通用语种人才。

2012年，党的十八大召开，明确了"立德树人"这一教育的根本任务。"教育要培养什么样的人"是教育要解决的最根本问题，也是我国社会发展进入一个新时期的需要。"扣好人生第一粒扣子"成为时代最强音，基础教育尤为重要。由此，教育部启动"中国学生发展核心素养"项目研究，并在2014年年底开始修订高中课程标准，研制包括英语学科在内的中学生学科素养。

随着我国外交理念的不断成熟，对外开放的大门不断打开。2013年，习近平主席先后在哈萨克斯坦与印度尼西亚发表演讲，首次提出共建"丝绸之路经济带"和共建"21世纪海上丝绸之路"的主张，以此为标志，我国面向世界，开启了新时期"一带一路"行动。在这样的背景下，我国政府于2016年2月和7月先后出台了《关于做好新时期教育对外开放工作的若干意见》和《推进共建"一带一路"教育行动》两个重要文件。两个文件对外语教育提出了明确要求。《若干意见》将培养非通用语种人才列为新时期留学工作重点培养的五类人才之一，并指出要深化与世界各国语言合作交流，推进与世界各国语言互通。《教育行动》更是将促进沿线国家语言互通列为开展教育互联互通合作的重要内容，指出要"研究构建语言互通协调机制，共同开发语言互通开放课程，……联合培养、相互培养高层次语言人才。推进基础教育多语种师资队伍建设和外语教育教学工作。扩大语言学习国家公派留学人员规模，倡导沿线各国与中国院校合作在华开办本国语言专业。"

随着国家"一带一路"建设的推进，我国外语教育界愈发认识到语言互通是推进"一带一路"建设的重要前提和根本保障。"一带一路"的互联互通和中国文化的传播都要以坚实的人才储备作保障。因此，如何培养出符合"一带一路"建设和文化传播需要的复合型外语人才，已成为中国外语教育发展战略研究的核心问题之一。[1] 由此出发，教育部于2015年9月出台了《关于加强外语非通用语种人才培养工作的实施意见》，对非通用语种人才培养做了细致规划。以此为指针，外语教育界尤其是高校积极行动起来，布局规划，增设非通用语种专业设置。

在全球化背景下，中国的外语教育也担负着民族复兴的使命，是提升国际竞争力、树立大国形象的语言"桥梁"。这与外语教育政策的文化价值紧密相关，将决定中国"走出去"文化战略的成败，事关国家语言安全、文化安全乃至国家"大安全观"，具有不容忽视的战略价值。

## （二）大学外语专业教育多元化发展

### 1. 规划、加强非通用语种教育

在"一带一路"倡议的背景下，非通用语种人才培养和开设非通用语种教育成为外语教育界最强音。在《教育行动》与《关于加强外语非通用语种人才培养工作的实施意见》等政策规划下，各高校积极行动，增

---

[1]王文斌，徐浩. 2016中国外语教育年度报告[M]. 北京：外语教学与研究出版社，2017：2.

设或加强非通用语种专业设置，以高校外语教育翘楚北京外国语大学为例，预计到2020年将基本实现"一带一路"沿线国家官方语种全覆盖。其他学校的外语学院、外语系也积极行动起来，积极规划非通用语种教育。

**2. 大学本科外语专业教育标准化建设**

重视非通用语种教育并非意味着对主要外语教育的忽略，而是更进一步加强，呈"弱者强，强者更强"的态势，最主要体现就是外语教育标准化建设的加强。2013年，教育部启动了外语类专业本科教学质量国家标准

大学英语专业教材《新标准商务英语综合教程》封面

的研制。2014年，教育部高等学校英语专业教学指导分委员会结合国家发展战略及现实需求，制定并颁布了《英语类专业本科教学质量国家标准》（新国标）。新国标体现了英语类专业的共通之处，也体现了英语、翻译和商务英语三个专业的特殊性，更注重学生的能力培养和个性化发展，很好地体现了"以人为本"，标志着英语专业进入了全新发展时期。

与此同时，教育部高等学校外语专业教学指导委员会德语分会、法语分会、日语分会等主要语种分会也积极行动，在全国范围内开展调研，组织国家标准起草专家组，反复研讨和修订，制定相应的本科教学质量国家标准，促进主要语种教育专业化建设。目前，《高等学校外语类专业本科教学质量国家标准》已经颁布，正在指导和规范全国各高校外语专业的建设与发展。

### （三）大学公共外语教育专业化发展

大学公共外语从目标设定到课程设置，从教学方法到课程评价等都需要进一步改革，以适应新时代对英语人才需求的不断提升。教育部高等学校大学外语教学指导委员会启动制定了《大学英语教学指南》，进一步界定了教学目标，将其分为三个等级，分别是基础目标、提高目标和发展目标。其中，基础目标是针对大多数非英语专业学生的英语学习基本需求确定；提高目标针对入学时英语基础较好、英语需求较高的学生确定；发展目标根据学校人才培养计划的特殊需求以及部分学有余力的学生的多元需求确定。各高校可以根据实际需要，自主确定起始层次，自主选择教学目标。

《大学英语教学指南》的制定遵循科学性、多样性、针对性、时代性原则，主要有如下五个特点：（1）立足国情，体现多样化、个性化，充分考虑层次、区域不平衡，提供多种选择；（2）强调培养学生的英语应用能力，将工具性和人文性相结合；（3）提出构建大学英语课程体系和大学英语课程综合评价体系、英语能力测评体系的新思路；（4）推进现代信息技术与英语课程的融合，实现有效教学；（5）对大学英语教学管理和教师队伍建设提出了较为具体、可操作的要求。《教学指南》对大学英语教学的改革原则与发展路径做出了多维度、立体化描述，既强调指导性，又关注其可操作性。

与此同时，大学英语四、六级考试也在不断改革，科学性不断增强，更加注重能力本位。自2014年5月起，大学英语四、六级口语考试用机考代替了面试型口语考试。考官和试题都在计算机屏幕上呈现。考官以录像形式呈现，试题材料采用画面（如图片、图表、照片等）或文字提示，更加客观、公正、科学。

### （四）中小学外语教育突出能力导向

借助教育信息化，中小学外语教育迅速发展。国家"三通两平台"的建设，慕课（MOOC）、翻转课堂的兴起，"互联网+"理念前所未有地渗入教育领域，这些均大大丰富了中小学外语教育资源，为外语教育教学提供了最大程度的便利。《2016中国外语教育年度报告》引用刘润清教授的预测指出，在今后二三十年里，外语教育（可能主要是英语教育）会发生根本性变化。[1] 可以说，教育发展了信息，但信息改变了教育，信息技术的发展不仅促进了教育领域人才培养方式的革命，而且还促进了外语教学范式的改善，让各阶段学生摆脱了传统课本学习和满堂灌的被动学习模式。这种情况在外语教学中尤为明显。

中小学外语教育改革由"课标驱动"推进到"素养驱动"。2013年，教育部启动"中国学生发展核心素养"项目研究，并开始修订高中课程标准，研制包括英语学科在内的中学生学科素养。针对英语学科素养，修订中的《普通高中英语课程标准》提出了语言能力、文化品格、思维品质和学习能力四大学科核心素养。四大核心素养是互相影响、互相促进的整体，其中语言能力是基础要素，文化品格是价值取向，思维品质是心智保障，学习能力是发展条件。英语学科核心素养的形成，将培养总目标从强调培养学科知识与技能的综合运用能力转变为培养具有中国情怀、国际视野和跨文化沟通能力的社会主义建设者和接班人。[2]

---

[1]王文斌，徐浩. 2016中国外语教育年度报告[M]. 北京：外语教学与研究出版社，2017：169.

[2]王文斌，杨鲁新，徐浩. 2016中国基础外语教育年度报告[M]. 北京：外语教学与研究出版社，2017：11-12.

中小学外语教育承载的使命不断丰富。中小学外语既要立足语言关键发展期，为大中小学外语教育"一条龙"打下坚实的基础；又要注重跨文化理解，提升国际素养。中小学外语教育是开展国际理解教育的重要载体。2016年9月，教育部组织近百位专家制定的《中国学生发展核心素养》公布，将关于国际理解教育的内容划到"社会参与-责任担当"板块，并如此阐述国际素养：具有全球意识和开放的心态，了解人类文明进程和世界发展动态；能尊重世界多元文化的多样性和差异性，积极参与跨文化交流；关注人类面临的全球性挑战，理解人类命运共同体的内涵与价值等。前述《普通高中英语课程标准》所涉及的语言能力、文化品格、思维品质和学习能力与这里的提升国际素养接榫，将进一步推进新时期国际理解教育。

## （五）社会外语教育融合发展

"互联网+"理念与实践对外语教育的影响绝不止于学校教育领域，在社会外语教育方面更是大放异彩。如果说20世纪80-90年代的社会外语教育是《跟我学》《走遍美国》等电视节目引领，2000年代是新东方、环球雅思等社会培训机构的兴起为主导，那么到了2010年代，随着移动网络的兴起，社会外语教育正式步入了个性化学习时代。北外壹佳英语、51Talk、托福小站等一系列APP的涌现，宣告移动互联网时代外语"处处学""时时学"时代的来临。

面向未来，中国外语教育应不忘初心，进一步科学把握世界范围内外语教育发展规律的趋势，结合传承中华优秀传统文化和建设社会主义文化强国需要，着眼于新时代中国特色建设的需求，坚持"引进来"与"走出去"并重，进一步凸显民族立场和文化本位，明确国家利益、社会需求和个人发展需要，三者各得其所。如此，中国外语教育将会在实现中华民族伟大复兴梦想的征程上发挥更加深远的作用和影响。

第三章

# 外语教育的政策分析

2018年，习近平总书记在新时代第一次全国教育大会上，号召要大力培养掌握党和国家方针政策、具有全球视野、通晓国际规则、熟练运用外语、精通中外谈判和沟通的国际化人才，有针对性地为"一带一路"建设以及"中国文化走出去"等国家倡议和战略培养急需的懂外语的各类专业技术和管理人才，有计划地培养选拔优秀人才到国际组织任职。总书记的重要讲话，让人们进一步认识到，外语教育与国家命运紧密相连。成熟的外语教育和外语教育政策是一个国家整体战略的重要组成部分。科学的外语教育政策有助于推动外语教育改革，指导外语教育实践，从而提升外语教育质量，促进国际交流合作，提高我国的国际地位。本章就改革开放40年来我国外语教育的政策变化进行了回顾，并对未来外语教育政策的走势做出展望。改革开放初期各项事业百废待兴，莘莘学子走出国门，学校英语教学蓬勃开展，社会英语讲座家喻户晓。世纪之交，在英语教育继续发展的同时，其他比较通用的语种也得以恢复发展。党的十八大以来，我国社会发展进入新时代，国家关于中小学的外语教育政策逐渐走向成熟。而对高等学校，国家则鼓励有条件的院校开设"一带一路"沿线国家官方语言，重视开设非通用语种。面向未来，国家期待通过外语教育与专业教育的有机融通，培养熟练掌握外语、具有全球意识、通晓国际规则的人才。

## 一、中华人民共和国成立至"文革"结束期间的中国外语教育政策

1917年的俄国十月革命和1919年我国的"五四运动"，开启了中国新民主主义革命的新纪元。"十月革命一声炮响，给我们送来了马克思列宁主义"，"五四运动"促进了马克思主义在中国的传播及其与中国工人运动的结合，1921年，中国共产党诞生。

当时，具有进步思想的仁人志士认识到，中国的外语教学自古有之。唐朝的翻译在古代各民族和各国人民交往中起着沟通理解作用，有

了翻译活动就产生了与之相关的外语翻译教学。在中国有据可查的外语翻译学校有元朝的回回国子学、明朝的四夷馆、清朝的俄罗斯文馆。[1] 从1862年清政府设立京师同文馆算起，真正具有现代意义的外语教育已经走过了约160年的历程。在不同的历史时期产生了不同的外语教育政策，其制定和推进过程始终与国家和民族的命运紧密联系，并随着中国革命和建设的发展而发展，经历了从被动到主动的过程，在艰难和曲折中不断成长。清末鸦片战争之后，中国被迫开放门户，在沿海地区相继设立通商口岸。中国和西方国家在外交和贸易方面的交往日益密切，凸显了外语学习的重要性。洋务运动时期，洋务派为了在外交上"不受人欺蒙"，消除因"语言不通、文字难辨"而造成的隔膜，先后创办京师同文馆、上海广方言馆（1863年）、广州同文馆（1864年）、武昌自强学堂（1893年），培养熟悉各国情形、熟悉外国语言文字之人，从而开启了中国外语教育的先河。[2] 有学者认为，我国外语教育政策正式制定是在清朝末年，1904年，《奏定中学堂章程》把"外国语"列为中学堂科目。[3]

中国外语教育诞生之时，正值半殖民地半封建的旧中国，中华民族在连续两千年领先于世界之后突然坠入水深火热之中。全体中华儿女渴望国家富强、民族振兴，担负着"西学东渐""振兴中华"的使命，将更多目光投向了西方的科技和资本主义制度，而当时刚刚发表的《共产党宣言》及其代表的社会主义制度正开始在世界舞台崭露头角。在此过程中，外语教育发挥桥梁纽带作用，中华民族在民族救亡的道路上找到了一条新的道路，从而开启了民族振兴的新征程。同样，在中国外语教育史上也开启了中国共产党兴办外语教育的新纪元。为了革命事业发展的需要，中国共产党在困难重重的条件下，在不同革命时期，先后创办

---

了外语学社、延安外国语学校、东北民主联军总司令部附设外国语学校等，选拔、培养、输送了一批懂外语的革命干部。他们有的成为党的重要领导干部，有的成为共产主义运动的斗士和社会知名人士，有的成为新中国外交外事战线的领导骨干，还有的成为大中学校的外语教师，在我国外语教育史上写下了光辉的一页。[1]

中国共产党带领中国人民经过浴血奋斗，建立了中华人民共和国，中国人民从此站起来了。但中华人民共和国成立初期，百废待兴，百业待举。为了摆脱帝国主义封锁、争取苏联援助、迅速改变贫穷落后的面貌，毛泽东向全国人民发出了向苏联学习的号召。在这种形势下，俄语教育有了迅速的发展。北京外国语学校、北京俄文专修学校和华东人民革命大学附属上海俄文学校等先后成立，俄文专科学校增至7所，另外有17所综合性大学、19所高等师范院校都设立了俄文系科，各业务部门也相继开设了俄文学校，当时高等院校的公共外语课程也大多是俄语，学习俄语的人数十分可观。[2]教育部于1950年颁发了《中学暂行教学计划（草案）》，1952年颁发了《中学暂行规程（草案）》，规定初、高中均需设一种外国语，即英语或俄语，但要求有师资、教材等条件宜设置俄语。从1954年秋季起初中不开设外语课，高中开设外语课，对高中俄语师资不足的问题，鼓励其他学科尤其是英语教师经自学或受训后转授俄语。这是第一次外语教师大转业——"英转俄"，解决了俄语师资不足的问题，稳定了外语教师队伍，但是俄语教学水平参差不齐。[3]

1949年至1956年是我国俄语教育迅速发展的7年。经过这7年的努力，俄语教育工作走上了正轨。在苏联专家的协助下，教学计划、教学大纲和教材陆续诞生，一批研究生毕业后充实了师资队伍，水平较高的中青年教

---

[1]李传松. 新中国外语教育史[M]. 北京：旅游教育出版社，2009：55.

[2]戴炜栋，等. 高校外语专业教育发展报告[M]. 上海：上海外语教育出版社，2008：7.

[3]刘道义，等. 基础外语教育发展报告[M]. 上海：上海外语教育出版社，2008：3-4.

师也成长起来，新的课程逐步开设，教学水平也逐年得到提高。到1956年年底，高校俄语专业教师约有2,000余人。1953年至1956年，全国俄文专科学校及综合性大学俄文系共招生12,000多人，基本满足了当时国家的需求。[1]大量的俄语人才为中国和苏联的合作提供了重要保障，包括苏联援建的156个项目在内的诸多合作得以迅速推进，促进了工业经济发展，奠定了新中国的工业基础，也奠定了我国俄语教育的良好基础。

与俄语教育迅猛发展的态势形成鲜明对比的是，其他语种的教学在困境中艰难生存，发展缓慢。1952年高校院系开始调整，撤销或合并了大部分学校的英语系科，德语和法语系科也有所缩减，全国仅剩下8个英语教学点、3个法语教学点和3个德语教学点。[2]小学和初中基本不开设外语课，高中外语课也以俄语为主，英语教师大量转业为俄语教师，英语教育严重受挫，而俄语及东欧国家语言人才已经超出国家的实际需要，这也为后来的外语教育埋下了隐患。

自20世纪50年代中后期，随着中苏关系破裂和我国外交事业的发展，国家开始调整外语专业教育的设置与规模。一方面对前一阶段俄语教学发展过快、招生过多的问题进行调整，采取动员在校俄语专业学生改学其他语种、停招等措施，并对外语院校的设置方向进行一系列调整。至1959年年底，原有7所俄语专科学校已不复存在，俄语教育规模开始缩小。另一方面相应扩大英语及其他外语教育，并新设外语院校。这一时期可以说是俄语教育收缩、其他外语教育发展的时期。教育部于1956年7月发布《关于中学外国语科的通知》，规定从1956年秋季起，凡英语师资条件较好的地区从高中一年级起增设英语课，从1957年秋季起初中一年级开始恢复外国语科。1959年，教育部下达《关于在中学加强和开设外国语的通知》，提出一方面要加强高中外国语科的教学，另一方面要在大、中城市有条件的初中开设外国语科，

[1][2]戴炜栋，等. 高校外语专业教育发展报告[M]. 上海：上海外语教育出版社，2008：7，9.

让学生在中学阶段打好一种外国语的基础。全国中学设置各种外国语的比例，大体上可以规定为1/3的学校教俄语，2/3的学校教英语或其他外国语。很多全日制中学改授英语课，俄语教师队伍纷纷改教英语，出现了第二次外语教师大转业——"俄转英"。[1]

1962年，周恩来总理、陈毅副总理批准《关于北京外国语学院专业设置计划的报告》，提出逐步开设新语种，每年增加5种左右，10年到20年内争取将世界上的主要语种都开办起来，外语数量达到74种。这一时期，非通用语种人才培养得到一定的壮大发展。1961年，北京外国语学院（今北京外国语大学）建立亚非语系，招收阿拉伯语、斯瓦希里语、柬埔寨语、僧伽罗语和老挝语5个专业的学生。到1965年，该系扩增到11个语种。此后，北京外国语学院还新增保加利亚语、匈牙利语、阿尔巴尼亚语、塞尔维亚语、瑞典语、意大利语等。北京广播学院（今中国传媒大学）、上海外国语学院（今上海外国语大学）、广州外国语学院（今广东外语外贸大学）、广西民族学院（今广西民族大学）和军队院校也增设了一批非通用语专业。根据教育部1966年的统计，全国外语院校当时开设41种外语，其中34种为非通用语。[2]

1964年，我国与法国、突尼斯建交，我国外交发生新变化。同年10月，中共中央、国务院发布了《外语教育七年规划纲要》，并批准成立了外语教育规划小组，归属国务院直接领导，负责贯彻文件精神。《规划纲要》客观、认真地回顾和总结了中华人民共和国成立以来的外语教育工作，着重指出了当时外语教育的矛盾。《规划纲要》认为，高等外语院系培养出来的学生在数量和质量上都远不能满足国家社会主义建设和外事工作的需要。

---

[1]刘道义，等. 基础外语教育发展报告[M]. 上海：上海外语教育出版社，2008：4-5.

[2]丁超. 中国非通用语教育的前世今生[J]. 神州学人，2016（1）：6-11.

《规划纲要》断言，我国既需要大力改变学习俄语和其他外语人数的比例，又需要扩大外语教育的规模，这样才能把外语教育的发展纳入同国家长远需要相适应的轨道，由被动转为主动。《规划纲要》还提出发展外语教育的四条方针，即专业外语教育和共同外语教育并重；学校外语教育和业余外语教育并举；在学校教育中确定英语为第一外语；在大力发展数量、调整语种比例的同时，要特别保证质量。《规划纲要》提出了具体的发展指标和主要措施，在短短两年的时间内，我国就新建了一批外国语学院（北京第二外国语学院、广州外国语学院、国际关系学院、大连外国语学院等），扩建了一批外国语学院或综合性大学外语院系。《规划纲要》在我国外语教育史上具有重要的作用和地位，为我国外语教育打开了新局面，其影响甚至延续到改革开放。[1]

1966年，随着"文化大革命"的开始，《规划纲要》被迫中断执行，中小学外语教育濒于取消，高校的公共外语形同虚设，外国语学校遭到严重破坏，高校外语专业教育的质量也很低，新中国外语教育在经历了十年的艰难前行后，几乎处于崩溃的边缘。[2]

纵观新中国成立至"文革"结束这段时间的中国外语教育政策，虽然教育主管部门在不同时期对于外语教育曾有一些政策性指示和部署，并于1964年发布了《规划纲要》，但对外语教育政策与政治、经济、外交、国

---

[1]李传松. 新中国外语教育史[M]. 北京：旅游教育出版社，2009：113-139.

[2]1973年7月10日，河南省唐河县马振扶公社中学初中二年级的15岁学生张玉勤在期末考试英语考卷的背面写道："我是中国人，何必学外文，不会ABC，也当接班人，接好革命班，埋葬帝修反。"张玉勤写后自觉无趣，便把卷子揉成一团，没有交给老师，后由其同学将卷子展平交给老师。后来英语老师粟育恕把考卷拿给班主任杨天成看，晚上，杨天成在参加教师会时说了此事。第二天早操后，校长罗长奇在会上批评了张玉勤，要求各班对此事讨论批判。1973年7月14日早上，有人在虎山水库里发现了张玉勤的尸体，得知她自杀身亡的消息。1973年9月，南阳地区革委会文教局和唐河县革委会文教局组成联合调查组，做出《唐河县马振扶公社中学修正主义教育路线回潮所造成严重恶果的调查报告》，要求地委将该调查报告批转全区各级学校。1974年1月，江青从《人民日报》看到相关报道，把这件事称为"修正主义教育路线进行复辟"的典型。

防、教育、文化以及国际地位的关系，以及所涉及的语言规划和语言政策，并没有相关的机构专门予以研究和推动。[1]

这一时期，外语教育政策受当时国际和国内环境影响，主要是服务于国家的外交事业，其制定过程主要由国家主要领导直接批示，以计划体制的形式逐级落实。因为我国外交政策的变化较大，导致外语教育政策的变化也很大，从开始的俄语热到抵制苏联，政策的延续性受到较大影响。外语教育虽然对国家外交做出了重要贡献，但对其他领域的贡献有限，整体上外语教育基础尚比较薄弱。

## 二、改革开放初期的中国外语教育政策

1978年，党的十一届三中全会召开，全会恢复和确立了实事求是的思想路线，全党全国的工作重心从以阶级斗争为纲转移到经济建设上来，对外积极开放，营造和发展良好的国际环境，对内大力改革，经济建设快速发展，社会进步成效明显。中国外语教育也紧跟形势发展，围绕党和国家的工作重心，在对外开放和对内改革过程中，扮演了重要角色。

### （一）召开外语教育座谈会

在邓小平同志亲自领导下，相关部门研究外语教育如何围绕新时期中心任务服从和服务于国家需求。1978年，教育部召开全国外语教育座谈会，时任全国人大常委会副委员长的廖承志同志到会并做了重要指示。会议总结了新中国成立以来外语教育的经验教训，讨论了加强外语教育、提高外语教育水平、为实现"四个现代化"培养外语人才的办法和措施。同时，还就外语师资队伍建设、教材编写、电化教学、科学研究等方面的规划进行了讨论。

---

[1]胡文仲. 新中国六十年外语教育的成就与缺失[J]. 外语教学与研究，2009（3）：163-169.

全国外语教育座谈会客观分析了我国基础外语教育的现状，讨论了一系列政策性很强的外语教育方面的问题，涉及不少多年想解决而又难以解决的问题，如外语教育的地位、语种布局和师资培训等，并对新历史时期的外语教育提出了明确的任务。会议认为，为了加速推进我国社会主义革命与建设，进一步加强与世界各国人民的友好往来，加强反帝、反殖、反霸斗争，迫切需要培养大批又红又专的外语人才。加强外语教育是提高整个中华民族科学文化水平的重要途径。《全国外语教育座谈会纪要》提出："即使我们的国家将来实现了四个现代化，我们还是需要向外国学习，还要加强与各国人民的友好往来。所以，搞好外语教育是具有战略意义的长远计划。"[1]

## （二）出台加强外语教育文件

根据1978年全国外语教育座谈会精神，经国务院批准，1979年教育部印发了《加强外语教育的几点意见》。这份文件充分体现了党的十一届三中全会的精神和要求，所规定的外语教育方针明确、措施得力，因而受到外语界广泛欢迎并得到了认真的贯彻执行。我国外语教育由此迎来繁荣发展的新局面。[2] 通过该文件，教育部对做好外语教育工作提出了具体要求。

### 1. 加强中小学外语教学

教育部指出，中学外语课和语文、数学等课程一样，是一门重要的基础课，应当受到重视。首先在重点中学和有条件的城市中学开设外语课，三、五年内城市中学要普遍开设，并要不断提高教育质量。城镇中学和农村中学的外语课可在条件具备后逐步开设。小学外语要在保证质量的前提下，在重点小学和有条件的大中城市小学逐步开设。为了早出和快出人才，除继续办好和发展一批外国语学校、为高等学校输送高水平的外语学生之外，还应办好一批文理分科、加强外语教育的重点中学，为培养有较好外语基础的科技人才创造条件。

---

[1]教育部. 全国外语教育座谈会纪要[Z]. 1978.
[2]戴炜栋，等. 高校外语专业教育发展报告[M]. 上海：上海外语教育出版社，2008：15.

| 法规标题：教育部关于印发《加强外语教育的几点意见》的通知 | |
|---|---|
| 制定机构：教育部 | |
| 发布日期：1979年03月29日 | 文书字号：(79)教高一字027号 |
| 生效日期：1979年03月29日 | 效力级别：国家部委办局文件 |

## 教育部关于印发《加强外语教育的几点意见》的通知
### (79)教高一字027号

各省、市、自治区文教办、高教局、教育局、各直属院校：

经国务院批准，我们于一九七八年八月二十八日至九月十日在北京召开了全国外语教育座谈会。会议总结了建国以来外语教育的经验教训，讨论了加强外语教育，提高外语教育水平，为实现四个现代化培养外语人才的办法和措施。同时，还就外语师资队伍建设、教材编写、电化教学、科学研究等方面的规划进行了讨论。会议提出的《加强外语教育的几点意见》，经国务院批准，现发给你们，请按各地、各校实际情况，研究执行。

此件可向外语院系师生传达。

附件：加强外语教育的几点意见

一九七九年三月二十九日

教育部关于印发《加强外语教育的几点意见》的通知

## 2. 开好高校公共外语

教育部要求，大力办好高等学校公共外语教育和各种形式的业余外语教育，培养既懂专业又掌握外语的科技人才。高校公共外语课应增加学时，提高教学要求。高年级可指定一两门课程用外语讲授。公共外语除英语外，有条件的院校还要开日、德、法、俄等语种的课；还应充分挖掘学校潜力，开办各种形式的科技人员、高校理工科教师及出国留学生的外语培训班。

## 3. 办好外语专业教育

教育部希望，集中精力办好一批重点外语院系，使之成为培养水平较高的外事翻译、高校外语专业师资和外国语言文学研究人才的基地。这些学校主要从外国语学校的毕业生及外语基础较好的中学毕业生中招生，按照周恩来总理关于打好政治、外语和文化知识三个基本功的指示，严格进行训练。要求学生毕业时至少掌握两三门外语。为了培养高级翻译、研究人才及高等学校外语专业的骨干教师，这些学校应逐步扩大研究生的招生规模，积极开展科研，努力把学校办成教学中心和科研中心。

### 4. 合理开展语种布局

教育部提出，语种布局要有战略眼光和长远规划。主要任务还是大力发展英语教育，但也要适当注意日、法、德、俄等其他语种的教育。中小学语种的设置一律由省、自治区、直辖市教育行政部门做出规划，统一掌握。中小学可在少数学校开设俄语课，与苏联接壤的各省、自治区开设的面可适当大一些。有条件的外国语学校要开设俄语专业，为高等学校输送俄语人才。要注意外语教育的连续性，小学升初中，初中升高中，高中升大学，都要做好语种的衔接工作。

### 5. 进行外语师资建设

教育部要求，大力抓好外语师资队伍的培养和提高。为改变高等学校外语教师队伍青黄不接、高水平骨干教师后继乏人、中学外语师资质量偏低、数量缺乏的状况，必须开展多种形式的在职和脱产进修活动。采取出国进修、邀请外国语言专家来华讲学或举办外语教师培训班、选择国内有条件的学校开办师资进修班等措施，提高中小学外语师资水平。

### 6. 选编主流外语教材

教育部号召，选编出版一批大中小学外语教材。各类通用语种的外语教材均应组织统编或委托有关院校主编，由教育部组织的外语教材编审小组审查通过。有条件的语种可根据不同要求和不同编写体系，编写几套教材，以便选择。每套教材力争配以录音、幻灯、电影等各种视听材料，以提高教学效果。此外，可以在教学中选用国外教材。

### 7. 开展外语教育研究

教育部号召，加强外语教学法和语言科学的研究。教育部认为必须大力开展外语语言方面的基础理论和应用科学研究。同时，由于外语学习者人数激增、外语师资力量不足，教育部还希望尽快推动外语电化教学。

## （三）加强外语教育的政策举措

### 1. 办好外国语学校

1979年，教育部颁布了《关于办好外国语学校的几点意见》。根据该文件规定，决定整顿和恢复原有的外国语学校，并对外国语学校的性质和任务、学制、教材、教师队伍建设等提出了具体意见。随着改革开放的深入和高考必考外语政策出台，外语深受社会重视，外国语学校和具有外语特色的实验学校在全国雨后春笋般建立起来。这些学校大都发展为当地外语教学的领头羊，起着外语教学示范的作用，也为高校输送了大批具有扎实外语基础的优质生源。[1]

### 2. 提升中学外语教育

1981年，教育部颁发了《全日制六年制重点中学教学计划（试行草案)》，决定逐步恢复初中三年、高中三年的学制，并规定中学六年外语课的学时量和总学时。1982年，教育部召开了全国中学外语教育工作会议，会议认为加强外语教育具有重要的战略意义，应采取切实有效的措施，扎扎实实地提高质量。会后颁发了《关于加强中学外语教育的意见》，对中学外语教育提出了一系列具体要求。中学外语教育得以迅速恢复和发展，也使得高校新生外语水平逐年提高。

### 3. 组织外语学科调查

1985年，国家教委组织开展了中华人民共和国成立以来规模最大的一次学科调查，对全国15个省市的中学英语教学开展了为期一年零七个月的调查研究，此次调查为教育行政部门决策提供了可靠依据。调查发现，我国中学外语水平近年来有明显的提高，但是仍然存在很多问题。在调查初见成效、中学外语教学主要问题已经明朗的情况下，国家教委

---

[1]刘道义，等. 基础外语教育发展报告[M]. 上海：上海外语教育出版社，2008：13.

于1986年召开了全国中学外语教育改革座谈会，提出了《关于改革和加强中学外语教学的几点意见》，对当时我国中学外语教育有很强的指导意义。

张正东教授曾先后主持过五次全国性的英语教学情况调查，每次调查报告都呈现了我国外语教育现状大量的宝贵数据和事实，包括总体现状、问题、难点以及细致的课程标准、教材、教法、学生潜力的描述与分析等内容，为我国外语教育政策的科学制定和有效落实提供了重要参考。[1]

### 4. 构筑高校外语教学体系

20世纪80年代，高等外语教学得到了较好的恢复和发展，逐步构筑了多层次、全方位的高校外语教学体系。以外语为专业的高等外语院校共有10所；带有涉外功能专业倾向的高等外语院校共有7所；设有外语系的综合性大学有32所；11所理工科院校开设以培养科技翻译及理工科公共外语教师为目标的科技外语专业。经国务院批准的高等师范院校共有202所，其中174所开设外语院系。这一时期的高等外语教育既有二至三年的专科，又有四至五年的本科，同时还开展了硕士、博士研究生教育。1983年，全国具有外语专业硕士学位授予权的高等院校有37所，具有博士学位授予权的高等院校6所，高水平的外语人才梯队迅速建立起来。[2]

这一时期，高等外语教育的语种数量和学生数量都有了大幅度的增长。一方面，至1984年年底，全国开设的外语语种多达34个，其中大多数外语院系都设有英、俄、德、法、日语专业。另一方面，外语专业在校学生数量有了大幅度增加，以1983年为例，包括研究生在内的高校外语专业在校生总数达6万余人。[3]

---

[1]张正东教授作为中国外语教育界的学界泰斗、学科大师，在研究和倡导外语教育半个多世纪的坎坷历程中，亲历并见证了这段时期我国外语教育政策的发展。他参与了20世纪80年代初至90年代末的历次全国基础教育英语教学大纲研讨与审稿，对中学英语课程如何开设、开设的性质、教学的目的、培养学生何种能力以及课时数等方面的政策制定产生过重要的影响。

[2][3]戴炜栋，等. 高校外语专业教育发展报告[M]. 上海：上海外语教育出版社，2008：15，16.

### 5. 建设合格外语师资队伍

"文革"期间，大批的外语专业教师遭到了各种形式的迫害，广大外语教师对外语教学的新理论、新学科、新方法所知甚少。针对这种情况，改革开放后，为改变外语专业教师水平与迅猛发展的形势不相适应的问题，各种层次的外语师资培训迅速在全国范围内开展起来。与此同时，外语教师规模得以迅速扩大。中小学外语教师成了"主科教师"，专业发展任务很重，教育部和各地采取倾斜性政策措施，让外语教师得到培训提高。教育部在国家外国专家局的协助和主办院校的努力下，先后邀请中外语言文学专家300多名，举办了英、法、德、日、俄、西班牙、阿拉伯等7个通用语种的教师培训，特别是1980—1983年实施的高校英语师资培训的"三年计划"，对改变我国英语师资队伍的面貌起到了重要作用。[1] 合格的外语专业师资队伍的建设，不仅促进了外语专业教学质量的提高，还大大促进了外语教育研究。在投入教学的同时，外语教师们还开展了科研工作，如教学大纲和教材编写、教学法研究、外语学报和其他外语期刊的编辑等。[2]

## 三、20世纪末至21世纪初的中国外语教育政策

世界经济和政治格局在20世纪末发生了新的深刻变化，经济全球化和世界多极化成为世纪之交的新常态。经济全球化使世界各国之间的经济联系日益加深，生产布局、金融往来、投资走向、技术开发、人才培训、环境保护等都跨越了国界。世界多极化使世界各种力量逐渐形成既相互借鉴又相互制约和制衡的关系，有利于遏制霸权主义和强权政治，推动建立公正合理的国际政治经济新秩序。和平与发展成为新的时代主题。与改革开放相伴随，我国的综合国力提升，社会各领域发展迅速，2001年中国加入

---

[1]李传松. 新中国外语教育史[M]. 北京：旅游教育出版社，2009：236.

[2]戴炜栋，等. 高校外语专业教育发展报告[M]. 上海：上海外语教育出版社，2008：15-16.

世贸组织，2008年北京奥运会成功举办，对中国外语教育来说，既是挑战，更是机遇。[1] 世纪之交，国家从深化本科外语教育改革、加强大学英语教育、发展中小学外语教育、开展业余外语教育等方面大力引导，逐步形成了全民重视外语、学习外语的热潮。

## （一）推动外语本科专业教育改革

1994年，李岚清副总理在北京外国语大学听取外语专业教学改革情况汇报后指出，外语专业教学要努力适应社会经济发展需求，培养复合型人才。这为外语专业教学改革的发展指明了方向。1998年，教育部高教司印发了《关于外语专业面向21世纪本科教育改革的若干意见》，标志着高等外语专业教育对于复合型人才培养的共识和模式探索渐趋清晰。大多数外语院校以外语语言教学为基础，以适应区域经济与社会发展为需求，以学校现实基础为起点，遵循逐步建设、注重质量、拓宽专业、巩固升级的方针，逐步由单科性的外语专业教育发展走向了多科性的外语人才培养之路，并以上海外国语大学和北京外国语大学为代表，形成了南北两大区域、六种模式的专业教学改革态势，即：（1）外语+专业知识；（2）外语+专业方向；（3）外语+专业；（4）专业+外语；（5）非通用语种+英语；（6）双学位。此后，各校又在此基础上逐步深化教学内容改革，强化专业知识教学，提升该模块教学的层次，乃至在部分外语院校中成功创建经济类、管理类、新闻类、教育技术类和国际政治类专业硕士研究生教学点，提高了"专业+外语"这一人才培养模式的层次与质量。[2]

## （二）促进大学英语和外语测试发展

大学外语是大学生修习的公共基础课。大多数高校选择英语作为第一外语，有的高校还开设大学德语、大学俄语、大学日语、大学法语等选修课程。

---

[1]李传松. 新中国外语教育史[M]. 北京：旅游教育出版社，2009：290.

[2]戴炜栋，等. 高校外语专业教育发展报告[M]. 上海：上海外语教育出版社，2008：19.

1980年，教育部颁发了改革开放以来的第一份大学英语教学大纲《英语教学大纲（草案）》（高等学校理工科本科四年制试用），对改革开放初期迅速恢复和发展大学英语教学起到了重要作用。此后，《大学英语教学大纲（高等学校理工科本科用)》（1985年）、《大学英语教学大纲（高等学校文理科本科用)》（1986年）颁布。这两份大纲都规定，基础阶段各级教学结束时均应安排考试，其中第四、第六级结束时，应按本教学大纲的要求进行全国统一考试。大学英语四、六级考试为检查和评定大学生的英语水平提供了统一的量尺，为用人单位判断毕业生的外语水平提供了参考，同时也对大学英语教学起到了积极的反推作用，推动了教学大纲的贯彻执行。《大学英语教学大纲（修订本)》（1999年）把原理工科、文理科两份大纲合并成一份，将教学对象确定为全国各类高等院校的本科生，提出"分类要求和因材施教""英语学习四年不断线"等思想，第一次把大学英语四级定为全国各类高校均应达到的基本要求。[1] 从1987年第一次四级考试和1989年第一次六级考试以来，大学英语四、六级考试的规模日益扩大。1987年第一次实施四级考试时，参加者仅有10多万人；到2017年，全年四、六级考生人数有上千万之多，成为世界上规模最大的单科考试。

由于种种原因，大学英语四、六级考试的功能被过分放大，有的学校将四、六级考试和毕业证书、学位证书挂钩，有的用人单位把四、六级考试证书作为录用毕业生的必要条件，这导致不少学校盲目追求通过率而进行应试教学，少数学生考试作弊，有些人甚至铤而走险，做出违法乱纪的事情。教育部为此启动了大学英语四、六级考试改革项目，并于2005年正式向社会公布，主要有以下三条措施：（1）按照《大学英语课程教学要求》修订考试大纲，制定了《全国大学英语四、六级考试改革方案（试

---

[1]王守仁，等，高校大学外语教育发展报告[M]．上海：上海外语教育出版社，2008：19．

行）》；（2）采取适当措施降低考试的社会热度，突出考试为教学服务的功能；（3）改革考试管理体制，进一步加强考务管理。[1]

### （三）着手小学外语教育恢复和发展

改革开放前，全国开设小学外语的学校凤毛麟角。随着改革开放对外语教学水平的要求越来越高，越来越多的小学开设了外语课。1986年，全国人大审议通过了《中华人民共和国义务教育法》，全民义务教育的时代开启，更多的适龄学生得以接受教育。到20世纪末，全国小学英语开设面已达31个省、自治区、直辖市，学生人数近500万。2001年，教育部印发了《关于积极推进小学开设英语课程的指导意见》，正式决定把小学开设英语课程作为21世纪初基础教育课程改革的重要内容。此后，全国小学开设英语课程出现了跨越式的发展，全国城市和县城小学均开设外语课，小学外语教师队伍迅速扩大，从2003年到2006年增加了30%以上，小学外语教师学历提高也很快（见表3-1）。

表3-1　2003—2006年小学外语教师学历情况[2]　（单位：人）

| 年份 | 2003 | 2004 | 2006 |
|---|---|---|---|
| 合计 | 167,263 | 192,329 | 245,432 |
| 研究生毕业 | 77（0.05%） | 112（0.06%） | 213（0.08%） |
| 本科毕业 | 13,457（8.05%） | 20,712（10.77%） | 45,493（18.54%） |
| 专科毕业 | 100,375（60.01%） | 122,863（63.88%） | 162,129（66.06%） |
| 高中毕业 | 52,785（31.56%） | 48,149（25.03%） | 37,130（15.13%） |
| 高中毕业以下 | 569（0.34%） | 493（0.26%） | 467（0.19%） |

---

[1]李传松. 新中国外语教育史[M]. 北京：旅游教育出版社，2009：309-311.

[2]刘道义，等. 基础外语教育发展报告[M]. 上海：上海外语教育出版社，2008：31.

　　1999年，教育部委托北京外国语大学陈琳教授主持国家基础教育阶段《英语课程标准》的研制。在充分调研和科学论证的基础上，外研社与英国著名教育出版机构——麦克米伦出版公司合作，依据课标编写并推出了《新标准英语》系列教材。这是我国第一套依据国家《英语课程标准》编写的小初高"一条龙"英语教材。此外，全国各地依据新课标编写的多套中小学英语教材经教育部审定后也陆续出版，极大丰富了中小学教材资源建设，促进了中小学英语教育的发展。小学外语教育的恢复和发展有利于提升我国公民的基础外语素质，为进一步学习外语和其他专业奠定基础，从而提升全社会的外语水平。

《新标准英语》教材封面

### （四）召开中学外语教学座谈会

根据李岚清副总理1996年6月关于加强外语教学法研究的指示，为指导外语教学改革的健康发展，国家教委基础教育司于1997年6月在北京召开了中学外语教学座谈会。会议肯定了外语课程改革和教材建设方面所取得的可喜成果，也指出了中学外语教学存在的很多亟待解决的问题，例如哑巴英语成了普遍现象。为此，李岚清向全国推荐了张思中外语教学法。[1] 这次座谈会还提出，外国语学校是培养外语人才的摇篮，办好一批外国语学校，既为培养高水平外语人才打下基础，也有利于中学外语教学整体水平的提高。随后，大批外国语学校得以创办并发展。截至2008年，全国已有近2,000所具有外语特色的学校，其中绝大多数都是由普通中学改造而成，正式挂牌外国语学校的有797所。各外国语学校在当地教育行政部门的指导和关注下，积极开展多项外语教育教学实验和研究工作，并参加了大量的教研活动，对推动我国中小学外语教育改革发展发挥了积极作用。[2]

### （五）普及业余外语教育

邓小平同志亲自决策，在全国开设"广播电视英语课程"，由中央电视台和中央人民广播电台同时播出。教育部指定北京外国语大学陈琳教授担任中央电视台"广播电视英语课程"节目的主讲人，从1978年直至1983年，先后讲授5年时间。节目一经播出，在全国掀起了英语学习的高潮。由于适应了当时改革开放新形势的发展和社会各界对外语学习的需求，这一节目成为全国人民社会生活中的一件大事。《广播电视英语课程》教材

---

[1]张思中外语教学法体现在十六个字上：适当集中，反复循环，阅读原著，因材施教。

[2]李传松. 新中国外语教育史[M]. 北京：旅游教育出版社，2009：340-343.

的销售量仅在北京地区就达1,500万套，掀起了改革开放之初全民学英语的热潮，大众英语学习时代由此开启。[1]

进入21世纪以后，我国对外改革开放力度不断加大，特别是我国加入世贸组织和成功申办2008年奥运会后，全社会形成了学习外语的热潮，下自四五岁的孩童，上至古稀老人，都有不少人学英语。为了给北京举办2008年奥运会创造良好的语言环境和国际交往氛围，2002年，北京市正式成立了"北京市民讲外语"活动组委会，陈琳教授任专家顾问团的团长。8年间，顾问团完成了全市公共场所标识、首都党政机关和职务名称、中华菜谱等文件英译的纠错和规范工作，先后正式编印出版了三套规范性文件。这些文件为北京奥运会的成功举办做出了贡献，也为在全社会倡导普及外语教育做出了巨大贡献。

随着中国外语教育事业的迅速发展，外语教育界每年都有很多重要事件发生，它们从不同角度促进了我国的国家外语能力与公民外语素质的提高，因此有必要定期记录我国外语教育的发展过程，全景展现外语教育现状。北京外国语大学的文秋芳教授、王文斌教授和徐浩副教授自2011年起牵头编写《中国外语教育年度报告》，对每年我国外语教育各个领域的大事、活动和发展进行全面系统的梳理，涉及我国高等外语教育、基础外语教育、社会外语教育、外语教师教育与发展、信息技术与外语教育等五大领域。该书不仅具有史料意义，而且及时回顾、总结我国外语教育工作的经验与教训，从中发现问题，并探索解决的新途径。[2]

---

[1]2018年7月20日教育部做出《关于授予陈琳同志"全国优秀教师"荣誉称号的决定》。《决定》称，陈琳，男，汉族，1922年出生，中共党员，北京外国语大学教授，我国著名外语教育专家。陈琳同志爱党敬党，始终坚持听党的话，跟党走，把为人民服务放在首位，以浓厚的家国情怀和强烈的社会责任感，为外语教育事业奋斗70载，为推动中国外语教育发展做出了卓越贡献。《决定》号召，全国广大教师要以陈琳同志为榜样，学习他爱党敬党、服务人民的高尚品质，学习他教书育人、为人师表的师德风范，学习他大公无私、敬业奉献的高尚情操，学习他笔耕不辍、老有作为的进取精神。

[2]文秋芳，徐浩. 2012中国外语教育年度报告[M]. 北京：外语教学与研究出版社，2013.

# 四、新时代的中国外语教育政策

党的十八大以来，中国特色社会主义逐步进入新时代，国家各项工作朝着更加注重内涵和全面协调发展的方向迈进，对外开放迈上一个新台阶。"一带一路"倡议、扩大中外人文交流、构建人类命运共同体、讲好中国故事、贡献中国方案等方针政策对外语教育提出了新的要求。[1] 在这一时代背景下，中国的外语教育政策体现出以下特点。

## （一）以国家战略为导向，构建渐趋科学化的外语教育政策

外语教育政策的制定上升到国家战略的层面。以"一带一路"倡议、中国文化"走出去"、经济全球化等国家战略和国际实际为导向，我国需要构建科学化、系统化、全球化的立体式外语教育政策体系。在此大背景下，国家重视协调各级各类外语相关部门和各方专家参与外语教育政策制定，统筹规划，厘清职责，明确目标，制定标准，出台政策，监督执行，做好语种布局，有效衔接小学、中学和大学不同阶段的外语教学，研制高水平复合型外语人才培养规划。

为服务国家战略，教育部颁布了《普通高中英语课程标准》《高职高专教育英语课程基本要求（试行）》《大学英语教学指南》《高等学校英语专业英语教学大纲》等文件，明确了我国英语教学的基本理念。以《普通高中英语课程标准》为例，从中可以看到我国外语教育的基本政策。一是发展英语学科核心素养，落实立德树人的根本任务。高中英语课程具有重大的育人功能，应发展学生的语言能力、文化意识、思维品质和学习能力等英语学科核心素养。普通高中英语课程体现德育为首、能力为重、基础为先，提倡创新，注重发展学生英语语言运用能力。在此过程中，帮助他们学习理解和鉴赏中外优秀文化，培育中国情怀，坚定文化自信，拓展文化视野，增进国际理解，逐步提高跨文化沟通能力、思辨能力、学习能力

---

[1]蒋洪新，等. 新时代中国特色外语教育：理论与实践[J]. 外语教学与研究，2018（3）：102-113.

和创新能力，形成正确的世界观、人生观和价值观。二是构建高中英语共同基础，满足学生个性发展需求。普通高中英语课程应在有机衔接初中阶段英语课程的基础上，通过必修课程为所有高中学生搭建英语学习核心素养的共同基础，为他们升学、就业和终身学习构筑发展平台。同时，高中英语课程应当遵循多样性和选择性原则，根据高中学生的心理特征、认知水平、学习特点以及未来发展的不同需求，开设丰富的选修课程。三是开展英语学习实践，着力提升学生能力。倡导指向学科核心素养发展的英语学习活动。提倡自主学习、合作学习、探究学习，开展体现综合性、关联性和实践性的英语学习活动。通过学习理解、应用、实践、创新等一系列融语言、文化为一体的活动，分析中外文化异同，发展多元思维和批判性思维，提高英语学习能力和运用能力。四是完善英语课程评价体系，促进核心素养有效形成。建立以学生为主体、促进学生全面发展、健康个性发展的课程评价体系。评价应聚焦促进学生英语学科核心素养的形成及发展，采取形成性评价与终结性评价相结合的多元评价方式，关注学生在英语学习过程中所表现出的情感、态度和价值观等要素，引导学生学会监控和调整自己的英语学习目标、学习方式和学习进程。五是重视现代信息技术应用。丰富英语课程学习资源，推动现代信息技术背景下教学模式和学习方式变革，促进信息技术与课程教学的深度融合，根据信息化环境下英语学习的特点，科学地组织和开展线上线下混合式教学。丰富课程资源，拓宽学习渠道，在课程实施过程中重视营造信息化学习环境；及时了解和跟上科技的进步和学科的发展，充分发挥现代教育技术对教学的支持与服务功能；选择恰当的数字技术和多媒体手段，确保虚拟现实、人工智能、大数据等新技术的应用，促进学生的有效学习和英语学科核心素养的形成和发展。[1]

[1]教育部. 普通高中英语课程标准（2017年版）[M]. 北京：人民教育出版社，2018：2-3.

## （二）以对接对象国为特征，加强非通用语言教育

自党的十八大至2017年，国家着力推动国家紧缺人才培养。通过国际区域问题研究及外语高层次人才培养项目，派出外语非通用语种人才3,454人，涉及42个非通用语种、62个国家，其中32个为"一带一路"沿线国家，培养了一批后备师资人才；派出国别与区域问题研究人才1,207人，涉及60个国家，其中35个为"一带一路"沿线国家，培养了一批了解沿线国家语言文化和当地经济社会发展、直接对接对象国的高素质复合型人才。[1]2015年教育部提出了加强外语非通用语种人才培养的指导思想："全面贯彻党的教育方针，坚持立德树人，以培养国家急需人才为关键，以创新人才培养机制为重点，以强化政策和条件保障为支撑，加快培养一批具有国际视野、通晓国际规则、能够参与国际事务和国际竞争的应用型、复合型非通用语种人才，为更好服务国家外交战略和'走出去'战略提供强有力的人才智力支撑。"[2]

非通用语教育与研究的加强有利于深入开展国别和区域研究。2012年，教育部批准设立的第一批国别和区域研究培育基地（包括北京大学南亚研究中心、北京外国语大学中东欧研究中心）依托所在大学非通用语种的资源和专业优势，聚焦国家重大政策需求。2017年，全国高校新增备案的教育部国别和区域研究中心达390余个，仅北京外国语大学就一次备案获批37个。[3]

## （三）以四个自信为导向，构建中国特色外语教育政策

我国幅员辽阔，人口众多，不同层面（国家、地方、学校）、不同地域（沿海、内陆）、不同模块（基础教育、高等教育、职业教育等）、不同学段（小学、中学、大学）、不同类型（外语院校、综合院校、职业院校等）都有各自的特点。[4]要以道路自信、理论自信、制度自信、文化自信为

[1]丁超. 对我国高校外语非通用语种类专业建设现状的观察分析[J]. 中国外语教育，2017（4）：3-4.

[2]教育部. 关于加强外语非通用语种人才培养工作的实施意见[Z]. 2015.

[3]丁超. 对我国高校外语非通用语种类专业建设现状的观察分析[J]. 中国外语教育，2017（4）：5-6.

[4]张蔚磊. 我国外语教育政策的实然现状与应然选择[J]. 外语教学，2015（1）：56-60.

导向，坚持弘扬、输出民族文化，构建本土化、区域化、多元化的外语教育政策。新时代我国的外语教育政策强调，在传授外语语言文化的同时，也要将中国特有的概念和内容置于外语教育中，让中国元素自然地进入外语话语，使中国学生在学习和掌握外语规范和文化内容的同时，加深对中国文化的理解。[1] 与此同时，加大中国文化"走出去"步伐，让更多的外国人学习中文和中国文化。

### （四）以民族振兴为导向，构建更具前瞻性的外语教育政策

党的十九大提出，从现在到2020年全面建成小康社会，实现第一个百年奋斗目标；到2035年基本实现社会主义现代化；到21世纪中叶全面建成富强、民主、文明、和谐、美丽的社会主义现代化强国。这是对中国未来发展的全新谋划，这幅全面建设社会主义现代化国家的蓝图分为近期、中期和远期三个阶段，从时间与空间、中国与世界的坐标系上，标注出了承前启后的历史方位、继往开来的前进方向。中国未来的外语教育政策要以这幅宏伟蓝图为目标，站在服务中华民族伟大复兴的高度上，构建前瞻性、引领性的外语教育政策。

总之，外语教育可以培养学生的跨文化交流能力，为学习其他学科知识、汲取世界文化精华、传播中华文化打下基础。同时，外语教育有利于学生树立人类命运共同体意识和多元文化意识，形成开放包容的态度，发展健康的审美情趣和良好的鉴赏能力，加深对中国文化的理解，增强爱国情怀。2018年9月，习近平总书记在全国教育大会上深刻地指出，中国要加强同世界各国的互容、互鉴、互通，加强教育服务国家外交的能力，通过教育交流合作，助推构建人类命运共同体。学习好、阐释好、贯彻好总书记的重要讲话精神，是全党全国全社会特别是教育领域的一项重大政治任务。在这种背景下，中国的外语教育必将大有可为。

---

[1]吴茜. 中国外语教育的文化使命[J]. 湖北大学学报（哲学社会科学版），2013（4）：125-128.

第四章
———

# 外语教育的重要举措

伴随改革开放以来中国经济与社会发展的高歌猛进，中国的外语教育也同样日益蓬勃壮大，成为教育实践领域和学术研究领域中的显学。历年来，我国出台了多形式外语教育发展政策，以出国留学开启外语教育需求之端，逐步发展到多语种教育并进的繁盛局面；构建起多层次、宽领域的外语教育制度格局，涵盖了高等教育外语专业、大学公共外语、中小学外语以及社会多元外语教育制度；逐步完善各级各类外语教育课程建设，以小学一年级或三年级为起点建立起直至大学各阶段的外语教育课程体系；打造出一支高素质、专业化的师资队伍，以专业师范培养为基础，以转岗兼职培训、社会师资力量以及外籍师资为补充，回应人民群众的多元外语教育需求；形成全方位外语教育资源供给布局，资源研发与产品供给日益丰富，教育资源与先进教育技术也在探索逐步融合；不断探索具备科学性与综合性的外语能力评价体系，内部考试体系严谨，外部考试日渐多元，各类活跃的外语竞赛也成为评价与选拔优秀外语人才的重要渠道。这些重要举措为我国成为外语教育大国做出了卓越贡献，并为进一步实现外语教育强国奠定了坚实基础。

# 一、出台多形式外语教育发展政策

改革开放40年来，中国的外语教育尤其是英语教育得以迅速发展，国家与地方教育政策、教育实践在各个时期鼓励和推动了多种形式的外语教育发展。1979年3月，教育部发出关于加强外语教育的通知，指出外语教育的整体布局要有长远规划和战略眼光，在加强英语教育的同时，也要关注法语、德语、日语、西班牙语和俄语等其他语种的教育。

## （一）出国留学生开启外语教育破冰之旅

从具体时间上看，中国外语教育在改革开放之后的破冰之旅是由国家资助的出国留学生开启的。1978年6月，邓小平同志一句"要成千成万地派，不是只派十个八个"的重要指示[1]，使我国留学事业进入新时代。同年12月，从全国各地甄选出的52名国家公派留学人员启程美国。邓小平同志作为改革开放总设计师，以过人的胆略与气魄推动出国留学事业的起步，点燃了无数中国学子海外求学的希望，更在日后的实践中逐步实现了中国与世界在科技与教育层面上的接轨，并在很大程度上促进了中国现代化的进程。伴随中国经济的持续稳定发展，中国的出国留学人数持续增长，从总体趋势上看，近十年中国学生出国留学的人数总体呈高速上升趋势（见图4-1）。如今，中国是全球第一大国际生源国。

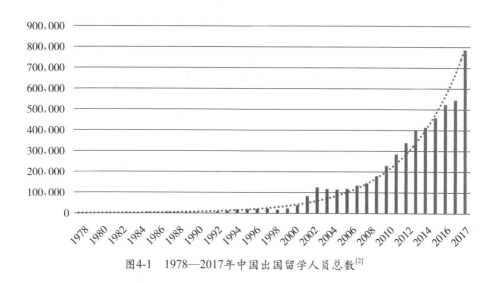

图4-1　1978—2017年中国出国留学人员总数[2]

　　从破冰到繁荣，改革开放后的出国留学事业推动了国内对于外语教育需求的不断扩展，推动了中外教育资源与各级各类投资在外语领域的汇聚，更通过留学生群体的回流充实了国内外语人才的储备。据《中国留学

---

[1]节选自1978年6月时任中共中央副主席的邓小平同志在听取清华大学工作汇报时的讲话。
[2]数据来源：教育部统计数据。

发展报告2017》披露的数据，2016年我国留学回国人员43.25万人，超过8成留学生学成后回国发展，较2015年增加了2.08万人，同比增长3.97%。[1] 大量海外人才归国，不仅带动了各外语语种教育的大发展，而且有力推动了新时代中国特色社会主义建设，成为民族复兴和科教兴国的中坚力量。截至2016年，在中共十八届中央委员和候补委员中，拥有留学背景的人员占11.3%，在国务院部委正副部长中，占17.6%。与此同时，中国学生出国留学目的也日趋多元化，留学目的国的选择范围也日益宽广（见表4-1），这在一定程度上为促进我国多语种外语教育的发展提供了助力。

表4-1　2016年中国留学生在世界主要留学目的国人数情况[2]

| 国家 | 该国留学生占世界国际学生比例 | 中国留学生在该国人数 | 中国留学生占该国国际学生比例 | 中国留学生人数在该国国际学生中的排名 |
|---|---|---|---|---|
| 美国 | 25% | 328,547 | 31.50% | 1 |
| 英国 | 12% | 94,995 | 19.1% | 1 |
| 法国 | 8% | 28,043 | 9.1% | 2 |
| 澳大利亚 | 7% | 97,984 | 27.3% | 1 |
| 俄罗斯 | 7% | 20,209 | 13.4% | 4 |
| 加拿大 | 6% | 83,990 | 31.8% | 1 |
| 德国 | 6% | 30,259 | 10.1% | 1 |
| 日本 | — | 74,921 | 41.6% | 1 |
| 韩国 | — | 66,672 | 62% | 1 |
| 新西兰 | — | 16,520 | 32.7% | 1 |

---

[1]王辉耀，苗绿. 中国留学发展报告2017[R]. 北京：社会科学文献出版社，2017：12-19.

[2]Institute of International Education. Project Atlas 2016 [EB/OL]. https://www.iie.org/Research-and-Insights/Project-Atlas/Explore-Data/2016-Project-Atlas-Infographics.

## （二）多语种外语教育政策推动外语教育全面发展

英语在国际上所具有的通用性地位使其成为我国外语教育领域的第一大语种。与此同时，从国家教育政策和外语教育战略、国际合作和国家文化安全的角度，我国还从宏观上科学规划了多语种外语教育。

中国外语教学研究会早在1981年成立之初，即设立了英语、俄语、法语、德语、日语、西班牙语和葡萄牙语等多语种分会，历年来在语种上不断扩充。在基础教育阶段，20世纪80年代末，教育部针对九年义务教育，制定了英语、日语和俄语三个语种的教学大纲。

在高等教育阶段，大学外语教学与国家的改革开放息息相关，改革开放推动了大学外语教学发展，大学外语教学发展又提高了大学生乃至整个社会的外语水平，促进了改革开放。特别是进入21世纪以后，为了顺应时代发展需求，大学英语、大学俄语、大学日语、大学法语、大学德语相继开展教学改革，制定新的课程教学要求，确定新的教学目标，采用新的教材、新的教学方法和现代教育技术，取得了令人瞩目的成就。国家鼓励有条件的高校特别是重点大学充分利用其外语教学资源，为学有余力的学生开设第二外语课程，将其列入文化素质课程体系，以提高大学生的外语素质。[1]

从非通用语人才的培养领域看，增加语种数量是提升我国国家语言能力的关键举措之一。为满足新形势下国家对语言人才的需求，尤其为满足"一带一路"建设带来的沟通需求，我国高校继续增设或复建"一带一路"沿线国家语种与专业。例如，至2018年，北京外国语大学已开设101种外国语言，基本实现对欧盟国家官方语言的全覆盖，预计到2020年基本实现"一带一路"沿线国家官方语种全覆盖。上海外国语大学、广东外语外贸大学、西安外国语大学等外语类院校以及多所综合类院校也纷纷增设各类非通用语种。

---

[1]王守仁. 总结经验，深化改革，开创大学外语教学新局面[J]. 外语界，2009（1）：5-8.

## 二、构建多层次、宽领域外语教育制度格局

### （一）形成高等教育外语专业教育体系

为顺应经济社会发展对外语人才的全方位需求，在不同的年代，教育部先后推出了《加强外语教育的几点意见》《关于外语专业面向21世纪本科教育改革的若干意见》《高等学校英语专业英语教学大纲》《外国语言文学类教学质量国家标准》等重要文件，管理和规范各校的复合型外语专业人才培养。高等教育外语专业教育体系既涵盖专门的外国语高等院校，也涵盖普通高校的外语院系。从高等教育体系中专门的外国语院校来看，目前我国主要有以下以专业性外语类教育为核心的高校（见表4–2）。

表4-2　2017年我国外语类高校 （排名不分先后）

| 公办大学 | 民办大学 | 独立学院 |
| --- | --- | --- |
| 北京外国语大学 | 吉林华侨外国语学院 | 四川外国语大学成都学院 |
| 外交学院 | 黑龙江外国语学院 | 四川外国语大学重庆南方翻译学院 |
| 北京语言大学 | 浙江越秀外国语学院 | 首都师范大学科德学院 |
| 上海外国语大学 | 福州外语外贸学院 | 北京第二外国语学院中瑞酒店管理学院 |
| 广东外语外贸大学 | 安徽外国语学院 | 天津外国语大学滨海外事学院 |
| 北京第二外国语学院 | 广西外国语学院 | |
| 天津外国语大学 | 河北外国语学院 | |
| 大连外国语大学 | | |
| 四川外国语大学 | | |
| 西安外国语大学 | | |
| 浙江外国语学院 | | |

普通高校中外语院系的设置也非常普遍。目前我国普通高校开设的英语专业点有900多个，日语专业点400多个，俄语专业点100多个，法语专业点80多个，西班牙语专业点50多个。近年来，英语专业一直是国内本科

院校开设最多的专业，共计903所本科院校开设了英语专业，占我国本科高校总数的77.4%。[1] 根据最新的统计数据，2016年英语专业在开设院校上仍位居第一。[2]

从专业的设置上看，1998年《普通高等学校本科专业目录》明确将"外国语言文学"划为文学门类下的一级学科，各外语专业为二级学科。与此同时，高等教育中的外语专业还具有层级性和多样性。就人才培养而言，外语专业包括本科、硕士、博士等不同层级。由于语种不同，部分非通用语种专业仍然停留在本科人才培养层次，每隔两年或者四年招一届学生。如梵语、豪萨语、巴利语、普什图语等，且只有1—2所普通高等院校开设本科专业。此外，由于院校性质、学科传统、地域特点等差异，外语专业的建设也具有多样性，所培养的人才亦可以分为高端外语类、复语类、复合型等不同类型。[3]

随着改革开放的深入以及社会经济的发展，教育主管部门、专业学术机构和各有关院校均在根据不断变化的社会需求逐步调整培养目标和人才规格，并逐步摆脱外语教育同质化，而各院校也在这一过程中基于专业主流创出专业特色。以英语为例，根据《普通高等学校本科专业目录》，目前共有七个专业与英语专业有关，它们是英语、英语语言文学、专门用途外语（科技）、专门用途外语（旅游）、专门用途外语（外贸）、专门用途外语（外事管理）和语言学。为加强高校外语专业本科为适应国家经济社会发展培养商务英语专业人才与翻译人才的需求，教育部2006年批准在部分高校试办商务英语本科专业和翻译本科专业；2012年商务英语专业和翻译专业被正式列入《普通高等学校本科专业目录》。目前有不少院校开设这两个专业方向以办出特色，开设的外国语语种也在增加。

---

[1]李菁莹. 中国青年报[N]，2013-09-15.

[2]王文斌，徐浩. 2016中国外语教育年度报告[M]. 北京：外语教学与研究出版社，2017：18.

[3]戴炜栋. 我国外语专业教育的定位、布局与发展[J]. 当代外语研究，2013（7）：1-12.

## （二）建立大学公共外语教育制度

高校开设大学公共外语课程，一方面是满足国家战略需求，为国家改革开放和经济社会发展服务，另一方面是满足学生专业学习、国际交流、继续深造、工作就业等方面的需要。大学公共外语课程对大学生未来发展具有现实意义和深远影响，学习外语有助于学生树立世界眼光、培养国际意识、提高人文素养，同时为知识创新、潜能发挥和全面发展提供支持，为迎接全球化时代的挑战和机遇做好准备。[1]

2007年，教育部高等教育司修订颁布了《大学英语课程教学要求》，在实施10年之后，2017年，在总结大学英语课程建设和教学改革经验的基础上，教育部委托制定了《大学英语教学指南》。两份文件在课程设置上的关联与变化如表4-3所示。[2]

表4-3　2007年《大学英语课程教学要求》与2017年《大学英语教学指南》内容对照

| 关联之处 | 均秉承"宏观设置""分类指导"和"因材施教"的思想 |
|---|---|
| | 均明确开设不同类型课程、选修/必修课型相结合的要求 |
| | 均指出提供良好学习环境、合理应用信息技术的要求 |
| 变化之处 | 《指南》以"总体框架""课程结构与内容""基于教学目标的课程设置"规约课程设置 |
| | 《指南》明确三大类课程的教学内容，并点明不同级别的三类课程的教学重点 |
| | 《指南》突出"大中衔接"概念，规定不同级别课程的学时数 |
| | 《指南》依据循序渐进和持续学习的语言学习规律，明确要求四年不断线开设英语课程 |

---

[1]大学英语教学指南（2017版）[EB/OL]. http://wgyxy.wnu.edu.cn/info/1042/1940.htm.

[2]周学恒，战菊. 从《要求》到《指南》：解读《大学英语教学指南》中的课程设置[J]. 中国外语，2016，13（1）：13-18.

《指南》根据我国现阶段基础教育、高等教育和社会发展的条件现状，将大学英语教学目标分为基础、提高、发展三个等级。《指南》进一步阐述，大学英语根据三级教学目标提出三个级别相应的教学要求（见表4-4）。

表4-4　三个级别教学要求的语言单项技能描述[1]

| 基础技能 | |
| --- | --- |
| 基础目标 | ①听力理解能力：能听懂就日常话题展开的简单英语交谈；能基本听懂语速较慢的音视频材料和题材熟悉的讲座，掌握中心大意，抓住要点；能听懂用英语讲授的相应级别的英语课程；能听懂与工作岗位相关的常用指令、产品或操作说明等。能运用基本的听力技巧。<br>②口头表达能力：能就日常话题用英语进行简短但多话轮的交谈；能对一般性事件和物体进行简单的叙述或描述；经准备后能就所熟悉的话题作简短发言；能就学习或与未来工作相关的主题进行简单的讨论。语言表达结构比较清楚，语音、语调、语法等基本符合交际规范。能运用基本的会话技巧。<br>③阅读理解能力：能基本读懂题材熟悉、语言难度中等的英语报刊文章和其他英语材料；能借助词典阅读英语教材和未来工作、生活中常见的应用文和简单的专业资料，掌握中心大意，理解主要事实和有关细节；能根据阅读目的的不同和阅读材料的难易，适当调整阅读速度和方法。能运用基本的阅读技巧。<br>④书面表达能力：能用英语描述个人经历、观感、情感和发生的事件等；能写常见的应用文；能就一般性话题或提纲以短文的形式展开简短的讨论、解释、说明等，语言结构基本完整，中心思想明确，用词较为恰当，语意连贯。能运用基本的写作技巧。<br>⑤翻译能力：能借助词典对题材熟悉、结构清晰、语言难度较低的文章进行英汉互译，译文基本准确，无重大的理解和语言表达错误。能有限地运用翻译技巧。 |

[1]大学英语教学指南（2017版）[EB/OL]. http://wgyxy.wnu.edu.cn/info/1042/1940.htm.

（续表）

| 基础技能 | |
|---|---|
| 提高目标 | ① 听力理解能力：能听懂一般日常英语谈话和公告；能基本听懂题材熟悉、篇幅较长、语速中等的英语广播、电视节目和其他音视频材料，掌握中心大意，抓住要点和相关细节；能基本听懂用英语讲授的专业课程或与未来工作岗位、工作任务、产品等相关的口头介绍。能较好地运用听力技巧。<br>② 口头表达能力：能用英语就一般性话题进行比较流利的会话；能较好地表达个人意见、情感、观点等；能陈述事实、理由和描述事件或物品等；能就熟悉的观点、概念、理论等进行阐述、解释、比较、总结等。语言组织结构清晰，语音、语调基本正确。能较好地运用口头表达与交流技巧。<br>③ 阅读理解能力：能基本读懂公开发表的英语报刊上一般性题材的文章；能阅读与所学专业相关的综述性文献或与未来工作相关的说明书、操作手册等材料，理解中心大意、关键信息、文章的篇章结构和隐含意义等。能较好地运用快速阅读技巧阅读篇幅较长、难度中等的材料。能较好地运用常用的阅读策略。<br>④ 书面表达能力：能用英语就一般性的主题表达个人观点；能撰写所学专业论文的英文摘要和英语小论文；能描述各种图表；能用英语对未来所从事工作或岗位职能、业务、产品等进行简要的书面介绍，语言表达内容完整，观点明确，条理清楚，语句通顺。能较好地运用常用的书面表达与交流技巧。<br>⑤ 翻译能力：能摘译题材熟悉，以及与所学专业或未来所从事工作岗位相关、语言难度一般的文献资料；能借助词典翻译体裁较为正式、题材熟悉的文章。理解正确，译文基本达意，语言表达清晰。能运用较常用的翻译技巧。 |
| 发展目标 | ① 听力理解能力：能听懂英语广播、电视节目和主题广泛、题材较为熟悉、语速正常的谈话，掌握中心大意，抓住要点和主要信息；能基本听懂用英语讲授的专业课程、英语讲座和与工作相关的演讲、会谈等。能恰当地运用听力技巧。<br>② 口头表达能力：能用英语较为流利、准确地就通用领域或专业领域里一些常见话题进行对话或讨论；能用简练的语言概括篇幅较长、有一定语言难度的文本或讲话；能在国际会议和专业交流中宣读论文并参加讨论；能参与商务谈判、产品宣传等活动。能恰当地运用口语表达和交流技巧。 |

（续表）

| 基础技能 | |
|---|---|
| 发展目标 | ③阅读理解能力：能读懂有一定难度的文章，理解主旨大意及细节；能比较顺利地阅读公开发表的英语报刊上的文章，以及与所学专业相关的英语文献和资料，较好地理解其中的逻辑结构和隐含意义等；能对不同阅读材料的内容进行综合分析，形成自己的理解和认识。能恰当地运用阅读技巧。<br><br>④书面表达能力：能以书面英语形式比较自如地表达个人的观点；能就广泛的社会、文化主题写出有一定思想深度的说明文和议论文，能就专业话题撰写简短报告或论文，思想表达清楚，内容丰富，文章结构清晰，逻辑性较强；能对从不同来源获得的信息进行归纳，写出大纲、总结或摘要，并重现其中的论述和理由；能以适当的格式和文体撰写商务信函、简讯、备忘录等。能恰当地运用写作技巧。<br><br>⑤翻译能力：能翻译较为正式的议论性或不同话题的口头或书面材料，能借助词典翻译有一定深度的介绍中外国情或文化的文字资料，译文内容准确，基本无错译、漏译，文字基本通顺达意，语言表达错误较少；能借助词典翻译所学专业或所从事职业的文献资料，对原文理解准确，译文语言通顺、结构清晰，基本满足专业研究和业务工作的需要。能恰当地运用翻译技巧。 |

　　除了上文介绍的本科及以上层次的外语教育以外，我国高等教育体系中的外语教育还包括高等职业院校外语教育。教育部成立了职业院校外语类专业教学指导委员会，对高职院校外语类专业教学工作进行研究、咨询、指导和服务，委员会下设7个分委员会，分别是：公共英语专业委员会、商务英语专业委员会、旅游英语专业委员会、英语教育专业委员会、应用英语专业委员会、日韩语专业委员会、"一带一路"有关国家语言专业委员会。受教育部委托，外语教指委负责起草职业院校外语类专业教学改革指导性文件，组织教师培训、科研立项、各种教师与学生教学大赛等活动，旨在不断推进职业院校外语教学改革，提高教学质量，为国家培养合格的、满足经济建设需要的技术技能型外语人才。

　　改革开放以来，我国高职外语教育经历了从主要依附普通高等教育，借鉴其外语教育理念、模式和方法，到逐步明确自己的教学定位、提出符合自身发展需要的高职外语教学要求、建立自己的专业教学标准的发展过程，探索出高职外语的教学模式与方法，明确了自身的发展愿景，从而确立了高职外语的身份与地位。[1]与此同时，高职外语教育也形成了有别于普通学科教育的独特育人理念，如职业外语教育要求实、踏实、扎实、落实，鼓励职业教育教师更有爱心、专心、匠心。

### （三）建立中小学外语教育制度

2001年1月，教育部印发《关于积极推进小学开设英语课程的指导意见》，决定从2001年秋季开始，全国城市和县城小学逐步开设英语课程，2002年秋季，乡镇所在地小学逐步开设英语课程；小学开设英语课程的起始年级一般为三年级。同时规定终结性评价可采用等级制或达标的方法记成绩，不用百分制，并且不要对学生的考试成绩排队并以此作为各种评比或选拔的依据，以激励学生的学习兴趣和积极性。

上述《指导意见》同时要求，在积极推进小学开设英语课程的工作中，要保护和支持日语和俄语等其他语种的外语教学，鼓励以其他语种作为主要外语课程的学校办出自己的特色，积极支持"双外语"等教学实验活动。

由此，小学三年级开始开设外语课成为各地小学的规定动作。鉴于全国各地情况不完全一样，部分经济水平或教育水平较为发达的地区，小学开设外语的时间可以提前。

2014年国务院颁布《关于深化考试招生制度改革的实施意见》，确立了外语学科作为高考主要科目的地位，并重申考试分值不变。2017年年底，国家教育部门发出关于印发《普通高中课程方案和语文等学科课程标准（2017年版）》的通知。按照高中新课程方案，高中外语学科所涵盖的语种数量由原来的3个（英语、日语、俄语）增加到6个（新增德语、法语、西班牙语）。此次重大变革不但给中国学生提供了更多接触外语与多元文

---

[1]刘黛琳，杨文明，徐小贞，等. 高职外语教育改革与发展的路向：从依附到屹立[J]. 中国职业技术教育，2015（14）：18-22.

化的机会，有助于国际化人才培养和多元文化理解与交流，促进核心素养落地，还将给基础外语教育多语种课程体系的开发和建设带来深远影响。高考外语科目（分为英语、日语、俄语、德语、法语、西班牙语）满分150分，按得分计入，通过外语在高考总分中所占的重要分量，确立了中学外语教育的重要性。在历年来国家政策的持续重点支持下，我国中学阶段的外语教育得到普遍开设。与此同时，各地还兴办了一批具有外国语特色的学校，它们多数由普通中学改造而成，办学质量迅速提高，并多成为当地的一流学校。各地外国语学校开创性地进行了外语教育教学实践，对推动我国中小学外语教育改革发挥了积极作用。

国际化人才培养高峰论坛暨生源基地校工作会议在北京举行

在以英语为主要语种的基础上，中学阶段发展了日语、俄语、德语、法语、西班牙语等多语种教育。从日语看，中国是世界范围内将日语作为外语学习的第一大国，中日邦交正常化后，为了增进中日友谊和实现中小学外语课程多样化，国家有选择地开展了中学日语教育。从俄语看，目前中学阶段有5万左右的学生学习俄语并以此作为外语科目参加高考。从德语看，到2015年，开设德语的中学（含一外、二外和兴趣班等多种形式）已达123个，学习德语的中学生人数上升至12,200人。目前约有150所中小学开设了德语课程。从法语看，中学法语教学起步相对较晚，开设的学校数量陆续有所增加，2016年在中国开设法语作为第一外语的中学有40所（其中12所是教育部的"法文课程班"试点项目学校），共计有130名法语教师，40名外教，约3,500名学生。全国有26所中学开设法语二外课程，共计5,000多名学生。从西班牙语看，21世纪初西班牙语课程开始在一些成熟的外国语学校零星出现，而最早开设西班牙语课程的中学基本处于沿海发达城市，推广进程较慢；2014年，全国开设西班牙语课程的普通中学增加到25所，其中有四分之一将西班牙语列为第一外语，其余学校多将西班牙语作为第二外语开设。从2014年至今，由于中国和拉美国家之间多层次的合作和拓展，尤其是2016年"中拉文化交流年"的成功举办，西班牙语课程在各地区的开设呈现出全新的增长态势。

进入21世纪，随着国内经济的稳定发展，对于教育的需求越来越呈现多元化的趋势。近年来因出国留学而选择不参加高考的学生比例日趋增加，与此相伴的是，公立高中国际班、国际部以及民办国际学校在大中城市逐渐增多。这类教育形态在相当程度上迎合了国内学生升入国外大学接受高等教育的需求，其选用的课程与教材也多与国际课程或海外教材接轨。从语言习得的角度看，这类教育形态对于一部分中国学生外语能力的提升起到了一定的积极影响。与此同时，国家与地方教育部门也在积极探索规范管理这类教育形态，实现高等教育多元化需求与本土教育安全并行不悖的发展途径。

## （四）开放社会多元外语教育

伴随我国经济社会对人才需求的升级，针对各类语言培训的非学历教育机构大量涌现，更催生了一个庞大而火爆的产业——语言教育培训产业。2004年4月，《中华人民共和国民办教育促进法实施条例》颁布实施，标志着我国从法律上确定了非学历教育的地位。国家开放社会外语教育制度，中外资本竞相进入此领域，为学历教育做了必要而充分的补充。除了语言教育培训产业，在基础教育阶段，尤其是高中阶段，如上文提及的国际班、国际部等面向海外升学途径的教育教学一再升温；而在高等教育阶段，则是中外合作办学的方兴未艾。截至2018年6月，中外合作办学机构和项目共有2,342个，其中本科以上机构和项目共1,090个。目前，中外合作办学机构中有独立法人地位的共有9所大学，如表4-5所示。

表4-5　2018年中外合作办学9所大学概况

| 大学名称 | 成立时间 | 所在地 | 合作方 |
|---|---|---|---|
| 宁波诺丁汉大学 | 2004年 | 宁波 | 浙江万里学院、英国诺丁汉大学 |
| 北京师范大学—香港浸会大学联合国际学院 | 2004年 | 珠海 | 珠海市政府、北京师范大学、香港浸会大学 |
| 西交利物浦大学 | 2004年 | 苏州 | 西安交通大学、英国利物浦大学 |
| 昆山杜克大学 | 2010年 | 昆山 | 武汉大学、美国杜克大学、昆山市政府 |
| 上海纽约大学 | 2011年 | 上海 | 上海市教委、浦东新区、美国纽约大学、华东师范大学 |
| 温州肯恩大学 | 2011年 | 温州 | 温州市政府、温州大学、美国肯恩大学 |
| 香港中文大学（深圳） | 2012年 | 深圳 | 香港中文大学、深圳市政府、深圳大学 |
| 广东以色列理工学院 | 2015年 | 汕头 | 汕头大学、以色列理工学院、广东省政府、汕头市政府、李嘉诚基金会 |
| 深圳北理莫斯科大学 | 2015年 | 深圳 | 深圳市政府、莫斯科国立罗蒙诺索夫大学（莫斯科大学）、北京理工大学 |

　　具体到社会性语言教育培训产业来看，面对当今个人职业生涯培训需求的不断增加，入职、升职、晋升岗位转换、再就业等已成为个人职业生涯中经常遇到的人生经历。而回应这一社会重大需求的语言教育培训机构总体规模日益庞大，并且在相当一段时间内保持高速增长。整体上看，目前语言培训市场提供的培训主要有以下几类。[1]

　　外语考试类，目前主要包括托福、雅思、GRE等出国英语系列的课程，还有国内的语言考试系列，如研究生考试、大学外语四、六级考试、自考、高考、成人高考中与外语相关课程的考前集中培训等。

　　外语交际类，主要指日常口语、高级口语、出国外语等方面的培训。

　　少儿外语类，目前一、二线城市，甚至三线城市中大多数幼儿园都已经开始了外语类课程，少儿外语日益成为家长关注的重点，也成为商家逐利并大力经营的重心。

　　职业外语类，如商务英语（BEC）初级、中级、高级课程和考证培训等。

　　经过市场激烈竞争的大浪淘沙，目前国内已经有不少外语培训机构依靠品质经营获得了稳定的美誉度与可观的市场份额，并形成诸多消费者认可的品牌，如环球雅思、韦博教育、英孚教育、北外壹佳英语等。

## 三、完善各级各类外语教育课程建设

### （一）小学三年级为起点推进英语课程

　　2001年3月，教育部发布了《关于积极推进小学开设英语课程的指导意见》[2]，该文件决定从2001年9月起逐步以小学三年级为起点推进英语课程。由于这一政策的出台，社会对外语教师数量的需求明显增加，国民花费在外语教育上的总时间长度也随之延长。从实践的角度看，2001年小学

---

[1]李丹. 我国英语教育培训机构的现状调查研究[D]. 开封：河南大学，2014.
[2]教育部. 关于积极推进小学开设英语课程的指导意见[Z]. 2001.

英语课程在全国范围内的所有县市学校都已逐步开设，2002年小学英语课程在全国范围内所有村镇学校都已逐步开设。[1]

2001年教育部颁发的中小学课程标准，对于英语教学提出了提高学生英语综合能力的目标。综合能力包括学生的文化意识、价值观、学习策略、情感态度、语言知识、语言能力等。上述课程标准把语言能力划分为9个等级，第一级和第二级是小学生的语言能力标准，但需结合实际的教学情况而定。比如一些学校在小学三年级开始进行英语教学，那么四年级的学生就必须达到第一级的语言能力标准，六年级的学生要达到第二级。而部分地区晚于或早于三年级开设英语教学，那么语言能力标准就需要进行相应调整。

21世纪新课改对于小学英语教学有灵活性变更，其中小学英语课程被划分为三个管理层级，即国家课程、地方课程和校本课程。国家课程要求完成既定的英语教学课时、教学目标、教学评价等任务，地方课程由地方教育部门结合当地教学需求对小学英语课程进行安排，校本课程由学校自行增加教学内容。

## （二）中学外语课程指向核心素养

2012年，英语、俄语、日语的义务教育阶段课程标准出台，2014年德语、法语、西班牙语三个语种的义务教育阶段课程标准研制工作启动。过去的教学大纲对教学目标更多的是强调"双基"——基础知识和基础技能，而课程标准的目标从"双基"走向"三维目标"，即在知识与技能的基础上，增加了过程与方法、情感态度与价值观，"三维目标"的核心是"全面发展的人"。从教学大纲走向课程标准，是我国义务教育阶段多语种教学连续性升级的一个标志性体现。

2014年教育部正式印发《教育部关于全面深化课程改革 落实立德树人根本任务的意见》，启动了普通高中课程的修订工作。"核心素养"成为

[1]李仙妹. 小学英语课程与教学改革发展的回顾及反思[J]. 英语广场，2017（5）：155-156.

此次高中课程标准修订的关键词。2017年教育部发布了新版普通高中课程方案和14门课程标准，修订后的课程方案和课标于2018年秋季正式投入使用。新版课标增加了德语、法语和西班牙语三门科目；课程类别调整为必修课程、选择性必修课程和选修课程。其中选修课程学生可以自主选择修习，可以学而不考或者学而备考。高中英语科目的转变明显体现了"核心素养"理念，即以语言能力、文化品格、学习能力、思维品质这四大核心素养目标替换了先前的综合运用能力目标。在学习内容上，将改变脱离语境的知识学习，将知识学习与技能发展融入主题、语境、语篇和语用中，促进文化理解和思维品质的形成，引导学生学会学习，直指核心素养的培养。在学习方式上，将走向整合、关联、发展的课程，实现对语言的深度学习（即语言、文化、思维的融合）。

### （三）高校外语课程面向高端人才

我国高校有一个极大的外语学习群体，大学外语课程与教学涉及面广、影响大，主要面向高端人才。根据教育部《2017年全国教育事业发展统计公报》，全国各类高等教育在校生总规模达到3,779万人，无论本科生、硕士生还是博士生，都需要学习英语或者其他外语。大学外语教学是我国高等教育的重要组成部分。具体来看，大学外语课程主要分为大学公共外语课程与外语专业课程。

### 1. 公共外语课程设置

以英语为例，根据《大学英语教学指南》，大学公共英语课程主要可分为通用英语、专门用途英语和跨文化交际三个部分，由此形成相应的三大类课程。大学英语课程由必修课、限定选修课和任意选修课组成。

在教学安排上，大学英语起始阶段的通用英语课程若与高中英语选修课程相衔接，选择基础目标，需要144—216课时；对入学时英语基础较好、英语需求较高的学生，可选择提高目标，需要144课时。与基础目标和提高目标相关的通用英语课程为必修课，每周4课时；与发展目标相关的课程建议以限定选修课形式在大学二年级及以上阶段开设，每周不少于

2课时。为有效培养学生语言输出能力，各高校应控制口语和写作等课程班级规模，每班原则上不超过35人。

2017年公布的《大学英语教学指南》还要求，各高校大学英语课程设置要兼顾课堂教学与自主学习环节，建立与不同课程类型和不同需求级别相适应的教学模式，促进学生个性化学习策略的形成和学生自主学习能力的发展。各高校应将网络课程纳入课程设置，重视在线网络课程建设，把相关课程放到网络教学平台上，使课堂教学与基于网络的学习无缝对接，融为一体。

**2. 外语专业课程设置**

1998年，教育部高教司发布《关于外语专业面向21世纪本科教育改革的若干意见》，提出了培养"复合型人才"的外语专业教育目标。2000年，

大学英语专业教材《新交际英语》封面

教育部颁布《高等学校英语专业英语教学大纲》，对全国各类英语专业进行指导。其中将英语专业课程分为英语专业技能、英语专业知识和相关专业知识三种。

2018年1月，教育部正式发布的《普通高等学校本科专业类教学质量国家标准》（《新国标》）中，将外语类专业的培养目标确定为培养具有良好的综合素质、扎实的外语基本功和专业知识与能力，掌握相关专业知识，适应我国对外交流、国家和地方经济社会发展、各类涉外行业、外语教育与学术研究需要的各外语语种专业人才和复合型外语人才。针对基于培养目标的课程体系，上述新课标规定外语专业课程体系的总体框架应当包括通识教育课程、专业核心课程、培养方向课程、实践教学环节和毕业论文五个部分。课程设置应处理好通识教育与专业教育、语言技能训练与专业知识教学、必修课程与选修课程、外语专业课程与相关专业课程、课程教学与实践教学的关系，突出能力培养与专业知识构建，特别应突出跨文化能力、思辨能力和创新能力培养，并根据经济社会发展需要建立动态课程调整机制。

## 四、打造高素质专业化师资队伍

教育大计，教师为本。教师的素质、水平和能力是影响教学质量的关键因素。据不完全统计，全国共有150万名外语教师，其中中小学外语教师130万名，高校外语教师20万名。我国要实现从教育大国到教育强国的历史性跨越，必然会涉及建设外语教育强国的内容，这是时代赋予广大外语教师的光荣使命。相比广义上的师范教育，外语师范教育起始于中华人民共和国成立，历史悠久。但是由于政治原因，到1953年，全国只有华东师范大学保留了唯一的英语师范专业，培养基础英语教师。1957年以后这种局面得到了纠正，许多高等师范院校开始恢复外语专业，为我国的基础教育界培养了大量的外语教师，建立起中国外语教师教育体系。

## （一）以专业师范培养为基础

### 1. 基础教育外语师资培养

改革开放以来，随着国家对基础教育的愈发重视，中国面向基础教育阶段的外语师资教育发展迅速。通过借鉴国外先进教育理念和国内自主创新，我国的基础教育外语师资培养体系形成了自身的特色和优势。2014年国务院颁布《关于深化考试招生制度改革的实施意见》，将基础教育阶段的外语教育列入改革行列。根据改革精神，未来的高考外语考试将不在统考时进行，而是实行社会化考试，一年多考。由此可见，中国教育专家与教育实践者开始理性审视中国的外语教育，积极反思外语教学，包括外语师资教育的发展。基础教育阶段的外语教师需要紧跟改革步伐，提升自身的专业与职业素养，调整自身的教学方法与策略，探索新的教学模式。

为推动教育综合改革，全面提升教师培养质量，教育部于2014年发布了《教育部关于实施卓越教师培养计划的意见》，要求深化教师培养模式

"国培计划"（2015）——示范性教师工作坊高端研修项目在北京举行

改革，建立协同培养新机制。该文件的发布为基础教育阶段外语教师整体素质的提高、外语教师培训机制的改革与创新、培训质量的提高及基础外语教师教育体系的完善，提供了极为有利的制度支撑。与此同时，"国培计划"也同步为中小学外语教师教育提供坚实的政策与实践支撑。该计划是2010年教育部与财政部全面实施的全国最高水平和最大规模的中小学教师培训项目，全称为"中小学教师国家级培训计划"。"国培计划"包括"中小学教师示范性培训项目""中西部农村骨干教师培训项目"，后增设"幼儿教师国家级培训计划"，包括北京外国语大学在内的多所外语师资教育重点高校参与了三大项目中面向外语教师的培养培训，覆盖面广，成绩卓著。

此外，针对英语教育教学在基础教育阶段相对薄弱滞后的现状以及城市和农村地区教育资源发展不平衡的现象，北京外国语大学于2006年启动"歆语工程"。这是以中小学英语师资培训、支教帮扶和志愿者服务为主要内容的教育扶贫系列计划，从2006年至今，"歆语工程"已培训数千名基层外语教师，影响深远。

2016年"歆语工程"湖南省贫困地区中学英语骨干教师研修班

### 2. 高等教育外语师资培养

2016年8月，教育部印发《关于深化高校教师考核评价制度改革的指导意见》，明确提出了高校教师考核的若干方面，包括加强师德考核力度、突出教育教学业绩、完善科研评价导向、重视社会服务考核等。《指导意见》不单通过考核引领教师专业发展，亦对高校教师的职前培养提供了明晰的改革与调整方向。《指导意见》还强调高校要落实五年一个周期的教师全员培训，完善科研导向作用，鼓励青年教师参加在职培训，到国外高水平大学与科研院所等访学。2018年，《普通高等学校本科专业类教学质量国家标准》中的《外国语言文学类教学质量国家标准》明确了外语专业人才培养目标、培养规格、课程体系、教师队伍、质量管理等各方面要求。国标的全面实施将引发新一轮教学改革，在此背景下高校外语教师的良性发展显得愈发迫切和重要。

具体到大学公共外语教师的发展，2017年教育部制定的《大学英语教学指南》为普通高校公共外语教师的发展做了详细指导。《指南》认为，各高校要逐步实施大学英语教师准入制度，把好大学英语教师入口关，同时建立和完善培训体系，为教师提供定时定量的在职培训，支持教师开展国内外进修学习活动，切实提高教师专业水平和教学能力。要按照"造就一支师德高尚、业务精湛、结构合理、充满活力的高素质专业化教师队伍"的要求建设大学英语教师队伍，发扬"教学相长、教书育人"的优良教风，以"传帮带"的方式帮助青年教师成长，营造良好的院系教学文化。

具体到大学英语教师自身，《指南》认为，教师们必须主动适应高等教育发展的新形势，主动适应大学英语课程体系的新要求，主动适应信息化环境下大学英语教学发展的需要，不断提高自己的专业水平和教学能力，除掌握学科专业理论和知识外，还要具备课程建设的意识、选择教学内容的能力、调整教学方法和手段的能力、以学生为学习主体的意识、教学改革的意识和现代教育技术运用能力等。要确立终身学习、做学习型教师的理念，将更新教学观念、提升自身专业水平和素养、研究教学方法和提高教学绩效作为自身发展的主要内容，将不断学习和主动参与教学研究和教学改革作为自身发展的主要途径，在学院和同事的支持和激励下实现团队的共同发展和个人自我价值的实现。

与此同时，众多校内校外资源汇聚到高校外语师资培训领域，为不断提高教师队伍质量、提升教学与科研水平提供助力。各地教委、教育局的“高等教育师资培训中心”多有面向外语教师群体的专项培训。同时，教材出版机构，如外研社和外教社，多年来也一直举办高品质的高校外语师资培训。外研社构建的高校外语教师发展体系包括教师丛书、教师培训、“教学之星”大赛、科研课题等，围绕外语教师核心素养能力提升，实施有针对性与实效性的培养。其中，由北京外国语大学中国外语与教育研究中心和外研社自2006年起共同举办的“高等学校外语学科中青年骨干教师高级研修班”，十多年来培养了一支高素质、专业化、创新型教师队伍，同时为高校外语教师的教、学、测、评、研提供了多方位支持与服务。外教社等机构也通过举办此类活动，关注外语教师发展需求，聚焦外语教学科研问题，为提升全国各地高校外语教师的教学质量做出了贡献。

2018年全国高校英语教学研究与教学发展系列研修班

## （二）以转岗兼职培训为补充

外语师资的转岗与兼职情况在中小学阶段尤其突出。教育部从2001年秋季起，积极推进小学开设英语课程，并颁发了《关于积极推进小学开设英语课程的指导意见》。《意见》指出，"加强小学英语师资队伍建设，是提高小学英语教学质量的基本条件"。针对全国小学英语教师严重不足的情况，转岗培训工程应运而生，具有一定英语基础的在职小学教师培训合格后，可转岗从事英语教学或承担英语教学辅导工作。[1]

自2003年全国农村小学开设英语课程以来，数以万计的教师由教语文、数学、美术、音乐等科目转教英语，在农村小学几乎都是转岗教师承担了英语课程的教学工作。据教育部2006年年底对全国基础英语教育状况的调查统计，小学英语教师的缺口率为26.78%。培养更多的英语教师以及通过"转岗兼职"等教师发展规划来提高现有教师质量，是保证外语课程改革、实现课标要求的关键。

## （三）社会师资力量日益壮大

目前，外语教育领域的师资力量也分布在社会外语培训机构领域。这些机构按照培训主体来看，大致可以分为以下几类（见表4-6）。

表4-6　社会外语培训机构按培训主体分类及其特点

| 培训主体 | 主要培训内容和方向 |
| --- | --- |
| 民办外语培训机构 | 各种层次各种语言的培训 |
| 高校下属培训机构 | 偏重外语考试和能力辅导，如考研辅导、成人高考辅导、学历考试辅导、高层研修等 |
| 外语类出版社所属培训机构 | 各种层次各种语言的培训，包括外语师资培训等 |
| 科研院所下属培训机构 | 各种层次各种语言的培训 |
| 社会媒体外语培训机构 | 各层次外语论坛、电视沙龙等 |
| 出国培训机构 | 出国咨询管理、各种境外职业资格认证等 |

---

[1]教育部. 关于积极推进小学开设英语课程的指导意见[Z]. 2001.

  具体到外语教育师资力量在上述不同类型机构的分布情况，多有参差不齐。实力排名较为靠前的民办外语培训机构师资多分为中方教师和外方教师。中方教师一般有比较好的教育背景，在外语水平上多获权威证书，并且大多掌握比较有效的授课方式以及应试技巧。高校下属培训机构大多借助所在学校的外语师资力量开展教育教学。外语类出版社如外研社和外教社有针对外语教育者与受教育者的多元培训项目。外语类科研院所下属的培训机构借助自身学术专长推动了较为专门的外语培训以及外语科研的发展。社会媒体外语培训机构举办的外语类教育教学，则多借助外语教育界与外语文化界等知名人士参与。出国培训机构的外语教育目的性一般较强，多围绕出国留学申请等必需的外语成绩证书展开教育培训，师资上一般包括留学领域内有申请经验、有外语能力的人员。

  此外，上述社会师资力量也多与正式的学校外语教育有交叉和流动。在师资培训方面，外语社会培训机构与各类民办教育早已意识到优质师资力量的重要性。近年来，我国民办英语教育呈现出教程、教法、师资国际化的显著特征，为公立学校英语教育提供了有益补充，同时也对民办机构教师的专业化水平提出了更高要求。2014年，北京外国语大学民办培训教育外语教师培训基地正式成立。该基地集中外研社和中国民办教育协会培训教育专业委员会在英语教育专业、认证咨询方面的优势资源，引领民办英语教育师资的专业化发展。[1]

### （四）外籍师资回应多元教育需求

  随着中国经济社会的发展与外语教育需求的扩大，外籍教师队伍无论在高等院校还是中小学，甚至幼儿园阶段，均有长足的增长。在高等院校，从教学内容上来讲，高校聘任的外籍教师大体可分为两类，即语言外教和专业课外教。语言外教主要集中在教授英语口语和写作方向，大部

---

[1]外研社携手中培委为民办英语教师提供培训及专业认证[EB/OL]. http://edu.qq.com/a/20140901/014299.htm.

分来自英语为母语的国家；专业课外教来自世界各国，主要负责各学院专业课程的教授及科研工作等，他们一般具有博士学位，对于相关专业或者领域有深入的研究。在中小学，外籍教师也日渐成为师资力量的重要组成部分，尤其在沿海等经济发达地区，中小学外籍教师的聘任已经成为常见现象。

从对外籍教师服务与管理制度的角度看，"探索完善外籍教师服务与管理制度"被列入2015年教育部工作要点。2017年，国家外国专家局、人力资源和社会保障部、外交部和公安部发布了全面实施外国人来华工作许可制度的通知。新的外国人来华工作许可制度将来华外籍人员分为A类外国高端人才、B类外国专业人才和C类外国其他人员。高校在外籍教师的聘请上相对来讲更适用上述通知及相关的管理办法，高校的外籍教师主要为A类外国高端人才和B类外国专业人才。但具体到中小学外籍教师的聘请，目前尚未有较为统一的认证标准与管理制度。关于这一点，各地以及部分学校在外籍教师师资的管理上有一些前瞻性的探索，值得借鉴。如2015年北京市发布了《北京市外籍教师参与中小学英语教学改革项目管理办法（试行）》，从正面借鉴的角度，鼓励外籍教师队伍发挥作用，不断扩大优质教育资源覆盖面，切实改进中小学英语教学，积极回应社会和家长的需求。

## 五、形成全方位外语教育资源供给布局

全方位的外语教育资源供给布局，从流程上看是资源研发、产品出版、传播推广的"一条龙"流程；从形式上看，则有正式学校教学、社会培训，以及有财政资源支持的教育渠道如教育电视台、电视大学、老年大学等。

### （一）资源研发成绩显著

20世纪70年代中期，《广播英语教程》问世。此时大学英语专业能够选用的教材非常有限，只有许国璋先生主编的《英语》和徐燕谋先生主编的《英语》等几套教材，辅助教材只有《新概念英语》和《基础英语》等。

《新概念英语》教材封面

改革开放40年来，我国的外语教材规划、建设和管理成绩显著。教育部设立了教材局，负责拟订全国教材建设规划、组织专家研制课程设置方案和课程标准、制定完善教材建设基本制度规范、指导管理教材建设。从20世纪90年代开始，外语教材出版开始出现繁荣景象，一大批优秀外语教材脱颖而出。

其中，外研社、外教社、人教社、高教社等出版机构，在我国外语教育教学资源的研发与供给领域起到了举足轻重的作用。以外研社为例，该出版社是一家涵盖全学段外语出版、汉语出版、科学出版、少儿出版等领域的综合性教育出版机构，依托根植于教学与研究的学术优势，推广先进的教育服务理念，致力全民终身教育。该社每年出版万余种图书期刊，其中很多产品获得国际和国内优秀图书奖,许多图书已成为广大读者心目中的经典品牌。外研社出版的大中小学外语教材对学校的外语教学改革与创新起到了积极的推动作用。

### (二)产品供给日益丰富

从外语教育教学资源的供给上看,改革开放40年来这一领域发展蓬勃,优品精品不断,呈现百家争鸣的气象。以教育部颁布的"十二五"普通高等教育本科国家级规划教材书目为例,近3,000种教材被列入书目,其中外语教材就有111种,共计721册,由此可见过去40年外语教材出版的繁荣程度。这些国家级规划教材质量较好,有的还被评为国家级教学成果奖和优秀教材奖。小学英语教材目前也呈现多样化的局面,有人教版、外研版、北师大版、苏教版、湘教版、译林版等。各个省使用的教材版本也不尽相同,不少省份采用本省出版的教材,有些省份同时采用多种教材,比如陕西省使用的小学英语教材就包括人教版、外研版、陕西旅游版、河北教育版等几个版本。

除了国内自行研发与出版的外语教材外,改革开放40年来也有众多境外优秀的外语教材被介绍和引进到国内,《新概念英语》就是其中有深远影响的图书之一。《新概念英语》是1997年由外研社和培生教育出版中国有限公司联合出版的一套英语教材,该教材因其全新的教学理念、有趣的课文内容和全面的技能训练,深受广大英语学习者的欢迎和喜爱。《新概念英语》历经数次重印,每年有数百万学习者将它作为英语学习的首选教材。

在纸质教材之外,外语教育资源的产品供给还包括由财政资源支持的外语教育渠道,如教育电视台、广播电台、电视大学、老年大学等机构和组织提供的外语学习课程。中国国际广播公司推出的英语资讯广播品牌CRI NEWS Plus Radio,因为整合了英语新闻、英语用法热点、中外联动等栏目,已成为国内英语学习爱好者学习英语的重要平台。随着中国老龄人口的增多,自20世纪80年代老年大学在中国许多地方兴起,学习外语越来越成为许多老年人上老年大学后的流行选择。

此外，出版社等机构每年还在全国各地举办教师培训等各类活动。例如，外研社每年举办全国中小学与高校外语教师研修班，承办了数届中国英语教学国际研讨会、全国基础外语教育论坛、第十六届世界应用语言学大会（AILA 2011）等学术会议。其所举办的各类公益赛事为中国学子提供了展示风采的成长舞台，积极推动了文化交流和国际化人才培养，也成为外语教育教学资源供给的一大渠道。

## （三）资源与技术逐步融合

过去的40年，是外语教学与新技术逐步融合的过程。20世纪70年代初，人们多通过半导体收音机练习外语听读。20世纪80年代，便捷式单喇叭录音机风靡一时，后来又出现了集播放、录音、收音功能于一身的随身听，在那个年代，录音机和卡式磁带成了外语学习的好帮手。进入数码时代后，人们对MP3和MP4播放器情有独钟。语言实验室也从无到有，从单向语音传输型到双向语音传输型，从听说对比型再到视听型，不断升级。20世纪90年代另一重要发明就是微软公司的演示文稿软件（PPT）。外语教师是最先使用该软件在投影仪或者计算机上演示教学内容的那批人之一。

以现代信息技术为支撑，实施远程开放教育的电视大学也应运而生，专门为外语学习设计制作的课件、软件、系统和平台大量涌现。一些与教材配套或独立使用的线上课程平台发挥日益重要的作用。2012年是慕课元年，2013年下半年进入了后慕课时代，各种慕课相继出现，如小型在线课程（SPOC）、深度学习慕课（DLMOOC）、移动慕课（MobiMOOC）等。学习方式由慕课的完全自主学习向混合学习、翻转课堂、协作学习和探究式学习转变。北京外国语大学于2017年12月联合全国多所外语院校及具备外语优势学科的各类院校组建了中国高校外语慕课联盟（China MOOCs for Foreign Studies，简称"CMFS"）[1] 该联盟的成立标志着中国高等外语教育信息化发展进入深化应用、融合创新的新阶段。各高校将通过线上平台

---

[1]中国高校外语慕课平台. 中国高校外语慕课联盟在京成立[EB/OL]. http://moocs.unipus.cn/union/article/3.

中国高校外语慕课联盟平台首页

　　共享教育资源，共建课程体系，推动教学创新，促进教育现代化在我国高等外语教育领域的深入发展。

　　信息通信技术的快速发展推动了外语教学的教学材料多媒化、教学资源全球化、教学个性化、学习自主化、任务合作化和学习环境虚拟化。许多外语教师开始尝试制作微课课件，进行泛在式教学。有学者把信息技术在外语教学中的应用分成四个阶段，即工具与技术的应用阶段、教学模式改变阶段、信息技术和教育过程深度融合阶段、学校形态与教育体制改变阶段，并判断所有外语教师都早已进入第一阶段，其中为数不少的外语教师已经开始第二阶段的探索和实践，而真正开始第三阶段实践的外语教师尚为数不多，正待迎头赶上。[1]

# 六、探索科学性综合性外语能力评价体系

## （一）内部考试体系严谨

### 1. 中高考科目

外语考试作为中考一项重要的计分科目，历来受到重视。2016年9月，教育部下发《关于进一步推进高中阶段学校考试招生制度改革的指导意见》，正式推进中考改革。根据该文件，初中毕业和高中招生考试合并为初中学业水平考试。其中，语文、数学、外语是基础学科，与体育共同纳入录取计分科目。学生还可以选择其他录取计分科目，但须文理兼顾。考试内容将注重考查学生分析问题和解决问题的能力，增强学生创新精神和能力素质。在成绩表达上，鼓励有条件的地区实行"等级"呈现。

北京于2018年开始实施的新中考方案充分体现了上述指导意见的主要思想。根据新方案，中考科目分为包括外语在内的9门课程，总分580分。其中，语数英为必考科目，每科试卷总分值为100分。外语科目中60分为卷面考试成绩，40分为听力和口语成绩，学生有两次考试机会。在其他非必考科目中，学生可选择9种不同的科目组合，加上不同科目的分数折算，考生将有54种得分方式选择。

1978年高考外语只作为参考分，此后，外语总分的比例计入高考成绩的比重逐年增加，直到1983年增至100%。这一变动标志着外语在中小学教育体系中的地位逐步提升。2013年11月，党的十八届三中全会发表《中共中央关于全面深化改革若干重大问题的决定》，指出为了"从根本上解决

---

[1]叶兴国. 回眸40年：外语教育的规模、教材、目标、技术和质量[J]. 当代外语研究，2018（4）：4-7.

一考定终身的弊端",外语等学科将开展一年多考的社会化考试改革。[1] 根据2014年公布的《关于深化考试招生制度改革的实施意见》的要求,高考改革将坚持"统筹规划、试点先行、分步实施、有序推进"的原则,这预示着我国外语教育政策将要经历第三次重大调整。表面上看,这次变化聚焦在考试形式的两个方面:一年多考和社会化考试,但毋庸置疑,高考改革必将对中小学外语教学带来重大影响。

目前,外语在各地高考中作为语数外三大必考科目之一,普遍占据着150分的重要份额。2014年,国务院印发《关于深化考试招生制度改革的实施意见》,标志着新一轮考试招生制度改革全面启动。该《实施意见》要求,2014年启动考试招生制度改革试点,2017年全面推进,到2020年,基本建立中国特色现代教育考试招生制度,形成分类考试、综合评价、多元录取的考试招生模式,健全促进公平、科学选才、监督有力的体制机制,构建衔接沟通各级各类教育、认可多种学习成果的终身学习"立交桥"。

纵观各地的高考改革方案,方向大体一致,包括:实行"3+3"模式(即语文、数学、外语3个科目+高中学业水平考试3个科目)、不分文理、外语等科目提供两次考试机会、探索综合评价录取、减少高考加分项、合并减少招生录取批次等。针对外语考试,各地陆续出台新政。2017年,北京开始将高考英语听力与统考笔试分离,采用计算机化考试,一年两考,分值30分。从2021年开始,增加口语考试,口语加听力共50分,英语科目总分值不变。浙江省率先于2016年10月举行了外语科目"一年两考"的第一次考试。河南省将外语听力成绩作为单列成绩,在平行志愿投档中考生总分相同的情况下,高校将按照考生的语文、数学和外语听力成绩进行排序提档。

**2. 大学英语四、六级考试**

大学英语四、六级考试是教育部主管的一项全国性的教学考试,其目的是对大学生的实际英语能力进行客观、准确的测量,为大学英语教学提

---

[1]中共中央. 中共中央关于全面深化改革若干重大问题的决定[Z]. 2013.

供服务。该考试安排在每年6月和12月举行，考生群体包括研究生、本科生和专科生，其中本科生为考生主体。从参与考试的人数规模来看，以2016整个年度为例，参加四级考试的本科生人数为813万左右，参加六级考试的本科生人数为502万左右（见表4-7）。

表4-7　2016年度大学英语四、六级考试概况 （本科生）[1]

| 年次 | 级别 | 人数 | 听力 | 阅读 | 翻译和写作 | 总分 |
|------|------|------|------|------|-----------|------|
| 2016年6月 | 四级 | 3,791,866 | 137 | 130 | 125 | 392 |
| | 六级 | 2,554,926 | 125 | 149 | 110 | 384 |
| 2016年12月 | 四级 | 4,343,296 | 133 | 137 | 126 | 396 |
| | 六级 | 2,464,810 | 126 | 143 | 110 | 379 |

### 3. 全国英语专业四、 八级考试

全国英语专业四级考试和全国英语专业八级考试是英语专业在本科阶段需参加的两项重要考试。英语专业四级考试的考察对象为经教育部备案或批准的高等院校中英语专业二年级本科生，或高等院校中修完英语专业基础阶段教学大纲规定课程的二、三年制最后一学年的大专生。英语专业八级考试以笔试形式考核，口试另外考核，名称为英语专业八级口语与口译考试。考试时间是每年3月上旬，对象是英语及相关专业本科大四学生。英语专业八级被许多人看作是国内英语考核最高等级证书。

### （二）外部考试日渐多元

除了面向正规大中小学教育的内部考试以外，我国与外语教育相关的考试体系还有各类职称外语考试和面向出国留学等的外语考试，以及近年逐步发展出的多元外语测评体系，此处统称为"外部考试"。

---

[1]王文斌，徐浩. 2016中国外语教育年度报告[M]. 北京：外语教学与研究出版社，2017：13-14.

### 1. 职称外语考试

职称外语考试，即职称外语等级考试，全名是全国专业技术人员职称外语等级考试，是根据评审条件应达到外语水平的要求，通过笔试的形式对专业技术人员外语掌握基本情况进行检验，考试成绩是衡量专业技术人员水平的组成部分。在中央批准的各专业技术职务试行条例中，对不同系列、不同职务层次专业技术人员的外语能力都做出了规定。凡依据相应专业技术职务条例受聘担任相应专业技术职务的人员，均应按照《关于专业技术人员职称外语等级统一考试的通知》规定的范围，报名参加相应语种和级别的外语水平测试。人事部组织的全国统一标准的职称外语考试采取统一大纲、闭卷笔试的形式进行。考试设英语、日语、俄语、德语、法语和西班牙语六个语种，每个语种分为A、B、C三个等级。其中，英语划分为综合、理工、卫生三个专业类别。其他语种不分专业类别。考试主要测试专业技术人员阅读理解外文专业基础文献的能力。报考人员可根据自己所从事的专业工作，任选一个语种及有关类别参加考试。

### 2. 出国留学考试

面向出国留学的外语考试大致分两类，一类是我国自行组织举办的语言考试，其成绩主要用于选拔国家公派出国留学人员，一类是由留学目的国组织的语言考试。

全国外语水平考试（WSK）是教育部举办的外语水平考试，是为鉴定非外语专业人员的外语水平而设立的，其成绩主要用于选拔公费出国留学人员，也用于评定专业技术职称、聘用外语人才或其他用途，最初只有英语水平考试，专门用来鉴定赴英语国家留学人员的英语水平。随着我国对外交流的扩大，考试的语种逐渐增至英语、法语、德语、日语和俄语五个语种。此项考试由教育部考试中心组织实施。

当前，中国人为准备出国留学可能参加的常见外语相关考试有托福、雅思、GRE、GMAT、SAT/SSAT、ACT等（主要面向英语国家，见表4-8），以及面向其他语种国家的语言考试，如面向法语国家的法语水平考试、面向德国的德福考试和德国高校入学考试、面向日本的日本语能力测试，等等。上述部分考试也会作为外国企业招聘海外员工的参考条件之一。

表4-8　常见面向出国留学的与外语相关的考试　（主要面向英语国家）

| 托福（TOEFL） | 由美国教育考试服务中心主办，以美国为主的大部分国家所承认的语言考试，是申请出国留学必备的语言成绩证明。托福考试分为阅读、听力、口语、写作四个部分。 |
|---|---|
| 雅思（IELTS） | 由剑桥大学考试委员会、英国文化协会以及澳大利亚教育国际开发署共同举办，是去英国等国家留学的语言证明。雅思考试共有四项，包括听力、阅读、写作、口语，每个单项测试成绩是以1-9分计算的，然后用四项平均分作为雅思成绩，有的学校也对单项分数有要求。 |
| GRE | 美国研究生入学考试，以英语作答，适用于除法律及商业外的各专业，GRE考试成绩也是申请奖学金的重要标准。GRE考试有分析性写作、语文、数学。 |
| GMAT | 研究生管理科学入学考试，以英语作答，用作评估申请入学者是否适合于商业、经济和管理等专业的研究生阶段学习，以决定是否录取，主要测试学生的语言、数学能力、头脑反应、逻辑思维能力、解决实际问题能力。 |
| SAT/SSAT | 类似于中国的高考和中考，考试成绩并非必要条件，但有的学校会有相关要求，这就需要申请人注意查阅学校的入学条件。考试分为阅读、文法和数学三部分，作文选做。 |
| ACT | 为美国大学入学考试，以英语作答，是美国大学本科的入学条件之一，也是申请奖学金的重要依据之一。考试分为四部分：文章改错、数学、阅读和学科推理，作文选做。 |

### 3. 多元外语测评体系

为了改变现有考试不全面、不系统、不衔接的局面，建立具有中国特色、国际水准、功能多元的外语能力测评标准和考试体系，更好地服务于科学选才，服务于外语教育教学发展，促进学生外语综合能力的提升，近年来我国在外语评价领域还有两个实现"量同衡"的举措：研制《中国英语能力等级量表》与"国家英语能力等级考试"。此外，北京外国语大学研发的国际人才英语考试也体现了建构多元外语测评体系的努力。

2018年6月，面向我国英语学习者的首个英语能力测评标准《中国英语能力等级量表》由教育部、国家语言文字工作委员会发布并正式实施。《量表》依据我国英语学习者能力的实证数据，同时充分考虑各学段的需求，将学习者的英语能力从低到高划分为基础、提高和熟练三个阶段，共设九个等级，为中国英语学习者构建起多层级能力指标体系，对各等级的能力特征进行了全面、清晰、翔实的描述。这是第一个覆盖我国各阶段英语教学、学习和测评的能力标准，有利于解决我国各项英语考试标准各异、教学与测试目标分离、各阶段教学目标不连贯等问题，实现英语教学"一条龙"和多语种学习成果的沟通互认。除对听、说、读、写、译等技能进行描述外，《量表》还建构了"语用能力"量表，目的是促进我国英语教学对学生实际语言运用能力、文化意识和跨文化交际能力的培养。与此同时，"国家英语能力等级考试"也在研制过程中。

2016年9月，北京外国语大学中国外语测评中心根据时代发展的趋势，推出国际人才英语考试（ETIC, English Test for International Communication）。该考试体系包括"国才初级""国才中级""国才高级""国才高端"和"国才高翻"五大类别，服务于各级各类、各行各业的人才培养与选拔。考试以沟通为理念，旨在考查学生毕业后在职场以协商合作能力、跨文化理解与表达能力，以及思辨能力为代表的综合素质，为国家和企业选拔英语沟通人才提供客观的评价标准。2016年11月，"国才考试"完成全国首考，并于2017年进入常态，每年考试两次，分别于5月和11月举行。[1]

---

[1]中国外语测评中心. 英语人才选拔树立新标准，高校英语教学开启新时代——中国外语测评中心"国际人才英语考试"开考正式启动[EB/OL]. http://etic.claonline.cn/2016/news/440272.shtml.

### （三）外语竞赛开展活跃

除各级各类外语考试以外，从全国到地方的各类外语竞赛也成为我国外语教育评价体系中的重要一环，相关表彰与奖励为众多外语学习者、外语爱好者带来巨大的鼓励与动力，也由此选拔出众多颇具外语禀赋的人才。当前，较为知名的、影响力较大的全国性英语竞赛有全国大学生英语竞赛、"希望之星"英语风采大赛、"21世纪杯"全国英语演讲比赛、韩素音国际翻译大赛、全国口译大赛，以及由外研社组织的一系列英语赛事，包括"外研社杯"全国英语演讲/写作/阅读大赛、"外研社杯"全国大学生英语辩论赛、"外研社杯"全国高职高专英语写作大赛、外研社"教学之星"大赛，等等。其中"外研社杯"全国英语演讲大赛于2002年创办，在国内外广受关注，已成为全国参赛人数最多、规模最大、水平最高的英语演讲赛事。

在其他语种方面，全国性的竞赛还有中华全国日语演讲大赛、全国高校俄语大赛、全国大学生德语风采大赛、全国高校法语演讲比赛，等等。2017年，云南昆明市举办了2017"一带一路"大学生外语风采大赛，众多学习"一带一路"沿线国家非通用语种的选手一起亮相大赛。

伴随着中国的发展融入全球化的进程，中国外语教育事业同步迅速发展，并以外语教育在政策、制度、课程、师资、资源、评价等领域的全方位繁荣，见证着我国公民外语素质的提高与国家整体竞争力的提升。本章通过对改革开放40年以来外语教育重要举措的全景展现，记录了政府、社会、学校与市场等多方力量为外语教育事业的稳健进步所做出的贡献，也为中国如何从外语大国进一步提升为外语强国梳理了部分历史经验。随着我国综合国力的日益增强，特别是"一带一路""中国文化走出去""参与全球治理"等国家倡议和战略的实施，外语教育的重要性愈发凸显。与此同时，世界政治经济格局也正经历着深刻变化，外语在维护国家战略利益方面发挥着越来越不可替代的作用。未来，中国外语教育在现有的基础上，还应统筹规划、合理布局、突出重点、制定标准，进一步将外语教育发展举措上升到国家战略层面进行顶层设计，推动成熟的外语教育及外语教育政策成为我们国家整体战略的重要组成部分。

## 第五章

# 外语教育的巨大成就

改革开放40年来，我国外语教育取得巨大成就。目前，我国已经形成了世界最大的外语学习群体。外语课程在基础教育阶段基本普及，小学三年级起必修外语，中学外语教学语种不断拓展。高校公共外语教学规模不断扩大，全面覆盖，大中小学在校生外语学习人数近2亿人。

我国也建立起了一套行之有效的外语教育评价制度，各级各类外语考试制度不断完善。中高考外语科目考试逐渐由知识导向的评价转向语言运用能力的评价；大学英语公共等级考试历经多次改革，为高校提升英语教学质量和人事部门选人用人提供重要参考。专业技术人员职称外语考试与时俱进，为促进在职专业技术人员外语水平的提升起到了积极作用。各类社会化外语考试如雨后春笋般蓬勃发展，为学生外语能力提升、在职人员继续教育以及各类出国人员语言能力准备起到了积极的促进作用。

同时，我国也建立起一个较为完备的多语种多层次的外语专业人才培养体系。外国语学校创新发展，形成品牌。外国语特色高等院校也不断发展，外语专业人才培养目标从单一的外语语言技能培养逐渐转向具有外语专业技能的复合型人才培养。高校外语专业语种完备，人才培养规模稳步扩张，特别是非通用语种人才培养规模不断扩张。当前，我国本科外语专业在校生人数超过80万，每年授予外国语言文学博士学位近500人，外国语言文学硕士学位近万人，翻译硕士学位超过7,000人。外国语言文学学科建设成果卓著，全国已有34所高校获批外国语言文学一级学科博士点，重点学科建设稳步推进，人才培养和研究质量不断提升。

# 一、形成世界最大规模的外语学习群体

## （一）中小学外语教学基本普及

改革开放40年来，我国中小学外语教育经历了不断前提、逐步扩展，由选修到必修，由城市到乡镇，由重点学校到普通学校，最终到全面展开的发展历程，外语教学规模不断扩大，基本实现基础教育阶段全普及。

改革开放之初，加强中小学外语教育被提上议事日程。1978年，教育部颁发《全日制十年制中小学教学计划试行草案》，规定有条件的学校从小学三年级起开设外语课程；尚不具备条件的学校从初中一年级开始开设。1979年3月，教育部印发全国外语教育座谈会提出的《加强外语教育的几点意见》，该《意见》提出加强中小学外语教育，首先在重点中学和有条件的城市中学开设外语课程，城镇中学和农村中学可在条件具备后逐步开设，重点小学和有条件的大中城市小学也应逐步开设。1982年，教育部发布《关于加强中学外语教育的意见》，再次提出，"中学外语教育要结合本地实际情况，对城市和农村提出不同要求，全面规划，适当调整"，"中学语种设置以英语为主，俄语应占一定比例，适当开设日语"。1988年，国家教委颁布《九年义务教育全日制小学初中课程计划（试行）》，规定外语为小学选修课、初中必修课；但如缺少合格教师，可暂不开设。从这些政策文本的表述可以看出，中小学外语教育在改革开放之初就受到高度重视。但受限于师资条件，外语课程只能首先在有条件的大城市学校以及重点学校开设，且首先在中学开设。20世纪90年代，越来越多的小学开始开设外语课程，到1997年，小学英语学习人数已达数百万；但就全国而言，外语课程仍未在小学阶段普及。

在经历20世纪90年代的稳步发展后，中小学外语教学在21世纪进入普及阶段。2001年，教育部发布《关于积极推进小学开设英语课程的指导意见》，提出要"把小学开设英语课程作为21世纪初基础教育课程改革的重要内容"。自此，英语教育在我国小学逐步普及。当前，全国各省市小学开设英语课程的起始年级一般为三年级，部分地区从一年级开始开课，并且外语作为必修课程贯穿初中和普通高中的全学段。可以说，进入21世纪以来，外语教育在我国基础教育三年级以上全面普及，我国基础教育阶段的外语教学形成了覆盖全体学生的庞大教学规模。

20世纪90年代末到2010年，我国出生人口呈逐步下降趋势，所以自2004年以来，我国义务教育阶段在校生数逐步下降，中小学外语学习人数在总量上也有所下降，从约2亿人逐步下降至1.6亿人（见图5-1）。2017

年，我国小学三至六年级在学人数5,040万人，所以说，我国目前有超过
5,000万小学生在校接受外语教育（见表5-1）。

图5-1　2000—2016年我国基础教育阶段外语教学规模变化（单位：万人）[1]

表5-1　2017年我国小学外语教学规模（从三年级起计算）（单位：人）[2]

| 三年级 | 四年级 | 五年级 | 六年级 | 合计 |
|---|---|---|---|---|
| 1,799,979 | 16,418,717 | 16,519,451 | 15,662,497 | 50,400,644 |

## （二）中学外语教学语种不断拓展

中华人民共和国成立后，我国曾长期以俄语作为中学外语教学的主要
语种，部分学校开设英语。改革开放以来，中学外语教学的语种结构得到
调整，逐步形成了以英语为主，俄语、日语、德语、法语和西班牙语为辅
的多语种教学结构。

改革开放之初，我国中学外语教学对于过去重视俄语教学、忽视英语
和其他语种学习的情况进行了调整，将英语作为中学外语教学的主要语
种，少数有条件的地区和学校也开设日语。1997年，国家教委基础教育司
在北京召开中学外语教学座谈会，会议提出中学外语教学的语种设置要有

---

[1]数据来源：国家统计局网站。
[2]数据来源：教育部发展规划司《中国教育事业发展统计简况2017》。

战略眼光和长远打算，要定位于改革开放对于多种通用外语人才的迫切需求，中学阶段应以英语为主，兼设俄语和日语。一些有条件的学校在教学实践中也以选修课程、校本课程、兴趣活动等形式，进行多语种教学。2017年，我国最新版普通高中课程方案对外语规划语种进行了调整，在原有的英语、日语和俄语基础上，增加了德语、法语和西班牙语作为高中外语可选课程，为多语种人才培养奠定了基础。

具体而言，高中各外语语种学习规模也有不同的变化。例如，高中以俄语作为外语语种的学生人数在过去十年间呈现萎缩趋势。黑龙江省俄语学生一度占到全国俄语生的2/3。从2007年开始，参加高考的俄语考生呈直线下降趋势，由2007年约5,700人逐步减少到2016年的2,150人，规模缩小超过一半（如图5-2所示），2016年全省高考考生中仅有1%外语选考俄语。而同时日语、德语等语种的学习规模呈现扩大趋势。2016年全国有9,600人以日语作为外语科目参加高考，2017年增加到16,000多人，一年就增加了60%以上，日语考生主要集中在浙江、广东、湖北、贵州等地。[1] 而除了英语专业和一些中外合作办学项目外，高考以俄语、日语、法语和西

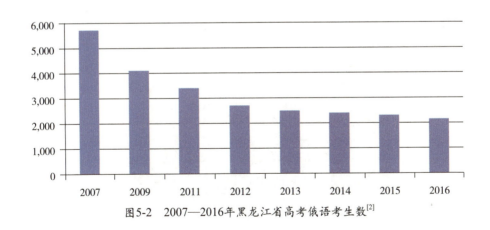

图5-2　2007—2016年黑龙江省高考俄语考生数[2]

---

[1]日语考生可报考超八成的专业[EB/OL]. http://news.ycwb.com/2018-07/02/content_30038939.htm.

[2]孙超，高伟，冯雅菲. 黑龙江省中学俄语教育现状及对策[J]. 黑龙江教育·理论与实践，2016（11）.

班牙语作为外语科目的考生可以报考高等院校的大部分专业，发展前景良好。中学阶段的英语之外的通用语种教学为学生拓展了高等教育和职业发展的机会，受到家长、学校和社会的欢迎和肯定。

### （三）高校公共外语教学实现全覆盖

自1985年开始，教育部先后三次颁布大学英语教学大纲，英语实际上成为大学的必修课和基础课。[1] 2004年颁布的《大学英语课程教学要求（试行）》更是明确规定"大学英语课程是大学生一门必修的基础课程"，进一

《新编大学英语》封面

---

[1]李旭. 试析我国高校大学英语课必修的原因——兼评"过度"英语教育的影响[J]. 管理观察，2015（8）：102-104.

步明确了英语作为大学必修课的地位。2017年版的《大学英语教学指南》指出："大学外语教育是我国高等教育的重要组成部分……大学英语作为大学外语教育的最主要内容，是大多数非英语专业学生在本科阶段必修的公共基础课程，在人才培养方面具有不可替代的重要作用。"可以说，英语长期以来都是我国在校大学生的公共必修课程，也是我国高校教学规模最大的课程之一。

1997年以来，我国高等教育规模急剧扩张，本专科在校生数从1997年的317万人增加到2016年的2,696万人，20年间规模扩大了7.5倍（见图5-3）。研究生（包括硕士和博士）在校生从17.6万人增加至198万人，20年中规模增加10倍。外语课是高等教育各层次学历教育的必修课程，因而外语教学基本覆盖高校全体在校学生。也就是说，目前我国高等教育阶段有3,000多万名学生学习外语，加之基础教育阶段的外语学习人数，我国学校教育体系中外语教育规模接近2亿人，可以说是世界最大的外语学习群体。

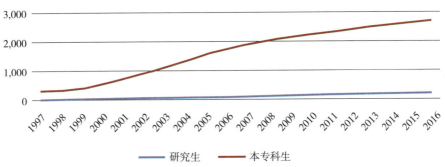

图5-3　1997—2016年我国高校在校生规模变化[1]（单位：万人）

---

[1]数据来源：国家统计局网站。

## 二、建立一套行之有效的外语教育评价制度

### （一）中高考外语考试制度改革完善

1978年，教育部发布《关于1978年高等学校和中等专业学校招生工作的意见》，规定外语为高考考试科目，这标志着外语伴随着高考制度的恢复成为高等教育人才选拔的重要参考标准。1980年，教育部发布《关于1980年高等学校招生工作的意见》，规定逐年提高外语在高考成绩中的记分比例。自1983年开始，外语成绩100%计入高考总分。此后，外语成为高考的核心科目，极大地促进了高中外语教学的发展。高考外语的考试方式、评价标准也影响着基础教育外语教学的改革发展。在40年的发展历程中，中高考外语考试经过数次改革，逐渐由知识导向的评价转向语言运用能力的评价，考核内容也开始以阅读理解和写作为主逐渐增加听力考试，部分省份还增加了口语考试，考核评价更加全面。

2014年，国务院印发《关于深化考试招生制度改革的实施意见》，改革高考科目设置，保持统一高考的语文、数学、外语科目不变，分值不变，但外语科目提供两次考试机会。2018年，北京等地开始实施新中考方案，北京市中考英语满分由120分变为100分，其中60分为笔试部分分值，40分为听力和口语考试分值，口语考试首次纳入中考英语考试内容，考生同样有两次考试机会。从各地中高考改革的最新动向来看，外语考试的能力评价导向愈加突出，且两次考试机会将使得中高考外语考试更真实客观地反映和评价学生外语掌握情况和语言运用能力。

### （二）大学公共外语等级考试发挥重要功能

大学英语等级考试是教育部主管的一项全国性英语能力等级考试，考试目的是参照《大学英语课程教学要求》设定的教学目标，对我国大学生英语综合运用能力进行科学测量，为大学英语教学提供参考，也为用人单位了解我国大学生英语水平提供参照依据。大学英语等级考试分为四级和六级，分别针对修完大学英语相应阶段课程的在校大学生。

大学英语四、六级考试自1987年开始实行以来，在考试形式、考试内容、考试实施和成绩报道等方面经历了历次重大改革，以适应大学英语教学和社会用人单位对于大学生外语能力要求的不断变化。例如，从2005年1月起，四、六级考试采用标准化计分方式，成绩满分为710分，由教育部高教司委托全国大学英语四、六级考试委员会给每位考生发放成绩单。从2013年12月考次起，全国大学英语四、六级考试委员会对四、六级考试的试卷结构和测试题型做局部调整，调整后的四级和六级的试卷结构和测试题型相同。2014年，六级口语考试用机考代替面试性口语考试。2015年新增大学英语四级口语考试，也采用机考。为了适应新形势下社会对大学生英语听力能力需求的变化、进一步提高听力测试的效度，全国大学英语四、六级考试委员会自2016年6月起对四、六级考试的听力试题又做了局部调整。

2014到2016年，我国每年都有近千万大学生报考大学英语四级考试，近600万学生报考大学英语六级考试（详见表5-2）。

表5-2 2014—2016年全国大学英语四、 六级报考人数[1]

| 年份 | 四级报考人数 | 六级报考人数 |
| --- | --- | --- |
| 2016 | 9,885,037 | 5,807,097 |
| 2015 | 9,622,458 | 5,792,161 |
| 2014 | 9,637,774 | 5,939,791 |

目前，大学英语四级考试包括四级笔试（College English Test Band 4，简称CET-4）和四级口试（CET-Spoken English Test Band 4，简称CET-SET 4）；六级考试包括六级笔试（College English Test Band，简称CET-6）和六级口试（CET—Spoken English Test Band 6，简称CET-SET 6）。笔

[1]王文斌，徐浩. 2014—2016中国外语教育年度报告[M]. 北京：外语教学与研究出版社，2015：24-25，2016：22-24，2017：13-14.

试和口试每年各举行两次。四、六级考试考核学生的英语综合运用能力，包括听力理解、阅读理解、写作、翻译和口头表达能力。四、六级笔试是"标准相关-常模参照"的标准化考试。笔试原始总分经过等值处理后参照总分常模转换成常模正态分，均值为500，标准差为70，报道总分在220分—710分之间正态分布。各部分报道分相加之和等于报道总分。成绩由听力、阅读、写作和翻译四个单项分以及总分构成。2014—2016年参加大学英语四、六级考试的本科生平均成绩如表5-3所示。

表5-3　2014—2016年大学英语四、 六级考试平均成绩 （本科生） [1]

| 考试时间 | 四级 | | | | 六级 | | | |
|---|---|---|---|---|---|---|---|---|
| | 听力 | 阅读 | 翻译和写作 | 总分 | 听力 | 阅读 | 翻译和写作 | 总分 |
| 2016年12月 | 133 | 137 | 126 | 396 | 126 | 143 | 110 | 379 |
| 2016年6月 | 137 | 130 | 125 | 392 | 125 | 149 | 110 | 384 |
| 2015年12月 | 130 | 138 | 126 | 394 | 121 | 149 | 109 | 379 |
| 2015年6月 | 130 | 136 | 125 | 391 | 118 | 145 | 109 | 372 |
| 2014年12月 | 129 | 139 | 126 | 394 | 119 | 143 | 109 | 371 |
| 2014年6月 | 129 | 146 | 124 | 399 | 117 | 149 | 107 | 373 |

　　2015年开始，全国大学英语四、六级考试全部设有口语考试，均以机考形式进行。四、六级口语考试的成绩分为A、B、C、D四个等级。从各成绩等级学生比例分布来看，绝大多数考生获得B、C等级。以报考人数最多的2016年11月考次为例，四级考生中28%的人获得B级，64%获得C级。六级考生中23%获得B级，69%获得C级。

---

　　[1]王文斌，徐浩. 2014—2016中国外语教育年度报告[M]. 北京：外语教学与研究出版社，2015: 24-25，2016: 22-24，2017: 13-14.

大学英语四、六级考试不断改革完善，每年为我国大学生英语水平提供客观描述，为各级教育行政部门的决策提供动态依据，为各校根据本校实际情况采取措施提高英语教学质量提供反馈信息。四、六级考试也已经成为各级人事部门录用大学毕业生的参考标准之一。

## （三）实施国家英语能力等级考试，构建国家外语能力测评体系

改革开放40年来，外语教育蓬勃发展，各级各类外语考试对于促进外语教学、提升国民外语能力起到了积极的促进作用。但是，我国现有外语考试项目众多、标准各异，不同考试之间成绩的可比性和贯通性较差，不利于科学评价和选才。各学段的考试之间也缺少有机衔接，存在考查内容重复或断档的情况，不利于教学的连贯性。此外，我国外语考试制度的国际认可度有限，与国际主流外语考试制度衔接不够。

2014年，国务院《关于深化考试招生制度改革的实施意见》中提出启动考试招生制度改革试点，到2020年基本建成中国特色现代教育考试招生制度。该《意见》明确提出，要加强外语能力测评体系建设，这从国家层面对我国外语教学和考试制度综合改革提出了明确的方向和要求。

在这一背景下，我国2014年启动了外语能力测评体系的构建，目标是立足国情，面向国际，建设标准统一、功能多元的外语能力测评体系，为各级各类外语教学、学习和测评提供外语能力测评尺度和测评方法，科学认定外语学习者的学习成果和水平。该体系旨在覆盖听说读写译综合语言运用能力的考查，衔接大中小学各级各类教育，服务外语学习、教学和测评的各个方面，包括五项具体的任务：制定"中国英语能力等级量表"，研发"国家英语能力等级考试"，推动外语考试内容与形式改革，制定适合我国国情的外语考试质量标准，逐步推行形成性评估和终结性评估相结合的评价体系。

2018年，《中国英语能力等级量表》由教育部、国家语言文字工作委员会正式发布，自2018年6月1日起正式实施。《量表》是面向我国英语学习者的首个英语能力测评国家标准，将学习者的英语能力从低到高划

分为"基础、提高和熟练"三个阶段九个等级，以语言运用为导向，对各等级能力特征进行了全面、清晰和翔实的描述。同时，正式启动了国家英语能力等级考试（NETS）的试点测试。该考试以《量表》为参照准则，对英语综合运用能力进行考查，旨在整合当前各阶段各项英语考试，减少重复性考试，满足毕业、升学、就业、出国等多元化的英语评价需求。

《中国英语能力等级量表》图示

2018年5月，教育部考试中心在部分高校全国大学英语四、六级考试的考生中进行了国家英语能力等级考试的测试。测试内容为国家英语能力等级考试的5级和6级测试。NETS-5级相当于全国大学英语四级考试，包括听力（35分钟）、阅读（60分钟）、写作A（30分钟）和写作B（30分钟）四个部分。NETS-6级相当于全国大学英语六级考试，包括听力（40分钟）、阅读（60分钟）、翻译（30分钟）和写作（35分钟）四个部分。同时试测的还有NETS-5级和NETS-6级的口试，分别相当于全国大学英语四级和六级的口语考试水平。两个级别口语测试时长分别为15分钟，包括自我介绍、段落朗读、图片描述、个人评论和两人讨论五项内容。

相较于全国大学英语四、六级考试，NETS-5级和NETS-6级考试时长更长，并且加大了写作的比例，对于考生英语综合运用能力的要求更高。未来，NETS考试将进一步完善和扩大测试范围，有望成为衔接甚至取代当前不同类型和不同级别英语考试的国家权威英语能力等级考试。

## （四）专业技术人员职称外语考试与时俱进

全国专业技术人员职称外语等级考试是由国家人事部组织实施的一项外语考试，它根据外语在不同专业领域工作中的应用特点，对申报不同级别职称的专业技术人员的外语水平提出了不同的要求。根据专业技术人员工作需要的实际情况，职称外语考试的重点主要在阅读理解方面。

为加强专业技术人员外语学习，提高专业技术人员队伍的整体素质，增强专业技术人员在国际经济技术合作中的竞争能力，促进经济、社会发展和科技进步，1998年7月人事部发布了《关于专业技术人员职称外语等级统一考试的通知》，决定自1999年开始，实行全国专业技术人员职称外语等级统一考试。通知规定，凡专业技术职务试行条例中规定专业技术人员需具备一定外语水平的，在晋升专业技术职务时应参加相应级别的职称外语统一考试。

全国专业技术人员职称英语等级考试分A、B、C三个等级，每个级别的试卷内容除综合类外，普通英语和专业英语题目各占50%。三个等级考试的总分各为100分，考试时间均为2小时。2016年3月，中共中央印发了《关于深化人才发展体制机制改革的意见》，提出"我国将改革职称制度和职业资格制度，对职称外语和计算机应用能力考试不做统一要求；探索高层次人才等职称直聘办法"。

从2017年开始，职称外语考试不再作为统一要求，由各省人社部门进行具体规定。这一政策调整本身也凸显了我国多年外语教育的成就：高层次专业技术人员在受教育期间基本已经打下良好的外语基础，能够胜任各领域专业技术工作的基本需求。全国专业技术人员职称等级考试作为特定发展阶段的制度，为在职专业技术人员外语水平的提升起到了积极的促进作用。

### （五）社会化考试蓬勃发展

教育部在2014年工作要点中提出要改革考试招生制度，出台全国考试招生制度改革总体方案和相关配套实施意见，探索全国统考减少科目、不分文理科、外语等科目社会化考试一年多考。在各省市高考外语社会化改革的推动下，各类外语考试社会化程度也越来越高。其中最引人注目的是由北京外国语大学中国外语测评中心研发的"国际人才英语考试"。该考试自2016年发布以来，获得了广泛的社会认可，对于选拔国际沟通交流人才提供了权威的标准，主要综合考查学生英语交流能力、分析问题与解决问题的能力，以及国际视野与协商合作能力。

2016年，国际人才英语考试专家座谈会在北京举行

# 三、建立多语种多层次的外语专业人才培养体系

## （一）外国语学校创新发展形成品牌

为培养高层次外国语人才以适应国际交往需要，我国于20世纪60年代在北京、上海、长春、西安、南京、重庆、广州、天津、武汉、杭州等地陆续开办了以外语教学为特色的外国语学校，为我国对外政治、经济和文化交流工作培养了大批各语种后备人才。随着改革开放事业的推进，国家对于外语专业人才的需求激增，这些有着优良传统的外国语学校守正创新，及时调整语种设置，改革教学模式，以适应新时期外语人才培养的新需求。同时，全国各省市积极借鉴传统外国语名校的办学经验，新建了一批外国语学校。可以说外国语学校已经成为我国基础教育阶段的一种特色办学形式，这些学校以外语教学为特色，因地制宜，根据各地教育教学现实条件和人才需求的研判设置外语教学语种。其教学育人目标也从过去定位于外交人才储备不断扩展，更多立足于培养广大学生的综合素养、外语能力和国际理解力，使学生发展成为具有较高外语能力、适应更广泛的学业发展和就业前景的国际化复合型人才。

在外国语学校发展的过程中，一批知名学校发起成立了全国外国语学校工作研究会，积极开展外国语学校工作研究，广泛进行国内外合作交流。目前，除青海、海南和西藏之外，全国各省、自治区、直辖市都建有外国语学校，全国外国语学校工作研究会成员学校已有50余所。而一些全国知名的外国语学校如石家庄、济南、厦门、南昌、郑州、太原、成都和深圳等地的外国语学校均为改革开放后建立或挂牌命名，这些学校发展迅速，享有很高的办学声誉。

## （二）外语特色高等院校不断发展

中华人民共和国成立后，我国高等教育体系最初是借鉴苏联模式，建立了各个学科门类的专业院校，这其中就包括以外语教育为特色的多所外文专科（修）学校。"文革"结束后至20世纪80年代，外语高等院校得到恢复和发展，形成了以北京外国语学院、上海外国语学院为代表的10所高等

外语院校和北京对外贸易学院等7所带有涉外专业倾向的特色院校组成的外语特色高等院校体系格局。[1] 伴随着改革开放的进程，这些特色外语院校在40多年的发展历程中为国家培养了一大批各语种外语专业人才，为我国对外开放、外交、外贸等各项事业的发展做出了突出贡献。

随着改革开放事业的深入发展，国家对于外语专业人才的能力需求也不断发展变化，外语专业人才培养目标从单一的外语语言技能培养逐渐转向具有外语专业技能的复合型人才培养。1998年，教育部高教司发布《关于外语专业面向21世纪本科教育改革的若干意见》，明确提出以复合型人才培养作为高等外语专业教育目标。这一时期，外语特色院校纷纷开始探索复合型外语人才培养模式，以北京外国语大学和上海外国语大学为代表，形成了"外语+专业知识""外语+专业方向""外语+专业""专业+外语""非通用语种+英语"以及双学位六种主要的人才培养模式[2]，这些特色院校在外语专业教学和研究的基础上，逐渐探索发展出了国际政治、外交学、经济学、对外贸易、国际金融、国际新闻等多个学科的复合型人才培养模式。

### （三）高校外语专业语种完备，开设院校数量增加

当前，我国各大综合性大学、师范院校基本都设有外语专业。目前全国开设英语学科专业的高校约1,000所，覆盖31个省、自治区、直辖市（见图5-4）。另外，开设日语专业的院校507所，俄语154所，法语140所，朝鲜语124所，德语110所，西班牙语78所，阿拉伯语39所，泰语37所，葡萄牙语26所，越南语25所，意大利语20所，缅甸语15所，印度尼西亚语13所。

从省份分布来看，英语作为开设最广的专业，其院校分布基本与我国高等学校的省份分布保持一致，高校数量较多的江苏、湖北、浙江、山东、广东、河北、陕西、北京等省份也是英语专业分布较多的地区。其他

---

[1][2]戴炜栋，等. 高校外语专业教育发展报告[M]. 上海：上海外语教育出版社，2008：15-16，19.

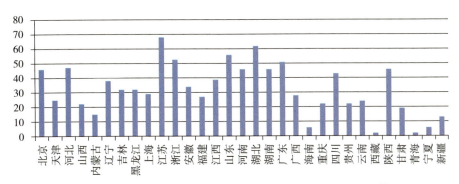

图5-4　2018年开设英语专业院校的省份分布[1]

语种专业开设则具有明显的区域特色。例如，开设日语专业的院校主要分布在广东、江苏、山东、浙江、辽宁和吉林；黑龙江是开设俄语专业院校最多的省份；开设朝鲜语专业的院校以山东、吉林两省最多；湖北、山东、北京和江苏开设法语专业院校相对较多；开设德语专业的院校北京、上海两地最多（见图5-5）。

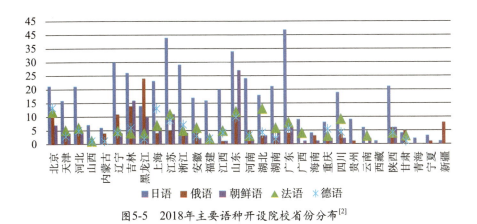

图5-5　2018年主要语种开设院校省份分布[2]

[1][2]阳光高考，教育部高校招生阳光工程指定平台[EB/OL]. https://gaokao.chsi.com.cn.

### （四）外语专业人才培养规模扩张

2008—2015年，我国普通本科阶段外语学科人才培养规模在经历了小规模增长后基本保持稳定，本科阶段外语学科在校生总数由2008年70.6万人增加到2011年79.9万人，之后一直保持在80万人左右（见图5-6）。

图5-6　2008—2015年我国本科层次外语专业教育规模发展[1]

2017年，我国各类高等院校本科阶段外语专业在读生87.3万人，本科外语专业年招生23.4万人，毕业生22.3万人。外语教育覆盖普通本科、成人本科和网络本科三种教育形式（见表5-4）。同时，高层次学术性外语专业人才培养规模也持续扩大。2015年，全国授予外国语言文学专业博士学位486人，硕士学位9,825人。

表5-4　2017年我国本科层次外语专业教育规模[2]

| | 普通本科 | 成人本科 | 网络本科 | 合计 |
|---|---|---|---|---|
| 招生数 | 212,611 | 14,168 | 7,550 | 234,329 |
| 毕业生数 | 199,428 | 18,251 | 5,019 | 222,698 |
| 在校生数 | 814,442 | 35,717 | 22,857 | 873,016 |

[1]数据来源：国家统计局网站。
[2]数据来源：教育部发展规划司《中国教育事业发展统计简况2017》。

除了整体外语专业培养规模扩大之外，近年来，随着我国对外关系和经贸格局的不断发展变化，德语、西班牙语、朝鲜语等多个语种专业培养规模也在迅速扩大。以西班牙语为例，随着近年来中国和拉丁美洲政治、经贸和文化交往日益频繁和不断加深，就业市场对于西班牙语人才的需求不断增长，开设西班牙语专业的院校数以及招生数近年来持续增加。2011—2016年，全国开设西班牙语专业的院校从41所增至67所，增加了63%。本科西班牙语专业在校生数从6,301人增加到14,070人，规模扩大了120%。西班牙语专业硕士在读学生数从180人增加到226人，增加了26%（见图5-7、表5-5）。

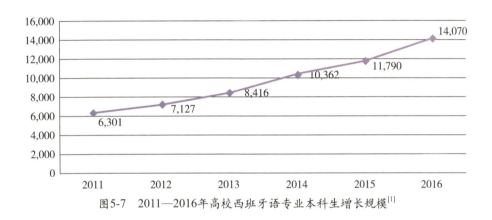

图5-7　2011—2016年高校西班牙语专业本科生增长规模[1]

表5-5　2011—2016年高校西班牙语专业规模发展

| 年份 | 2011 | 2012 | 2013 | 2014 | 2015 | 2016 |
|---|---|---|---|---|---|---|
| 院校数 | 41 | 43 | 48 | 56 | 62 | 67 |
| 本科生 | 6,301 | 7,127 | 8,416 | 10,362 | 11,790 | 14,070 |
| 硕士生 | 180 | 171 | 161 | 185 | 216 | 226 |
| 博士生 | 20 | 18 | 21 | 16 | 11 | 6 |

---

[1]王文斌，徐浩. 2016中国外语教育年度报告[M]. 北京：外语教学与研究出版社，2017：56.

# 四、外语教育质量不断提升

## （一）等级考试保障外语专业教学质量

对于高校外语专业人才培养而言，各语种均设有外语专业等级考试，对学生外语专业能力和高校外语专业培养水平进行评价，衡量和保障外语教学质量。以英语、德语、西班牙语、俄语和日语为例，这几个语种的专业等级考试均分为四级和八级两个等级。2016年英语专业四级全国平均通过率49.92%，专业八级全国通过率40.60%。2016年，全国共6,201名学生参加德语专业四级考试，3,446人通过，通过率55.57%。2016年，全国2,992名学生参加德语专业八级考试，1,429人通过，通过率为47.8%。2016年，全国参加西班牙语专业四级考试的人数为3,405，通过率为64.7%，参加西班牙语专业八级考试的人数为2,034，通过率为17.9%。随着参加西班牙语专业八级考试人数的增多，其通过率比前几年明显下降。

2015年全国俄语专业四级水平考试，考生数量8,067人，4,974人通过，通过率61.6%；专业八级考生数量4,958人，2,655人通过，通过率53.8%。[1] 2015年参加日语专业四级考试人数19,512人，通过率53.19%[2]；专业八级考试人数6,503人，通过率51.27%[3]。日语专业四级考试2018年全国考生数量18,244人，9,631人通过，通过率52.79%。平均成绩62.62。

## （二）专业学位从无到有，促进应用型外语人才培养

21世纪以来，随着我国国际地位的提升和对外交流合作的迅速发展，国家对于高层次、应用型专门翻译人才的需求不断提升，而长期以来，我国高等院校高层次外语专业人才培养偏重于学术能力，对翻译技

---

[1]王文斌，徐浩. 2016中国外语教育年度报告[M]. 北京：外语教学与研究出版社，2017：41-42.

[2][3]王文斌，徐浩. 2015中国外语教育年度报告[M]. 北京：外语教学与研究出版社，2016：65-66，124.

能的特殊性重视程度不够，不利于专门翻译人才的培养。同时，与欧美国家相比，我国翻译市场还有待规范，翻译行业的总体质量有待提升。而鉴于翻译工作极强的专业性，翻译人才的培养也有不同于一般外语人才培养的特殊性。在这一背景下，国务院学位委员会于2007年颁布《翻译硕士专业学位设置方案》，决定设置翻译硕士专业学位，以促进高层次、应用型专业翻译人才的培养。北京大学、北京外国语大学等15所院校成为首批翻译硕士专业学位培养单位。2010年，全国翻译专业硕士学位授予共96人；而到2016年，全国翻译专业硕士学位授予共7,098人，6年间人数增加70倍；到2018年4月，全国翻译硕士专业学位培养单位已有249所。

## （三）外国语言文学学科建设成绩显著

我国高校目前已经形成了"学科门类——一级学科—二级学科"的三级学科门类管理体制，外国语言文学是文学门类下的一级学科名称，设有英语语言文学、俄语语言文学、法语语言文学、德语语言文学、日语语言文学、印度语言文学、西班牙语语言文学、阿拉伯语语言文学、欧洲语言文学、亚非语言文学、外国语言学及应用语言学11个二级学科专业。

1981年11月，国务院批准我国首批博士学位和硕士学位授予单位及其学科、专业名单。博士学位授予单位共151个，学科、专业点812个。其中，外国语言文学学科点共10个，包括5个英语语言文学学科点、2个法语语言文学学科点、2个德语语言文学学科点和1个印度语言文学学科点，集中在北京大学、北京外国语学院、南京大学、中山大学、中国社会科学院研究生院五个培养单位。今天，全国已有34所高校设有外国语言文学一级学科博士点。

1985年5月颁布的《中共中央关于教育体制改革的决定》提出："根据同行评议、择优扶植的原则，有计划地建设一批重点学科。"根据这一要求，国家教委于1987年8月发布了《国家教育委员会关于做好评选高等学校重点学科申报工作的通知》，决定开展高等学校重点学科评选工作。国家重点学科是国家根据发展战略与重大需求，择优确定并重点建设的培养创新人才、开展科学研究的重要基地，在高等教育学科体系中居于骨干和引领地位。重点学科建设对于带动我国高等教育整体水平全面提高，提升人才培养质量、科技创新水平和社会服务能力，满足经济建设和社会发展对高层次创新人才的需求，提供高层次人才和智力支撑，提高国家创新能力，建设创新型国家具有重要的意义。目前，我国共组织了三次重点学科的评审工作。在1988年首次全国重点学科评审中，北京大学的英语语言文学、北京外国语学院的英语语言文学、上海外国语学院的俄语语言文学、北京大学的印度语言文学和广州外国语学院的语言学与应用语言学成为全国首批五个外国语言文学重点学科。今天，全国已有15个外国语言文学国家重点学科、4个外国语言文学国家重点（培育）学科，详见表5-6。

表5-6　外国语言文学国家重点学科和重点 （培育） 学科名单

| 类别 | 二级学科名称 | 学校名称 |
| --- | --- | --- |
| 外国语言文学国家重点学科 | 英语语言文学 | 北京大学 |
| | | 北京外国语大学 |
| | | 上海外国语大学 |
| | | 南京大学 |
| | | 湖南师范大学 |
| | | 中山大学 |
| | | 解放军外国语学院 |
| | 俄语语言文学 | 黑龙江大学 |
| | | 上海外国语大学 |
| | | 解放军外国语学院 |

（续表）

| 类别 | 二级学科名称 | 学校名称 |
|---|---|---|
| 外国语言文学<br>国家重点学科 | 德语语言文学 | 北京外国语大学 |
| | 印度语言文学 | 北京大学 |
| | 亚非语言文学（朝鲜语言文学） | 延边大学 |
| | 外国语言学及应用语言学 | 北京外国语大学 |
| | | 广东外语外贸大学 |
| 外国语言文学<br>国家重点（培育）<br>学科 | 法语语言文学 | 武汉大学 |
| | 日语语言文学 | 北京外国语大学 |
| | 阿拉伯语语言文学 | 上海外国语大学 |
| | 亚非语言文学 | 北京大学 |

在第四轮全国学科评估中，外国语言文学一级学科全国具有博士授予权的高校共41所，其中38所参评，部分具有硕士学位授予权的高校也参与评估，参评高校共计163所。其中北京大学、北京外国语大学和上海外国语大学3所院校获得A$^+$评分，黑龙江大学等5所院校获得A评分，清华大学等8所院校获得A$^-$评分，中国人民大学等16所院校获得B$^+$，16所获评B，17所获评B$^-$，19所获评C$^+$，15所获评C，15所获评C$^-$。在2015年的双一流建设学科名单中，北京大学、北京外国语大学、延边大学、上海外国语大学、南京大学、湖南师范大学6所高校的外国语言文学学科入选。

可以看到，改革开放40年来，我国外语教育成绩卓越。外语教育的起始时间不断前提，规模和覆盖面不断扩大，从高校课程向下延伸至中学乃至小学必修课程，由城市学校到乡村学校，由重点学校到普通学校，最终实现高等教育和基础教育外语课程的全面普及，形成了全世界最大的外语学习群体。我国的外语评价制度不断改革完善，由统一考试逐渐转向社会化考试，由知识考查逐渐转向语言运用能力的评价。而外语专业院校由少增多，由点及面，特色外国语院校由过去以面向外语专业高校和外交系统精准培养各语种后备外语专业人才为目标，发展到今天外语能力与综合素养并重、面向各领域培养具备外语素养的复合型专业人才为方向。我国高校外语学科建设稳步发展，语种完备，并根据国家经济社会发展和对外交往工作的趋势变化调整语种设置和培养规模。外语专业人才总体培养规模稳步扩张，为我国经济社会发展和国民语言素养提升奠定了良好基础。

第六章

————

外语教育的突出贡献

改革开放以来，在政府、学校和社会各界人士的共同努力下，我国外语教育获得了长足的发展，提高了亿万国民的外语素养，培养了千万具有外语交际能力的专门人才，培养了百万外语专业人才，营造了开放包容的社会环境，优化了营商环境，吸引了外智外资，有力支撑了中国人和中国企业"走出去"发展，促进了我国经济融入全球化。与此同时，我国经济从改革开放初期的世界经济第十一位到今天的世界第二大经济体，从微不足道的贸易小国一跃成为世界第一大贸易国，从改革开放初期占世界经济比重约1.75%到目前的15%左右、对世界经济增长的贡献率上升到30%以上，外语教育在其中都起到了不可低估的作用。我国外语教育为提高中国综合国力和国际竞争力、扩大中国影响力、使中国走进世界舞台中央也做出了特殊贡献。40年来，我国外语教育的突出贡献是培养了一大批复合型外语人才，促进了中国国际化程度的提升，引领了外向型经济的发展，加强了中国参与全球治理的话语能力，提高了全民外语水平和国际理解能力，促进了全球化背景下中国特色社会主义建设事业的推进，助力了中国国际竞争力和国际地位的稳步提升。

## 一、推动国家外向型经济贸易发展

商业需要是推动外语教育的基本动力，外语教育与经济发展密切相关。经济发展决定语言需求，语言学习也是推动经济发展的重要途径。外语教育作为国家教育体系的一个重要组成部分，其质量的高低必然影响一国对外经济贸易的发展水平。改革开放40年的经验证明，外语教育对于社会经济发展具有重要的促进作用。外语是外贸洽谈的语言工具，外语是招商引资的沟通桥梁，外语是外向型经济发展的重要条件。在信息化、全球化的今天，大量的复合型外语人才承担着沟通交流、引进输出、技术转让等重要使命，外语在推动经济贸易发展过程中起着至关重要的作用。培养国家急需的外语人才、服务社会经济发展是改革开放以来外语教育的基本目标。经济技术产业文化等各领域的国际化程度不断发

---

展，与多元文化的群体共生共存的国际协作关系越来越重要。任何国家的经济发展和文化繁荣都离不开国际大环境，都需要国际交往和跨文化交流。

## （一）语言的经济价值与语言生产总值

外语教育作为国家教育体系的一个重要组成部分，其质量的高低会影响一国对外经济往来的水平。我国自实行改革开放以来，尤其是加入世贸组织后，与世界各国之间的交流越来越多。因此，为了促使我国能够在世界范围内发挥更加重要的作用，促进我国社会经济更加稳定快速地发展，必须结合我国的外语教育优势，制定符合我国国情、适应国际与世界经济发展趋势的外语教育政策，将外语教育置于国家发展战略的重要位置，满足社会经济发展对外语人才的需求。只有如此，方能在日益激烈的市场竞争中提高我国的经济软实力，促进国家的发展与进步。

语言本身具有与其应用国经济实力相匹配的"经济价值"。我们在探讨外语教育对促进改革开放以来经济发展做出的巨大贡献之际，应该首先了解"语言"所具有的"经济价值"。德国社会语言学家弗洛瑞安·库尔马斯（Florian Coulmas）认为，语言交流与沟通可以用于包括构建经济关系在内的各种目的，每一种语言都有其使用价值，与商品、有价证券、货币的作用是一样的，每一种语言都具有与使用该种语言的国家经济实力相匹配的交换价值。作为具体案例，他列举了20世纪80年代全世界日语学习者人数与日元在国际货币市场的汇率同比飙升的现象，借以表明伴随日本经济的发展，日语的经济价值同样大幅度提升。根据日本国际交流基金2013年的调查统计，从1979年至2012年，全世界日语学习者人数由127,167人增长到3,985,669人，增长了31.3倍。从国别和区域来看，中国（1,046,490人，占总人数26.3%）、印度尼西亚（872,411人，占总人数21.9%）、韩国（840,187人，占总人数21.1%）位列前三名。国际交流基金对各国（以大学为主的）日语教育机构的调查结果显示，学习日语的目的首先是"对日语本身感兴趣"占62.2%，其次是"为了用日语交流"，占55.5%；排在第三位的是"为了将来就业打算",占42.3%。[1] 在英语作为世界通用语地位的背景下,学习日语的人数以亚太邻国为中心持续增长的现象,按照库尔马斯的"语言经济价值"学说,表明随着日本的经济实力快速增长,日语的经济价值越来越高。

英国语言学家大卫·格拉多尔(David Graddol)于1999年提出了"语言生产总值"(GLP, Gross Language Product)的概念,用来计算语言的经济价值。即,筛选出使用同一种语言的所有国家,将各国国内生产总值(GDP)之和对应使用同一种语言的语种,得出该语言的生产总值GLP。按语种的数量去分配GDP总量,称为"Graddol 1999计算模型",根据该模型,格拉多尔计算出1994年世界十大语言的GLP(见表6-1)。

表6-1　1994年世界十大语言GLP排名[2](单位:亿美元)

| 排序 | 语种 | GLP |
|------|------|-----|
| 1 | 英语 | 78,150 |
| 2 | 日语 | 42,400 |
| 3 | 德语 | 24,550 |
| 4 | 西班牙语 | 17,890 |
| 5 | 法语 | 15,570 |
| 6 | 汉语 | 9,850 |
| 7 | 葡萄牙语 | 6,110 |
| 8 | 阿拉伯语 | 4,080 |
| 9 | 俄语 | 3,630 |
| 10 | 印地语 | 1,140 |

[1]国际交流基金. 日本语教育机构调查2012 [WB/OL]. https://www.jpf.go.jp/j/project/japanese/survey/result/survey12.html.

[2]竹田宗继. 经济全球化与掌握第二语言的意义[J]. 同志商学, 1999, 66 (5): 535.

然而，产品依赖的是市场，所以衡量语言的国际地位，关键要看某个语言社区国际贸易量的大小，而不是其国内生产总值的多少，因为国际贸易中非英语国家人群之间使用英语的概率已经大大提高（例如，跟非洲做生意的人几乎没有几个人能讲斯瓦希里语）。作为全球事实上的通用语言，英语已经成为国际交往中约定俗成的工作语言，因此，以英语为官方语言或正式语言的国家和地区在国际交往和信息获取上就具有他人所没有的优越性。

### （二）外语教育贡献于经济总量的提高

40年来中国从贸易大国发展成贸易强国，经济发展取得了举世瞩目的成就。2017年，中国已是全球最大商品贸易出口国和第五大商业服务出口国，出口总额分别达2,260亿美元和2,264亿美元。相互投资方面，2017年，中国是全球第二大外资流入国和第三大对外投资国，总额分别达1,360亿美元和1,246亿美元。这其中英语作为国际贸易事实上的全球通用语言的地位得到进一步的巩固和发展，英语已经不再局限于非英语国家与英语国家进行交流沟通的语言工具，而成为非英语国家人们之间相互交流的共同工具。以英语为主的外语教育的不断发展为扩大国际贸易、发展外向型经济、提升我国经济总量做出了卓越的贡献。

1980年，深圳、珠海、汕头、厦门建立经济特区，拉开了我国对外开放的序幕。2001年，我国加入世贸组织，对外开放进入新阶段。2013年，我国提出共建"一带一路"倡议。同年，中国（上海）自由贸易试验区成立，探索我国对外开放的新路径和新模式。2015年，中国倡议设立亚洲基础设施投资银行。40年来，我国对外贸易实现历史性跨越，区域开放布局不断优化，外商投资环境持续改善，对外投资合作深入推进。改革开放的不断深入以及国民经济的迅猛发展，对外语人才提出了巨大的需求，给外语教育带来了机遇和挑战。外语教育的不断发展，也对国家经济贸易的发展起到了巨大的推动作用。改革开放之初，我国国内生产总值仅有3,679亿元，经过40年的发展，至2016年，国内生产总值已达74.35万亿元（如图6–1所示），2017年国内生产总值首次增长到82.71万亿元。

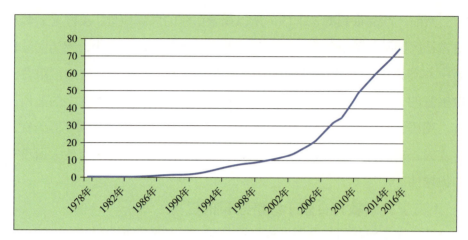

图6-1　1978—2016年中国国内生产总值情况[1]（单位：万亿元）

　　我国外语教育自改革开放以来经历了恢复重建、制度化建设与深化改革、突飞猛进以及多语种跨文化教育几个阶段，伴随我国经贸的不断深化发展，培养出了数百万外语专业人才。经济发展中人才的作用至关重要，尤其在对外经贸发展中，外语专业人才更是做出了重要贡献。改革开放之初，我国人均国内生产总值只有385元，到2016年已达53,935元（如图6-2所示）。2017年进一步增长到59,660元，跻身中等偏上收入国家行列，2022年有望进入高收入国家行列。

　　外资是拉动经济增长的有效途径。伴随着改革开放和外向型经济发展的需求，从20世纪80年代开始，以商务英语、商务日语、边贸俄语等主要贸易对象国为代表的大语种实用型商贸外语教育应运而生。作为专门用途的外语教育分支，商贸外语与商贸往来的实际需求密切相关。改革开放以来，我国吸收外资累计超过1.89万亿美元，尤其是实际利用外资额自1997年至2016年发生了迅猛增长，由64.41亿美元增至1,260.01亿美元，外商投资企业进出口总额由2000年的776.85亿美元增至2016年

---

[1]数据来源：国家统计局网站。

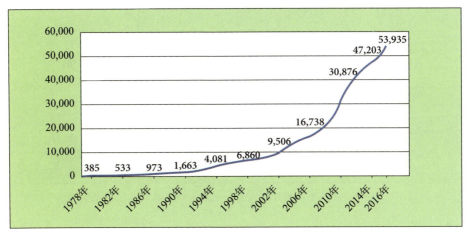

图6-2　1978—2016年中国人均国内生产总值情况[1]（单位：元）

的6,437.98亿美元，是吸引外商直接投资最多的发展中国家，如图6-3、图6-4所示。

如各图所示，我国无论是国内生产总值还是人均国内生产总值，无论是实际利用外资额还是外商投资企业进出口总额，在改革开放以来的40年

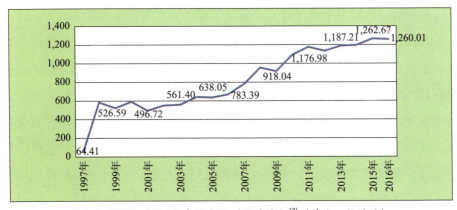

图6-3　1997—2016年中国实际利用外资额[2]（单位：亿美元）

[1][2]数据来源：国家统计局网站。

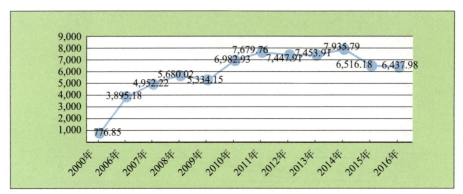

图6-4  2000—2016年中国外商投资企业进出口总额（单位：亿美元）

里，都取得了飞跃式发展。以上经济的巨大发展，都跟我国外语教育的发展息息相关。同时，外语教育支撑了我国对外投资的能力。改革开放以来，一大批企业"走出去"投资，累计对外直接投资超过1.2万亿美元，对世界经济做出了巨大贡献，中国经济对世界经济增长贡献率年均在30%以上。[1] 由于吸收外资和对外投资的持续增长，外贸成为外汇经济发展的"三驾马车"之一，国家积累的外汇储备持续上升，从1978年的1.67亿美元（居世界第38位）增长到3万多亿美元，最高值达到4万亿美元，长期稳居世界首位，在世界经济波动中保持稳定，具备了强大的抵御经济风险的能力。

我国的外语教育随经济的发展而快速发展。随着全球化趋势日益加强，中国经济不断融入全球经济。中国吸引外资数量巨大，全球500强企业有200多家落户中国。此种情况下，外语成了国际交往的重要工具。如果没有外语的沟通与桥梁作用，我国就不能很好地进行国际交往和资金引入，就不能在加入世贸组织后在世贸组织的规则框架内进行公平竞争，就不能很好地进行招商引资，并到国外去投资建厂。同时，外语教育的发展和外语人才的培养，还能够积极引进国外的先进技术和设备，更好地向先

---

[1]进口博览会是伟大的世纪创举[N]. 环球时报，2018-10-31.

进国家学习和借鉴一些好的管理经验和理念。没有外语教育的发展和外语人才的储备，也就没有今天我国的经济发展速度和建设成果。实践证明，外语为经济发展提供了必要的国际信息和技术保障。国与国之间的经济活动，包括信息传递、技术转让以及外资的发展都需要外语作为一种交流工具来达到其目的。外语在经济领域的运用日趋拓展，已运用到各项经济建设和社会事业中。

我国改革开放40年来经济的发展离不开外语教育的发展。经济建设离不开外语；学习好、运用好外语为经济发展创造了条件，奠定了基础。外语和经济发展之间存在着紧密的联系，既相互促进，又相互制约，二者互为关联，共同发展。

### （三）外语教育助力区域经济特色发展

改革开放以来，东部沿海地区经济发展较为迅速，外商投资企业进出口总额持续增长。与此相对应，东部沿海地区的外语教育发展也较快。一方面，外语教育的发展培养了大批外语人才，促进了外资的引入和经济的发展。另一方面，东部沿海地区经济发达，外资引入多，对外语需求多，反过来也促进了外语教育的发展和外语人才的培养，形成了一种双向促进、良性发展的关系。

广东外语外贸大学40年来为当地经济发展特别是外向型经济发展培养了一大批外语人才，为广东在改革开放之初率先招商引资和外向型经济腾飞培养了一大批掌握外语的复合型人才。至2016年，广东经济总量已经连续27年位居全国第一。"十二五"期间，广东经济保持中高速增长，年均增速达8.5%，超出"十二五"8%的预期目标0.5个百分点，比全国高0.7个百分点，保持了广东经济发展的长期优势。数据显示，"十二五"时期，广东经济总量稳步攀升，2011年突破5万亿元大关，2013年突破6万亿元大关，2015年突破7万亿元大关，达到7.28万亿元，约占各省份合计的十分之一。得天独厚的外语教育优势助力广东经济对全国经济增长发挥重要的支撑作用，五年间广东对全国经济增长的贡献率超过10%。随着经济的持续较快发展，广东人均国内生产总值也稳步提升。2011—2015年，广东人均国内生产总值年均增长7.5%，超过"十二五"7%的规划目标。其中，2014年达到63,469元，增长7.1%，按平均汇率折算为10,332美元，突破1万美元大关，2015年达到1.08万美元，基本呈一年1,000美元的台阶。按照世界银行制定的国家与地区收入水平划分标准，广东已达到中等偏上、接近高收入国家或地区的水平。同时，广东也是对外贸易第一大省，外商投资企业进出口总额达到了4,702亿美元。

广东的经济发展一定程度上也推动了广东外语教育的发展。广东是改革开放的热土，也是国际化人才培养的沃土。外向型、国际化的经济发展促进广东外语外贸大学秉承国际化特色，进一步对接全球治理，传递中国能量，更好地服务"一带一路"建设、粤港澳大湾区建设，助力广东实现"四个走在全国前列"的新目标。广东外语外贸大学拥有八大学科门类、26个外语语种，其中19个非通用语种，完全覆盖了21世纪海上丝绸之路核心区域。作为华南地区外语语种最多、外语人才最集中的高校，广外近年来结合国家"一带一路"倡议，培养了大量非通用语种人才、国际组织人才、国别和区域研究人才，以及跨国经营管理、法律人才。

中国要和世界互联互通，就必须打通互联互通的通道，而语言是主要的通道。非通用语种服务国家大战略是广外长期的奋斗目标。广外口译团队承担了历届广东省省长洋顾问会议、中国—东盟博览会、联合国贸发会议等大型国际会议的同声传译；广外学生志愿者为广州亚运会、深圳大运会提供口译笔译等服务。一直以来，广外自觉服务国家战略、广东地方经济社会发展需求，为国家战略发展做出贡献；在"一带一路"建设、创新驱动发展、全球经济治理、外语教育和外语服务、涉外法治等领域搭建新型高端智库，持续为广东实现"四个走在全国前列"贡献"广外智慧"。

可以看出，区域的外语教育对于本地区的经济发展，尤其是外资外贸的发展有较大的推动作用；区域经济发展的内在需求也极大促进了本地区外语教育的繁荣发展。

## （四）外语教育培养出数百万专业人才

加强外语教育是教育国际化的重要举措，是应对全球化背景下世界范围内人力、物力、财力、智力、信息、服务的跨国流动日益加速做出的政策回应。坚持教育对外开放是我国教育事业发展的一个重要战略选择，习近平总书记在2018年9月全国教育大会上的重要讲话中指出要扩大教育对外开放，开展中外合作办学。讲话确定了新时代国际教育发展的基本方向，也充分肯定了外语教育的重要性和必要性。2010年发布的《国家中长期教育改革和发展规划纲要（2010—2020年）》指出，教育对外开放是教育领域体制改革的重要组成部分，提出了"加强国际交流与合作""引进优质教育资源"和"提高交流合作水平"三大举措，以"适应国家经济社会对外开放的要求，培养大批具有国际视野、通晓国际规则、能够参与国际事务和国际竞争的国际化人才"，阐明了新时代外语教育的重要使命和基本目标。改革开放以来，外语教育不断受到重视与加强，伴随我国经贸的发展不断深化改革发展，培养出了数百万外语专业人才。

21世纪是经济全球化的时代，科技、信息迅猛发展，人才竞争加剧。能否充分有效利用经济发展和现代化技术成果，取决于一个国家的外语水平。我国改革开放40年来，形成了较强的综合国力，国民经济快速发展开辟了广阔的市场和资金来源。全球化经济发展更是离不开国际的沟通和外语的连接作用。我国加入世贸组织以后，经济发展融入国际市场，需要与世界各国进行交流、洽谈、合作、合资，需要外语人才进行沟通。国际经济正在进行新一轮结构调整，为更好地承接产业转移，需要外语人才发挥桥梁和纽带作用。改革开放的不断深入进行、引进外资、引进先进技术和管理经验离不开专业的外语人才。外语人才可以把本国的科学技术以及经济合作意向通过外语这个特殊媒介译传给对方，从而达到互相沟通、互相了解、洽谈与合作等目的。

外语教育构建融入国际社会的平台，是国与国之间进行学习、交流、合作和发展的桥梁。为适应国家经济发展的需要，国家有关部门及时调整外语教育相关政策，一方面增加经济投入，一方面开放外语教育市场，充分调动外语院校、综合性大学外语院系以及社会各界力量，建立了多语种多层次的外语专业人才培养体系，培养了大批外语人才。改革开放以来，我国中小学外语教学规模不断扩大，中学外语语种得到扩展，高校公共外语教学规模不断扩大，高校外语专业设置不断完善，不仅注重外语的工具性，也通过相关专业的设置培养了各种用途的专门外语人才。相关外语人才的培养有利于深入了解外语使用国家的文化，了解商业规则和贸易习惯，减少贸易摩擦，有利于外资引进和外贸发展。国家对外经贸的发展，离不开外语专业人才的贡献。

改革开放之初，我国的外语教育主要是面向世界服务的国际通用语工具教育，工作重点放在着力恢复外语教育教学。我国加入世贸组织以后，外语教育发展更是突飞猛进。随着英语作为国际通用语的应用范围越来越广，"英语+专业"的复合型人才需求量越来越大，随着国家"走出去"发展战略的全面实施，非通用语种专业人才培养迫在眉睫。民心相通语言先行，多语种跨文化交流是推进"一带一路"倡议顺利实施的内在驱动力。2014年12月，教育部会同相关部委联合出台了《2015—2017年留学工作行动计划》，对加快培养"一带一路"建设急需的外语非通用语种人才、国际组织人才、国别和区域研究人才、拔尖创新人才以及来华青年杰出人才等五类国家战略急需人才做了部署。非通用语种人才培养开始纳入国家外语人才培养的重要战略。2015年9月，教育部印发《关于加强外语非通用语种人才培养工作的实施意见》，拟通过加快培养国家急需非通用语种人才等重要举措，实现所有已建交国家官方语言全覆盖，人才培养、智库建设取得显著进展，基本满足我国经济社会发展特别是扩大对外开放的新需要。

在国家顶层设计的基础上，外语教育尤其是高校外语教育有了更加明确的目标和规划。外语外贸院校以及综合性院校纷纷开设经贸外语相关专业，以商务英语为代表的商务外语相关专业学科建设得到加强。2016年，随着国家"一带一路"倡议的推进，为满足新形势下国家对语言人才的需求，我国高校继续增设或复建"一带一路"沿线国家语种和专业。北京外国语大学目前基本实现对欧盟国家官方语言的全覆盖，上海外国语大学、广东外语外贸大学、广西民族大学、云南民族大学、西安外国语大学等高校也纷纷增设非通用语种。

截至目前，我国各综合性大学和师范院校基本都设有外国语专业。全国开设外语专业的院校已达1,000多所，开设外语语种数量已从1981年的18种发展至现在的101种。自改革开放以来，我国外语学习队伍逐渐壮大，其中掌握前沿科技和管理经验的复合型人才在我国经济发展中起了重要推动作用。同时，信息传递、技术转让、各种交流等都需要外语人才作为媒介。在经济全球化背景下，外语人才在学习、借鉴其他国家好的经验、掌握国际信息和技术保障等方面都做出了巨大贡献。

### （五）外语教育营造出良好营商环境

中国改革开放40年的经济成就离不开世界经济的发展，而中国的经济发展也对世界经济的发展做出了自己的贡献。商务外语人才在对外贸易中发挥着重要作用。

语言是增进相互信任、相互理解的工具。商务外语复合型人才有利于促进企业的文化建设，引进国际上先进的文化思想，吸收世界上其他企业的文化精髓，从而促进自身发展和进步。复合型外语人才有利于提升企业的技术水准，在借鉴外来经验的基础上不断进行技术创新。复合型外语人才有利于实现国际合作，通过语言了解其背后的文化，在沟通顺畅的情况下加深理解，促成合作。

此外，随着经济实力不断增强，中国逐步积极参与全球经济发展和经济事务治理，积极"走出去"，扩大对外开放的层次，实现互利共赢。一方面，中国不断提高自身对外开放水平，积极开展自由贸易区建设与谈判，推动全球双边与多边贸易、投资的发展。另一方面，针对"一带一路"沿线国家基础设施建设供不应求的情况，中国适时提出了"一带一路"倡议。目前，全球已经有100多个国家和国际组织积极支持和参与"一带一路"建设，为全球经济的持续增长奠定了重要基础。在我国积极参与全球经济发展与治理的过程中，外语人才在增进中外理解、达成互利合作等方面做出了积极贡献。

我国外语教育随着国家发展的需求不断做出调整。改革开放之初，较为强调外语的"工具性"特色，随后，语言的"文化性"被深度挖掘，近年来为了满足国家经济发展的需求，非通用语种和外语复合型人才的培养日益受到重视。《国家中长期教育改革和发展规划纲要（2010—2020年）》曾明确提出，"适应国家经济社会对外开放的要求，培养大批具有国际视野、通晓国际规则、能够参与国际事务和国际竞争的国际化人才"，被视为我国中长期外语教育的战略性目标。其实，外语教育本身就具有鲜明的"价值负载"属性。语言对于一个国家来说，具有推动国际贸易的"经济价值"、处理国家之间外交事务的"政治价值"、传播各国文化的"文化价值"。促进国家经贸发展主要体现其"经济价值"，在这其中，"文化价值"也有所体现，主要在于增进中外理解，营造良好的经济发展外部环境。

## 二、提高国家综合实力

国家综合实力是一国经济、政治、军事、文化、教育、技术等各方面实力的综合体现，是衡量国家基本国情和战略资源的最重要指标。改革开放为我国各项事业发展带来了翻天覆地的变化，综合国力飞速提升，国内生产总值跃居世界第二，军事实力显著增强，科技创新突飞猛进，国家文化影响力不断提升，在全球治理中发挥着越来越重要的作用。这一切成就的取得，离不开40年来我国外语教育的发展。语言是经济交往的工具，是信息传输的媒介，是人文交流的纽带，40年外语教育为我国人力资源素质的整体提升奠定了基础，特别是提升了外交、外贸、科技、军事、文化等领域人才的综合素养，培养了一大批高层次外语专业人才，对提升我国知识创新能力、国防安全能力、对外文化交流能力和参与全球治理能力做出了重要贡献。

### （一）为国家知识创新能力提升奠定基础

在全球化和知识经济时代，知识创新和技术创新已成为国与国之间竞争的核心。谁能在技术创新和科技进步上领先一步，谁就能在新的世界分工格局中掌握主动。因而，及时把握科技发展的前沿进展成为国家知识创新能力的关键。改革开放之初，我国就把外语作为高校必修课程，科研工作者得以打下良好的外语基础，进而跟进、了解和掌握世界科技发展前沿知识和技术，为我国改革开放以来科技的快速发展发挥了重要的作用。

随着我国科技事业的飞速发展，在全球范围内掌握知识产权、申请国际专利、传播科技成果、加速成果转化成为我国提升科技竞争力的关键，而这都离不开外语这一参与全球科技对话的核心工具。1992—2017年，我国全社会科技研发投入年均增长20.3%，国家创新能力世界排名上升到第17位。2012—2017年，我国技术市场成交额从6,437亿元上升到13,424亿元，年均增长15.8%，成为全球最活跃的技术市场之一。2017年，我国一年的发明专利申请数和授权数分别为138万件和42万件，较2012年增长了111.7%和93.5%，成为《专利合作条约》框架下国际专利申请的第二大来源国，这些成就都依赖于科研工作者基本外语能力的掌握。同时，也是在良好的外语能力基础之上，我国科研人员积极参与国际科研交流，及时传播我国最新的科研进展。以2016年为例，我国高校在国际学术会议上交流论文9.35万篇，特邀报告1.87万篇，主办国际学术会议2,291次。

全球化时代的科技发展不仅有激烈的竞争，也离不开密切的国际合作。随着知识、资本和人员国际流动速率的提高，以及互联网时代学术交流方式的变革，跨国跨地区的科研合作成为常态；而那些对人类具有重大意义的科技进展，都离不开多国科研人员的协同合作，良好的外语能力为我国科学家参与国际重大科研合作提供了条件。1987年，美国发起人类基因组计划，英国、法国、德国、日本等国家先后加入。我国于1999年正式加入该研究计划，承担人类3号染色体短臂上约3,000万个碱基对的测序任务，成为参加这项研究计划的唯一的发展中国家。2000年，我国与美国、英国、法国、德国、日本科学家共同宣布，人类基因组草图的绘制工作已经完成。

改革开放40年来，我国科技发展已经逐渐从追赶发达国家创新步伐、跟进世界前沿科技进展向自主创新、抢占科技变革制高点转变。特别是党的十八大以来，国家实施创新驱动发展战略，"大众创业、万众创新"蔚然成风。2017年，我国研发投入17,606亿元，规模跃居世界第二；研发支出占国内生产总值比重上升到2.13%，超过欧盟15国平均水平；我国学者发表的国际科技论文总量及被引用量均列世界第二。超级计算机、北斗导航、"蛟龙号""墨子""悟空""天眼"等一批世界领先水平的科技成果先后问世。正是40年来外语教育的成果，为今天我国科技创新的巨大成就奠定了基础，培育了土壤。

## （二）成为提升服务国防、参与国际安全合作的关键能力

国防是国家的核心利益，军事力量是国家综合实力的关键。今天，一国的军事力量不仅体现在武装力量、战略战术水平和武器研发水平等"硬件"条件上，还包括军事影响力、军事外交以及对于关键信息的控制和获取能力，而这些"软件"都离不开外语能力，可以说，一国军队的外语能力对于武装和提升军队的信息化水平具有关键意义。2005年美国国防部《国防外语改革指导方针》就提出，"流利的外语和文化意识将是未来战争取胜的关键"。

改革开放以来，我国重视和加强了军队系统专业外语人才的培养力度，外语军事院校也在发展壮大。以中国人民解放军外国语学院为例，该校是全国第18所外国语大学，以外语为基础，多学科交叉，特色鲜明，是一所高水平的综合性国防语言学院，旨在为国防和军队现代化建设服务。学院开设有20多个语种的外语和科技外语专业，同时还设有国际信息、国际关系、外国军事、信息研究、声像信息等专业。学院1981年开始研究生教育，目前已经拥有包括文学、法学、理学、军事学、教育学5个学科门类的13个二级学科硕士学位授予权，英语语言文学、俄语语言文学、军事学、亚非语语言文学4个二级学科博士学位授予权，外国语言文学一级学科具有博士学位授予权并设有博士后科研流动站。学院的英语语言文学专业被教育部列为国家重点学科，以朝鲜语、越南语为主体的亚非语专业被教育部批准为国家非通用语种本科人才培养基地。在2004年教育部权威教育评估机构首次开展的全国高校一级学科评估中，中国人民解放军外国语学院在全国高校外国语言文学学科排名中名列第三。多年来，以该校为代表的军事外语院校为我国国防安全事业培养和输送了大批政治合格、业务

精湛、作风过硬的高素质军事外语人才，为我国军队外语能力的提升做出了积极贡献。

军队外语能力的提升为我国参与国际安全合作创造了条件，我国军队在国际救援、维和与反恐合作中发挥着越来越重要的作用，国际军事影响力不断提升。例如，应联合国秘书长请求，中国自1990年开始参加联合国维和行动，每年向联合国派遣军事观察员执行维和任务。20多年中，中国维和队伍发展壮大。派兵区域由中东地区一个任务区拓展到亚、非两大洲多个任务区；派兵类型由单一的工兵分队拓展到步兵、工兵、运输、医疗、警卫、陆航等多种任务性质的分队；派兵规模由最初的5名军事观察员拓展到今天的2,400多名军事维和人员，居联合国五大常任理事国之首；担任职位由军事观察员拓展到参谋军官、处长、部队司令等多个中高级岗位；在维和摊款比重上，中国的出资额居世界第二；在培训机制上，中国军队已建立初中高三级维和培训体系；在对外交流上，中国国防部维和中

中国第18批赴黎巴嫩维和部队搭乘空军专机飞赴任务区

心为培训维和人员和进行国际交流提供了重要平台，一些军官还走出国门为联合国组织的维和培训活动授课。[1] 截至2018年，中国军队已累计派出维和军事人员3.5万余人次，先后参加了24项联合国维和行动，分别在刚果（金）、利比里亚、黎巴嫩和苏丹等7个任务区执行联合国维和任务。维和行动对于参与人员具有极高的要求，不仅要有过硬的政治、心理素质，掌握工程、医学等专业技术能力，还要具备良好的外语沟通能力和跨文化的理解能力。维和部队所到之处，中国军人在圆满完成各项任务的同时，也展现了中国作为负责任大国的形象，受到各地民众的欢迎和国际同行的认可。

## （三）构建对外文化交流的纽带

人文交流是国与国、民与民之间增进了解、建立互信的重要桥梁，是促进中外关系发展的不竭动力。民心相通的深层基础是不同语言文化的相互了解、相互交流、相互理解和相互融合。只有在此基础上，各国人民才能产生思想上的共鸣，才有可能在一些重大问题上达成宝贵的共识。语言作为人类的伟大创造，是不同文化交流合作、互学互鉴、实现民心相通的根本保障。改革开放以来，我国外语人才的培养和外语教育的普及构建了对外人文交流的纽带，推动了中外人文交流在各个层次的开展。人文交流已经成为战略互信、经贸合作之外中国对外关系发展的第三支柱，是推动双边和多边关系健康发展的重要力量。

自2000年起，中国先后与俄罗斯、英国、欧盟、法国、南非和德国建立了六大高级别人文交流机制，合作交流覆盖教育、科技、文化、卫生、传媒、旅游、体育等多个领域，交流形式丰富多样。例如中俄两国推进人才联合培养，建立高校联盟，举行青少年运动会、文化节、电影节、档案展，青年代表团实现互访；中国和欧盟建立中欧高等教育交流与合作平台，举行语言研讨会，启动中欧联合调优项目、欧盟学校学生夏令营和中

---

[1]中国军队海外维和27载：为和平而来[EB/OL]．http://military.people.com.cn/n1/2017/0707/c1011-29389287.html.

国涉欧盟非通用语种教师赴母语国培训等项目，推进高校合作办学，互设文化中心；中法两国互派留学人员规模突破5万人，在非洲联合开展抗击埃博拉病毒，双方在核能、航空、航天等传统领域开启第三方合作，共同建立亚洲首个生物安全实验室；中德在职业教育合作、青少年互访、足球培训、电影艺术等方面的交流活动也卓有成效。所有这些活动的开展和成果的取得，都离不开外语教育和外语人才培养奠定的语言基础。语言是文化的载体，外语学习的过程本来就是了解外国文化、促进国际理解的过程；而青年学生外语教育的普及、普通民众外语水平的提升更是为人文交流的重心下移和民心相通创造了条件。

外语教育不仅为对外文化交流构建了纽带，也为中国文化和中国语言的国际传播创造了条件。2004年以来，为满足世界各国人民对于汉语学习的需求、增进世界各国人民对中国文化的了解、加强中国与世界各国教育文化交流合作、促进世界多元文化发展，我国与多国合作建立孔子学院和孔子课堂，开展汉语教学；培训汉语教师，提供汉语教学资源；开展汉语考试和汉语教师资格认证；提供中国教育、文化等信息咨询；开展中外语言文化交流活动。截至2017年年底，我国已经在全球146个国家（地区）建立525所孔子学院和1,113个孔子课堂。作为对外文化和语言传播的重要平台，孔子学院的中方院长和汉语教师都具备良好的外语能力，中方院长通常由合作高校中与派出国有良好科研教学合作能力的教师担任，而派出的汉语教师都具备大学英语四级以上的基本外语水平。正是在外语教育奠定的基础之上，我国对外文化和语言传播事业才有了一支素质过硬的队伍，能够胜任汉语教师和文化使者的重要角色，能够在异国文化和多元文化的情境中顺利开展工作。

近年来，为了更好地服务国家对外文化战略和"一带一路"倡议，深入推进对外文化交流和相关研究，我国加大了非通用语种人才、国际组织人才、国别和区域研究人才等特殊人才的培养力度，大力推进具有较高外语水平的高层次复合型国际人才的选拔和培养，为国际教育合作与人文交流提供人才保障。2015年，非通用语种人才共录取996人，涉及33个国

2018年10月，牛津布鲁克斯大学孔子学院举办"门，开了：80年代中国"摄影展

家、38个非通用语种；在国际组织人才方面，向联合国教科文组织选派首批 23 位研习人员；在国别和区域人才方面，面向 10 个国家和地区研究方向，资助16人开展国别区域研究。这都是在外语教育基础上人才培养的进一步提升。未来，我国对外人文交流事业将更上一个台阶。

2014年，习近平主席在德国与汉学家和孔子学院师生代表座谈时指出："在世界多极化、经济全球化、文化多样化、国际关系民主化的时代背景下，人与人沟通很重要，国与国合作很必要。沟通交流的重要工具就是语言。一个国家文化的魅力、一个民族的凝聚力主要通过语言表达和传递。掌握一种语言就是掌握了通往一国文化的钥匙。学会不同语言，才能了解不同文化的差异性，进而客观理性看待世界，包容友善相处。"这一论述集中阐释了语言在增进文化交流中的重要意义，通过掌握彼此的语言，不同国家和地区的人民可以获得一种观察世界的新途径和新视角，增进交流与对话，促进人文交流，构建人类命运共同体。

## （四）提升参与全球治理能力

近年来，尤其是党的十八大以来，作为全球最大的发展中国家，中国积极参与全球治理，推动全球化进程，坚持把中国人民的利益同各国人民的共同利益结合起来，以更加积极的姿态参与国际事务，发挥负责任大国作用。习近平总书记曾经在中央政治局集体学习时强调，我们参与全球治理的根本目的，就是服从服务于实现"两个一百年"奋斗目标，实现中华民族伟大复兴的中国梦。要审时度势，努力抓住机遇，妥善应对挑战，统筹国内国际两个大局，推动全球治理体制向着更加公正合理方向发展，为我国发展和世界和平创造更加有利的条件。而参与全球治理的基础条件，同样有赖于40年来扎实推进外语教育带来的人才储备和能力积累。

党的十八大以来，我国一系列主场外交展现了中国参与全球治理的有力担当。2014年亚洲相互协作和信任措施会议上海峰会、2015年纪念中国人民抗日战争暨世界反法西斯战争胜利70周年、2017年"一带一路"国际合作高峰论坛，成果卓越，举世瞩目。其中，在"一带一路"国际合作高峰论坛上，140多个国家和80多个国际组织的1,600多名代表出席，取得5大类、76大项、270多项合作成果，国际社会广泛参与，合力推动"一带一路"建设。同时，在重要的多边外交活动中，中国同样精彩迭出。比如，中国在联合国发展峰会上提出新发展观，在推进2030年可持续发展议程方面走在各国前列。在2015年巴黎气候大会上，中国提出的建设性方案影响了大会的谈判走向。在联合国日内瓦总部，习近平主席再次面向全世界阐述共建人类命运共同体的蓝图。此外，我国发起成立亚洲基础设施投资银行等新型多边金融机构，促成国际货币基金组织完成份额和治理机制改革，积极参与制定海洋、极地、网络、外空、核安全、反腐败、气候变化等新兴领域治理规则，推动改革全球治理体系中不公正、不合理的安排。中国已经从国际事务的重要参与者，逐渐走向国际舞台的中央。

我国参与全球治理能力的提升，外语教育功不可没，外语人才的作用举足轻重。例如，中国复关和入世谈判的首席代表龙永图即为贵州大学外语系毕业；外交部前部长李肇星毕业于北京大学西语系，后又在北京外国语大学研究生班进修。除各类综合性大学中的外语院系以及专门的外语院校外，我国高等教育系统中还有国际关系学院、外交学院这样的外交外事专业院校。外交学院以服务中国外交事业为宗旨，注重培养一流外交外事人才。改革开放以来，为适应外交外事及各种涉外工作对各种人才的需要，外交学院采取"多规格、多层次、多形式"的办学体制，设立了外交与外事管理系、英语系、外语系、国际法系、国际经济学院、基础教学部、研究生部、国际关系研究所、国际教育学院9大教学单位，以及亚洲研究所、中国外交理论研究中心、国际法研究所等20余个研究中心，为我国外交战线输送了大量优秀外交人才。国际关系学院以国际问题和外语教学科研为重点，改革开放以来培养的英语、日语、法语研究生大多活跃在我国外交外事、国际问题研究与教学等领域。这些院校多年来的人才培养为我国外交事业和国际事务造就了一支素质过硬的人才梯队，使我国外交战线掌握了参与全球治理的必不可少的语言沟通、文化理解和外事交往能力。

## 三、提升国民素养

改革开放40年外语教育的发展，在培养大批外语应用型人才、助推外贸发展、提升国家综合能力的同时，也显著改善了应用外语的社会环境，大幅度提升了国民文化素质。

### （一）外语环境发生改变

经过40年的改革开放，中国业已探索出一条适合自身发展的道路，和谐、繁荣、开放、包容、可持续发展的大国屹立在世界的东方。如果放在中国历史长河中去分析，正是由于对内改革、鼓励社会民间自由创新、对外开放、与世界各国平等友好往来，才促进我国进入一个现代化的盛世时期，并且深度参与到全球化进程中来。盛世时期的社会环境是自由、开放的，在这样的大环境下，外语的应用广度与深度也在不断发生变化。

　　首先是外语生活环境的变迁。如前所述，先是20世纪80年代、20世纪90年代《许国璋电视英语》《疯狂英语》等电视传媒广为人知，接着进入21世纪初，我国加入世贸组织，进一步激活了社会中小企业的灵活性，越来越多的中小企业参与到国际交流中来；与此同时，国门进一步打开，经贸往来、留学、出境旅游等连年创新高，直接催生了社会语言环境的丰富和改善。40年来，社会环境的改变更多是春风化雨式而不是狂飙猛进式，就是在这样春风化雨式的社会变革中，种种涉及外语的信息传媒、交通标示、旅游规划、超市商品，潜移默化到人们的衣食住行中来。不知不觉间，开放的中国渐渐培养出了开放的国民，一些外来的网络流行语经由现代传媒的传播，很快成为普通大众挂在嘴边的习语。

　　其次是外语教育教学和学习环境的不断优化。具体到外语教育教学环境，从正规正式的学校教育，到快速出现的社会外语培训机构，再到移动互联网时代通过手机APP进行外语自学，成为当代白领甚至蓝领们工作生活不可或缺的内容，外语教学与学习业已成为终身学习时代不可或缺的部分。外语教育和学习环境的不断优化，主要体现在如下三个方面。一是学校外语教育教学环境的持续优化和不断升级。我国中小学外语教育教学曾经面临的师资极度匮乏、教学资源短缺的局面一去不复返，那种靠磁带录音机开展外语教学，甚至靠老师不标准发音教学的时代已成为遥远的记忆，取而代之的是中小学外语师资的极大发展，教学和学习资源的极大丰富。20世纪末高等教育大众化进程的启动影响深远，对于外语教育而言，一方面是培养了大批外语人才，另一方面则是直接壮大了中小学外语教育教学师资。现在，有不少中小学甚至开展双语教育教学。大中小学外语教育"一条龙"改革广度不断扩展，程度不断加深。随着"三通两平台"的持续推进和建设教育信息化2.0时代的到来，中小学外语教育教学业已具备了丰厚的国内教学资源。例如，外研社针对基础教育阶段开发的Unischool平台，集数字教育产品、教师职业发展、学生及教师活动赛事、数字互动教室等为一体，线上线下相结合，贴近师生实际需求，业已成为众多中小学教师和学生使用的英语学习平台。随着"一带一路"倡议的深入实施，内地中小学延请外教进入课堂也已经成为普通中小学改革的普遍现象。二是社会外语培训机构的不断扩张和推陈出新。众所周知，新东方是外语社会培训机构的"龙头老大"。20世纪90年代初，社会"下海"浪起潮涌之际，"中国合伙人"们在北京街头电线杆上张贴广告，租借民房开展英语培训，社会外语培训机构由此开始萌芽。很快，在稳定、开放的社会环境中，各式外语培训机构如雨后春笋般出现，逐渐成为学校外语教育的有益补充，满足了人民群众不断增长的文化需求。这类培训机构最初主要以考试培训辅导为主要业务，随着我国21世纪初加入世贸组织，社会上对外语人才的需求不断加大，校外培训机构的种类更加多样，功能也更加健全。一些经验丰富、历史积淀丰厚的培训机构逐渐做起了出国留学外语培训、申请辅导等相关业务。不同规模、不同类型的外语培训机构散见于中国的大中小城市和城镇地区，借助市场经济的力量，有力改善了校外英语学习培训环境。三是移动互联网时代，外语学习已经成为人们日常生活的重要组成部分。改革开放40年的变迁，极大地改变了人们的生活观和世界观，终身学习的理念逐渐深入人心，中老年人开始学习使用计算机，从零开始学英语已不足为奇。在各式各样的职业中，终身学习的内容，除了专业知识的及时"充电"之外，也包括注重练习和提升职业所涉及的外语（尤其是英语）听说读写能力，当下火遍微信朋友圈的"薄荷阅读""每日英语"便是最好的体现。

再次是外语应用环境的触手可及。如果说改革开放前20年里，说外语是专业人士或专用领域特有的现象的话，那么改革开放的后20年，特别是加入世贸组织以来，说外语业已普及社会的各个角落。推其原因，不外乎在改革开放的时代背景下，我国深度参与全球化进程所致。本书举几个突出的影响因素。一是外语教育教学环境，包括学校教育教学系统、校外培训机构以及社会学习资源环境的不断优化。二是出国留学和来华留学人数年年创新高，我国已经成为世界第一出国留学大国，以及亚洲第一大留学目的国，并且，留学生学成回国数量也在不断增加。2017年，出国留学人数首次突破60万，达60.84万人，同比增长11.74%；同年留学人员回国人数较上一年增长11.19%，达到48.09万人。近年来，出国留学人员与学成回国人员数量渐成持平态势。2017年，共有来自204个国家和地区的48.92万名外国留学生在全国31个省、自治区、直辖市的935所高校学习。[1] 在教育系统多层次、宽领域、立体化、全方位对外开放的当前，出国留学、来华留学和学成归国人员数量的不断攀升，本身就促进了外语学习热情的高涨与外语的广泛应用。三是开放的社会促进了中外语言文化交流。对于民间社会而言，突出体现在出境旅游上，据中国旅游研究院和携程旅游集团联合发布的《2017年中国出境旅游大数据报告》显示：2017年，中国公民出境旅游13,051万人次，比上年同期增长7.0%。[2] 中国已连续多年保持世界第一大出境旅游客源国地位。根据中国旅游研究院测算，2017年我国国际旅游支出达1,152.9亿美元，相比2016年1,098亿美元增长5%。其中，在线旅游平台和手机端成为中国旅游者的首选。根据携程旅游集团的统计，每5个中国出境游客中，至少有一位是在携程上进行的预订。支撑出国旅游的最重要因素除了经济实力之外，外语水平无疑是很关键的因素。据《2017年中国出境旅游大数据报告》显示，在2017年国人各种出境旅游方式占比中，"自由行"高达42%，仅次于跟团旅游的44%。很显然，这类"自由行"旅客如果没有突出的外语能力的话，是难以自由旅行的。再就是搭乘国际化的便车，说外语成为人们日常生活中不可或缺的境遇，突出体现在2008年奥运会、2010年世博会等一系列重大活动方面。中国成功申办2008年北京奥运会和2010年上海世博会后，外语教育社会化的趋势更为明显，全国范围的"英语热"已经是有目共睹的事实。例如，为了给北京申办2008年奥运会创造良好的语言环境和国际交往气氛，2000年年初，北京市政府根据"普及性、实用性、群众性、趣味性"相结合的原则，在全市广泛开展了市民讲外语的系列活动，极大地调动了市民学外语、讲外语的

---

[1]留学必看！2017年出国留学和来华留学大数据[EB/OL]. http://www.sohu.com/a/229575358_534877.

[2]2017年中国出境旅游大数据报告[EB/OL]. http://www.199it.com/archives/695529.html.

热情，在国内外产生了很大影响。北京市政府将2003—2008年工作目标确定为：全市外语人口达到500万人，占常住人口总数的35%；公共场所双语路牌标志规范普及化；重点地区窗口行业基本实现外语服务无障碍；外语服务系统化，外语服务志愿者队伍制度化；为2008年奥运会的成功举办创造良好的语言条件，使城市国际交往的功能明显提高。[1]到2020年市民整体外语水平和综合素质有本质上的提升，形成适宜外国人在北京工作、学习和生活的一流人文环境，为北京现代化国际大都市基本框架提供可靠的保障。

## （二）国民外语能力普遍、显著性提升

提升国民素质是国家教育的目标归宿，同样，提升国民外语素质、增强跨文化理解能力也是外语教育应有的题中之义。改革开放40年来，外语教育的突出贡献也体现在劳动者外语能力的提升方面。这既包括国民整体外语文化素质的提升，又包括劳动者外语素养的提升，也体现在专业人员外语能力的不断增强。

### 1. 全体国民外语水平与跨文化素养得到改观

如前所述，无论是《许国璋电视英语》《疯狂英语》等电视传媒广为人知，还是"hold住""不能太low"等掺杂外语词汇的俚语播于众口，抑或出国旅游"自由行"的年年攀高，均有力说明了全体国民外语水平的显著提升。检索每年的网络流行语，不难发现，很多外语词汇夹杂其中，这说明，在"世界是平的"的当下，说外语已经成为人们日常生活中司空见惯的现象。

与此同时，在市场经济环境下，外语水平的提升也促进了国民观念的转变。从对外开放初期的20世纪80年代说外语是"赶时髦"的事情，到当前男女老幼都能说上几句，其背后是国民意识的转变和文化心理的健全。社会主义市场经济在促进社会繁荣的同时，也促进了人们效率意识、开放

---

[1]李传松. 新中国外语教育史[M]. 北京：旅游教育出版社，2009：398-399.

意识、平等意识、包容意识的觉醒，国家繁荣的同时，国民的"崇洋媚外"心态不再，转而体现出更多的文化自信，越来越多的留学生学成回国即能说明这一现象。这其中，外语教育功不可没，在某种程度上甚至可以说，正是外语教育培育了国民开放的心态，才进一步促使国民转而拥抱国内文明，促进了对中国文化的认同。

**2. 普通劳动者外语水平大幅提升**

《国家中长期教育改革和发展规划纲要（2010—2020年）》指出，要"努力培养造就数以亿计的高素质劳动者、数以千万计的专门人才和一大批拔尖创新人才"。这句表述既是对此前改革开放教育事业发展经验的提炼与总结，也是对当前与今后教育发展目标的重申。它分别厘定了我国基础教育、高等教育和研究生教育的目标，即，基础教育要"努力造就数以亿计的高素质劳动者"，高等教育要"努力造就数以千万计的专门人才"，研究生教育则是要"努力造就一大批拔尖创新人才"。

当前，"50后"渐次退休，"60后""70后""80后""90后"构成了劳动者大军，特别是20世纪70年代及其后出生的几代人，生逢改革开放盛世，他们的成长经历了改革开放的深刻变迁。在他们成长的过程中，外资不断涌入，基础教育不断发展，普及九年义务教育早在20世纪90年代中期就顺利实现。进入21世纪后，"义务教育向幼儿园教育延伸，向高中教育延伸"在一些地区渐次实现，高中阶段教育基本普及，基础教育"控辍保学"措施不断加强，教育均衡与公平发展业已成为社会大众广泛关注的话题。就在这样的历史进程中，我国基础教育迅速发展，建成世界最大规模的教育体系。根据教育部2015年公布的教育规划纲要五周年实施成效数据显示：2014年我国初中毕业生升学率达95.1%，绝大多数毕业生接受高中阶段教育。高中阶段教育毛入学率显著提升，2014年达到86.5%，比2009年提高了7.3个百分点。

基础教育的普及、巩固和均衡发展，为提升劳动者素质提供了根本性保障。其中，中小学外语教育也得到了很大发展，显著提升了劳动者的外语素质。能够使用英语进行简短交流已经成为新一代劳动者素质的"标配"。随着互联网的迅猛发展和普及，新一代劳动者通过互联网进行工作，借助网络开展交流。如前所述，掺杂着外语的网络用语层出不穷，进而普及到社会大众中，成为大众的日常用语，本身就反映出当前劳动者在多语言环境下的开放心态与创造性意识的增强。

社会产业结构的更新换代和企业的对外开放，也需要大批量熟练的技术工人，向劳动者不断提出新的要求，终身学习观念已深入人心，业余补习外语已成为相关领域劳动者的常态。早在2000年8月，教育部就颁布了《中等职业学校英语教学大纲》，要求中职学校在校生具备听、说、读、写基本技能的实际运用能力，提高英语学习的自信心，形成有效的学习策略，养成良好的学习习惯，提高自主学习英语的能力；培养学生初步的职场常用英语应用能力和用英语获取信息的能力；引导学生了解、认识中西方文化差异，培养正确的情感、态度、价值观和跨文化意识，等等。由此开始，我国职教院校英语教育也进入了务实发展阶段，适合各类职业领域具体需求的外语教材层出不穷，诸如《新核心高职英语》《文秘英语》《致用英语》《计算机英语》《跨境电商交际英语》《英文外贸函电》等外语教材。这类教材由专业的外语教育出版机构如外研社、外教社、高教社组织专家编写，瞄准社会对外语人才的需求，贴近职业教育现状，及时进行修订完善，从教育口为当下及未来劳动者外语素养的提高提供保障。

### 3. 专业人员与国际同行顺畅交谈

20世纪80年代，人们出国通常需要带专业翻译人员，尤其是一些高端学术会议。现在的社会各领域，上至国务院总理，下至平民百姓，能够讲一口熟练的外语早已不是新鲜事。在一些专业领域，如医生、大学教师、工程技术人员、律师、计算机程序员等社会行业，工作需求与职业发展早已适应了外语环境，并日益离不开与国外同行人员的交流。

以学术研究与交流为例，近年来，国内外各行业各类国际学术会议层出不穷，在促进国际学术交流的同时，也凸显了精通外语助推专业发展的重要性。改革开放以来，国家高度重视高端研究人才对于经济发展的重要意义，颁布实施了"千人计划"等一系列重要政策。"千人计划"的实施，促使一大批有报国志向的拔尖创新人才回国创业。这些人才熟悉国际学术规则，站在本领域国际学术最前沿，毫无疑问也具有较高的外语水平。学成回国后，这些高端人才大多在科研院所工作，他们将在国外学习获得的专业技能、科研理念与方法应用到国内，在促进本专业科技研发的同时，也推进了外语在本专业领域的应用和推广。与此同时，在学术研究方面，开放的中国学术日益走向世界。我国学者在国际期刊发表的论文数量不断攀升，越来越多的专业联合国际同行，立足本国，创办了使用外语进行发表和交流的期刊，在促进学术繁荣的同时，也提高了本专业科研工作者的外语水平，讲述了中国科研故事。

此外，改革开放以来，尤其是20世纪末高等教育大众化的发展，促进了大学公共外语和外语专业教育的发展。仅以大学英语四、六级考试为例，自1987年国家开始实施四级考试以来，大学生参加英语四、六级考试已经成为全国各高校的"标配"，各类语种的专业考试制度也不断健全，报考人数也不断增加。与此同时，高校外语考试的科学性、实用性也不断增强。从20世纪80年代到现在，四、六级考试历经数次重要改革，由原来的分数本位逐渐过渡到能力本位，有力保障了各行各业专业人员的外语水平。

## 四、扩大中国影响力

国家外语能力是一个国家运用外语开展国际交往、处理国际事务、参与全球治理的能力，既是形成国家国际话语权和国际传播能力的基础，也是国家软实力的重要体现。改革开放特别是党的十八大以来，我国国家外语能力和国际传播能力不断提升，通过媒体、翻译和出版向世界传递中国理念、呈现中国模式、传播中国经验，为扩大中国影响力做出了重要贡献。

### （一）向世界传递中国理念

通过国际平台用联合国各种语言向国际社会传递人类命运共同体理念，展现了中国的大国担当。2017年1月，习近平主席在联合国日内瓦总部发表题为《共同构建人类命运共同体》的演讲，深刻、全面、系统地阐述了人类命运共同体的理念。这一理念的提出很快就得到广大会员国的普遍认同。2017年2月，联合国社会发展委员会第55届会议以协商一致的方式，通过了"非洲发展新伙伴关系的社会层面"的决议，呼吁国际社会本着合作共赢和构建人类命运共同体的精神，加强对非洲经济发展的支持，这是构建人类命运共同体理念首次被写入联合国决议。此后，该理念被写入联合国多个声明和决议，如中国在人权理事会第34次会议上代表140个国家发表的《促进和保护人权，共建人类命运共同体》联合声明、联合国安理会一致通过的关于阿富汗问题的第2344号决议、联合国人权理事会第34次会议通过的关于"经济、社会、文化权利"和"粮食权"的两个决议、第72届联合国大会裁军与国际安全委员会通过的"防止外空军备竞赛进一步切实措施"和"不首先在外空放置武器"的两份决议，以及第107届国际劳工大会通过的"促进有效的发展合作，实现可持续发展目标"的决议。这表明，构建人类命运共同体理念反映了国际社会的普遍期待，符合国际社会的共同利益，中国理念在国际上正得到越来越多的支持，在联合国议程中正得到越来越多的反映，这也是中国大国担当的一种体现。人类命运共同体理念用联合国多种语言写入联合国决议不仅反映了国际社会对中国理念的认同，也扩大了中国影响力。

充分利用主场外交和联合国平台向世界传递中国理念。近年来，我国在"一带一路"国际合作高峰论坛、二十国集团杭州峰会、厦门金砖五国会议、上合组织青岛峰会、中非合作论坛北京峰会等主场外交活动中以及联合国平台上，提出和重申了中国理念，弘扬互信、互利、平等、协商、尊重多样文明、谋求共同发展的上海精神，发扬平等相待、求同存异、务实创新、合作共赢、胸怀天下、立己达人的金砖精神，传承以和平合作、开放包容、互学互鉴、互利共赢为核心的丝路精神，秉持真实亲诚对非政策理念和正确义利观，推动构建以合作共赢为核心的新型国际关系，打造遍布全球的伙伴关系网络，坚持公平、开放、全面、创新的新发展观，倡导共同、综合、合作、可持续的安全观，坚持以共商共建共享为原则的全球治理观，等等。这些理念得到国际社会的广泛欢迎和认同，并且通过《习近平谈治国理政》在全球多语种出版发行。以共商共建共享和合作共赢为核心的中国理念在世界更大范围内得以传播，彰显了中国积极参与全球治理、推动世界和平发展、推动人类社会进步的大国担当和风范。

### （二）向世界呈现中国模式

我国国际传播能力的提升让世界更容易全面客观地了解中国经验，认识中国发展模式。改革开放40年来，中国形成了不同于西方的具有中国特色的发展模式，就是坚持走独立自主、改革开放、以人为本、和平发展和符合中国国情的可持续发展道路。中国发展模式在《习近平谈治国理政》一书中有生动集中的呈现。这本书是新时代坚持和发展中国特色社会主义的伟大实践的生动记录，是在推动构建人类命运共同体、促进人类和平与发展事业过程中中国智慧和中国方案的充分体现，其多语种翻译出版发行有助于世界各国读者更好地了解中国理念，引导国际社会更加全面客观地认识和理解中国发展模式、发展理念、发展方式，促进中外文化交流和治国理政经验互鉴。《习近平谈治国理政》翻译出版后立即受到各国热烈欢迎，坦桑尼亚执政党和政府高级官员人手一册，越南国家政治出版社为所有司局级干部配送一本，柬埔寨以国家名义为该书举办专题研讨会，首相洪森还希望获得电子版，以便在手机上反复阅读，其国际感召力和影响力越来越大。《习近平谈治国理政》第一卷用24个语种出版，全球发行量超过660万册，第二卷翻译出版积极开展国际合作，与意大利、波兰、乌克兰、阿尔巴尼亚、罗马尼亚、肯尼亚等十几个国家合作，共同翻译出版这些国家的语种版本，全球发行量现已突破1,300万册。

我国对外叙事能力不断提高，对中国理念和发展模式的外语表达让国外读者易于理解和接受。比如，中英文两种语言表达非常不一样，中文言简意赅、博大精深，可用一个词来表达非常多的意思。为了使国外的读者能看懂，用恰当准确的语言把《习近平谈治国理政》翻译出来，准确性和可读性就成为关键。像"四个全面""四个意识""五位一体"等具有中国特色的词汇的翻译都是经过中外专家反复讨论才确定下来。"五位一体"经过多次讨论最后定为"Five-point Strategy","高举和平对话旗帜"直译是"hold high the banner of peace and dialogue",为了使译文更地道、更容易为外国读者所理解，经与外方专家讨论，将其定为"champion the cause of peace and dialogue"。[1]

### （三）向世界传播中国经验

外语教育有助于不断提高国际传播能力和对外叙事能力，通过国际交流和翻译出版积极向世界传播和介绍中国经验。改革开放以来，我国积累了丰富的治国理政经验。例如在扶贫方面，中国的经验是坚持以人民为中心的发展思想，大力实施精准扶贫、精准脱贫，发挥中国制度优势，坚持政府主导，深化东西部协作，动员全社会参与，把扶贫同扶志扶智相结合，开发式扶贫同保障性扶贫相统筹，确保到2020年消除绝对贫困。过去40年来，中国实现7亿多贫困人口摆脱绝对贫困，对全球减贫的贡献率超过70%，成为率先实现联合国千年发展目标的国家。中国的扶贫成就得到联合国的高度赞扬。2018年9月，应邀出席中非合作论坛北京峰会的联合国秘书长安东尼奥·古特雷斯指出："中国的发展已经让数亿人口远离了贫困，而且中国正致力于在2020年彻底消除国内的极端贫困。所以这是中国对世界减贫事业最大的贡献。"古特雷斯为中国外文出版社出版的英文版图书《中国扶贫案例故事选编》题词，"这本书见证了当今世界上最美好的故事：中国在减贫领域取得的巨大成功，有力地促进了经济和社会的发展"。[2]中国的扶贫经验受到广大发展中国家的重视。2018年9月举行的中非合作论坛北京峰会成为传播中国经验和非洲国家领导人学习中国经验的平台。2018年11月，巴基斯坦总理伊姆兰·汗来华访问时明确表示，巴基

[1]《习近平谈治国理政》第二卷英文版翻译背后的故事 [EB/OL]. http://news.china.com.cn/2017-11/21/content_41921656.htm.

[2]联合国秘书长古特雷斯：中国为全球减贫做出重要贡献[EB/OL]. http://www.chinatoday.com.cn/zw2018/rdzt/fp/201810/t20181017_800144354.html.

斯坦钦佩中国的发展成就，希望学习借鉴中国在发展、扶贫和反腐等方面的成功经验。

　　国家外语能力助力提高教育国际合作交流水平，活跃的教育国际合作交流成为传播中国教育经验的重要渠道。我国基础教育质量和教书育人经验受到各国重视，特别是我国参加PISA测试取得的成绩令各国刮目相看，纷纷组团来华交流学习。作为教育发达国家，英国的经验历来被包括中国在内的许多国家学习借鉴，而现在英国的教育改革反过来学习借鉴中国的经验。2016年7月，英国政府宣布投入4,100万英镑用于引进翻译出版上海基础教育数学教材，推广"上海掌握教学模式"，资助中英数学教师交流。中国推进世界一流大学和一流学科建设的经验也受到国际高等教育界的广泛关注，印度学者建议本国学习中国、日本和美国等国经验，创办世界一流大学。[1] 此外，通过开展教育国际合作、教育援外、海外合作办学、友

牛津市市长科林·库克（Colin Cook）参加"门，开了：80年代中国"摄影展

　　[1]Alya Mishr. Can India learn from China in creating world-class universities? [EB/OL]. http://www.universityworldnews.com/article.php?story=20130208143201343.

好学校、国际教育论坛、中国国际教育展会、中非合作举办鲁班工坊及完善孔子学院布局等途径和方式，中国向世界各国特别是"一带一路"沿线国家传播了中国教育经验。

改革开放以来，我国外语教育助力区域经济特色发展，推动了国家外向型经贸发展，提高了国家的知识创新能力、国际安全合作能力、对外文化交流能力、全球治理能力等综合实力，提高了国民外语水平和跨文化素养。通过不断向世界传递中国理念、呈现中国模式、传播中国经验等方式扩大中国影响力，中国外语教育在政治、经济、社会、文化、军事、外交等方面都做出了巨大贡献，使得中国的国际竞争力和国际地位稳步提升，彰显了中国作为一个负责任大国的担当与风范。

## 第七章

外语教育的基本经验

　　我国外语教育源远流长，改革开放后备受重视，经过40年来的快速发展，外语教育取得重大进展，形成了完整的外语教育体系，上千所高校设有80多个语种的外语专业，拥有80多万名外语专业在校生规模，大中小学普遍开设外语课程，有4亿多名外语学习者，业已成为世界外语教育大国，极大地提高了亿万国民的外语水平，为社会主义现代化建设培养了数百万国际化外语人才，有力地支撑了中国的综合国力和世界大国地位。习近平总书记在全国教育大会上提出的"九个坚持"和破"五唯"，系统总结了教育改革发展的成就和经验，深刻回答了培养什么人、怎样培养人、为谁培养人这些根本问题，科学阐释了有关教育现代化的若干重大理论和实践问题，深化了对中国特色社会主义教育发展规律的认识，是系统科学的新时代中国特色社会主义教育理论体系，是指导新时代教育改革发展的纲领性文献，为做好新时代教育工作提供了根本遵循和行动指南。新时代新起点，系统总结外语教育经验具有重大的历史意义和现实意义，有助于深化对中国人学习外语教育规律的认识、丰富和发展，科学把握"时、度、量"，不断开创新时代外语教育的新局面。

## 一、坚持政策引导和长远规划相结合

　　增强外语能力建设是国家战略，制定长远战略规划是国际通行的做法。在全球化日益发展的当代，许多国家将外语教育政策规划提升到国家语言战略发展的高度：如美国外语教育委员会1996年制定《外语学习标准：为21世纪做准备》，确立了"5C"外语学习目标（交流、文化、学科联系、比较能力、社区），美国国防部2005年1月发布"白皮书"——《国家外语能力行动倡议书》，实施"国家安全语言启动计划"，对外语能力、外语人口、外语语种、外语教育、外语资源利用等进行了规划，列出了阿语、汉语、俄语等"关键语言"，在高校设立了15个语言资源中心，有计划、有步骤地培养和储备战略急需的外语人才；欧盟在2001年、2003年相继发布《欧洲语言共同参考框架：学习、教学、评估》《欧洲语言教育政策制定指南》，以规范和促进成员国之间的外语教学；英国2002年发布《外语教育发展战略》；澳大利亚21世纪初发布《学校外语教育计划（2005—2008）》；日本2003年制定《培养"能用英语的日本人"的战略构想》；越南制定《国家外语纲要2020》，高度重视外语教育，培养公民国际素养。[1] 服务对外开放大局，通过政策体现国家意志，通过规划落实国家政策，基于国民外语素养和外语人才培养现状进行调查与评估，开展社会需求调查，制定富有前瞻性的中长期外语教育规划，充分体现集中力量办大事的制度优越性，已成为我国发展外语教育的宝贵经验。

### （一）坚定不移地推进事关对外开放全局的外语教育

对外开放是中国快速发展的关键一步，对外开放是全方位、多层次、宽领域的开放，无论是积极引进国外资金、技术、人才和先进管理经验，充分利用国外先进文明成果来加快现代化建设，还是"走出去"开展"一带一路"建设，外语都是制胜要素。外语教育与对外开放息息相关，对外开放不动摇，全球化发展不停步，外语教育就不可少。

外语教育只能加强，不能削弱。中华人民共和国成立以来，党和政府高度重视外语教育事业的发展，几代领导人都做过重要指示，有些领导人还是外语达人，在不少场合都曾用过外语。毛泽东17岁开始学习英语，年过花甲仍坚持学英语；留学欧洲的周恩来、朱德、邓小平会说法、德、英等外语；留学苏联的江泽民、李鹏、李岚清等熟练掌握俄、英等多种外语；朱镕基、李克强等能够用英语流利地与外国政要交流。

党和国家日益重视国家外语能力建设，强调外语教育只能加强，不能削弱，坚持把外语教育发展纳入国家和社会整体发展战略。在改革开放初期，急需打开国门学习借鉴国外先进科学技术和管理经验，发展外语教育显得刻不容缓。1977年，邓小平主管科技和教育工作，明确指示在学校教育中恢复和加强外语教育，鼓励出国留学。2001年中国加入世贸组织，

---

[1]谢倩. 外语教育政策国际比较研究[M]. 武汉：华中科技大学出版社，2014：序言.

2008年北京成功举办奥运会，国际影响力日益增大，既需要加强对世界的了解，也需要促进世界对中国的了解，领导干部开始重视外语学习，带动社会对外语教育的重视。2001年以来，中组部等部门多次组织省部级领导干部外语学习班、强化班或出国研修班，极大地提高了领导干部的外语水平。

随着中国日益走向世界舞台中央，在全面提高对外开放水平、推动"一带一路"建设、促进中外互学互鉴的背景下，外语学习的需求不断提升。习近平总书记在党的十九大报告中指出，"必须统筹国内国际两个大局"，"坚持推动构建人类命运共同体"，"谋求开放创新、包容互惠的发展前景，促进和而不同、兼收并蓄的文明交流"，"以文明交流超越文明隔阂、文明互鉴超越文明冲突、文明共存超越文明优越"，"始终做世界和平的建设者、全球发展的贡献者、国际秩序的维护者"，"要努力提高国际话语权"，强调"讲好中国故事，传播好中国声音"。习近平总书记反复强调发展中国特色、世界水平的现代教育，在全国教育大会上，他指出要扩大开放，同世界一流教育资源开展高水平合作办学。这既是全面提高对外开放水平的总体战略思考，也赋予了新时代外语教育新的历史使命。

外语教育必须统筹规划，没有规矩难成方圆。服务国家对外开放"引进来"战略，1978年教育部召开全国外语教育座谈会，这是改革开放后第一次全面研究和规划外语教育的会议，会议明确了加强外语教育的若干方针，提出学好外语以汲取外国科学文化知识是一项政治任务。会议提出了《加强外语教育的几点意见》，延续了1964年制定的《外语教育七年规划纲要》的基本精神，提出了加强中小学外语教育、大力办好高校公共外语教育和业余教育、培养既懂专业又掌握外语的科技人才、集中办好一批重点院校、合理布局语种、加强师资培养、编选大中小学外语教材、加强教学法和语言科学研究、实现外语电化教学等措施。[1]

---

[1]戴炜栋，胡文仲. 中国外语教育发展研究（1949—2009）[M]. 上海：上海外语教育出版社，2009：50.

新时代的外语教育规划要求服务于国家对外开放战略的转变，"一带一路"倡议是国家战略转型的重要举措，标志着我国从"本土型"国家向"国际型"国家转变，这就决定了外语教育规划的战略定位也要从过去"引进来"为主向"走出去"转型，实施双向互动战略，不仅要满足"引进来"的需求，还要服务于"走出去"的大局，将其作为国家"软实力"建设加以谋划和布局，从国家利益角度思考"互联互通"对外语教育规划提出的新任务和挑战，其中最重要的任务就是维护国家主权安全和发展利益，有针对性地开展"一带一路"沿线国家关键语言战略研究，深入调查和分析潜在"不安全"因素的语言问题，做好战略规划预案。中办、国办2016年2月印发的《关于做好新时期教育对外开放工作的若干意见》明确要求，"通过深化与世界各国语言合作交流，加强在汉语推广和非通用语种学习中的互帮互助，推进与世界各国语言互通，拓展政府间语言学习交换项目，联合更多国家开发语言互通共享课程，促进中外语言互通"。教育部2016年7月印发的《推进共建"一带一路"教育行动》通知中明确了"促进沿线国家语言互通"的长远规划，要求"研究构建语言互通协调机制，共同开发语言互通开放课程，逐步将沿线国家语言课程纳入各国学校教育课程体系。拓展政府间语言学习交换项目，联合培养、相互培养高层次语言人才。发挥外国语院校人才培养优势，推进基础教育多语种师资队伍建设和外语教育教学工作。扩大语言学习国家公派留学人员规模，倡导沿线各国与中国院校合作在华开办本国语言专业"。这些都需要更富有前瞻性和战略影响力的外语教育规划来加以落实，体现开放包容的特点，使国家、地方和学校规划相互衔接分层落实，国家规划充分发挥顶层设计宏观指导作用，地方规划要体现区域特色（如面向南亚、东南亚的关键和稀缺语种外语教育规划[1]），外语类学校规划要切实可行（如北京外国语大学制订五年发展规划，明确了国际知名有特色高水平外国语大学发展目标，规划到

---

[1]毕俊峰. 南亚国家语言政策与我国面向南亚的外语教育规划研究[J]. 外语教学，2016，37（5）.

2020年开设100种外语，涵盖所有与我国建交的175个国家官方语言和国别研究，语种数量和覆盖面达到发达国家知名大学同等水平）。

## （二）"引进来"和"走出去"相结合，不断推行外语语种多元化

对外开放战略的重大变化和时间节点决定了外语语种的选择。在改革开放初期，我国主要向以美国为首的西方国家开放，外语语种以英语为主，举国兴起学习英语热潮。随着开放大门的全面打开，以及中苏（俄）关系的好转，尤其是加入世贸组织后，我国逐步全方位开放，所需外语语种不断增多。但当前开设的外语语种数量明显少于发达国家，仅相当于一个欧洲中等国家的规模，且覆盖面不够全，有些关键国家和地区的语言还未涉及，不符合我国的世界大国地位，影响国际竞争与合作能力。

"一带一路"建设意味着来自"外向型"的战略需求日益增多，需要加快从外语教育大国向外语强国转变。从国外经验看，外语教育战略更注重国家战略和社会需求，更注重从国家利益视角开展外语能力的战略需求研判，更侧重对国民外语能力的需求调查，重点考察外语教育与社会需求的衔接问题。相比之下，已有规划较为关注学校外语课程需求，较少关注学校与社会、企业需求对接问题。改革开放40年来出现的"外语热"，在很大程度上迎合了外语教育的现实需求和个体需求。据中国外语战略研究中心2013—2014年在上海市民中基于网络开展的外语需求调查显示，在超过1万名受访者中，88%的市民外语能力的实际需求主要来自求职或学校考试，并不是由于直接对外交往的需要。[1]市民学习外语的动机也以工具性为主，即为了顺利求职或通过考试，外语学习的交换价值被过度强化，成为判断外语水平以及能力的一把尺子，导致工具价值出现异化和偏离。[2]这种外语能力需求属于"内需型"，服务于国内升学晋职等功利性需求。

---

[1]沈骑. 关注语言需求 做好外语规划[J]. 中国社会科学报，2017-02-17.

[2]沈骑. 全球化3.0时代的外语学习：从"独尊英语"走向多语互补[N]. 文汇报，2017-08-04.

而在新形势下的公众外语需求调查显示"增长见识"和"国际交往"成为首选，这种"外向型"需求拉动"内需"的现状，倒逼外语教育改革。

外语语种教育需要统筹规划。语种布局是外语规划的重要方面。"一带一路"沿线65个国家和地区情况各异，语言文化缤纷多彩，这就给"互联互通"建设中的外语语种布局和专业建设提出了新的要求。由于历史原因，我国在20世纪50年代形成俄语"单打天下"的局面，非通用语种发展有起有落，"家底"并不富足。改革开放后又出现了英语一家独大现象，超过1,200所高校有英语专业，不少高校的外语院系仅有英语等有限的通用语种。非通用语种专业建设曾一度萎缩，师资严重流失，专业建设水平普遍不高。近年来，国家重视外语语种规划工作，2015年正式出台文件要求加强非通用语种教育，建立一大批非通用语种人才培养基地，加大语种、布点与资源等方面的投入，逐步解决"单一型"外语语种结构问题。但随之而来的却是语种布点的"摊大饼"问题，一些高校盲目设置非通用语种专业，某些省的教育主管部门甚至要求省内每所高校至少"认领"一个"一带一路"非通用语种专业建设任务，致使国内非通用语种专业和布点出现"井喷"式增长趋势。"一带一路"语种布局不宜一哄而上，无论是语种选择、专业建设、市场需求、人才定位与培养模式，都需要缜密的研究论证，要结合国家战略和地方实际进行统筹规划，实现语种布局合理规划，倡导联合办学，避免重复建设和不够条件硬上马，以免事倍功半。

## 二、坚持"专业知识+外语技能+文化素养"一体化的复合型人才培养模式

人才是事业发展的第一资源，外语人才作为重要的战略资源，其培养数量、规格和水平直接影响国家现代化建设和个人发展前程。外语人才培养是外语规划的重心，也是外语服务推进"互联互通"建设向纵深发展的关键。受传统学科观念影响，我国外语人才规划主要强调语言知识和技能培养，工具性和实用性取向明显，满足了市场对于一般通用性语言沟通和

交流的需求，但这种"一刀切"的同质化外语人才培养模式导致外语人才普遍缺乏人文知识积淀和专业知识培养，无法从事国际专业领域工作和学术研究，致使"小才拥挤，大才难觅"问题突出，高层次外语人才依旧缺乏，每逢重大国际活动和重要国际谈判，都会出现高水平外语人才"一将难求"的情况。随着经济全球化程度加深，对既掌握专业技能又具备外语水平的复合型人才的需求日益加大。40年来，我国外语教育人才培养经历了人才奇缺、相对平衡、部分饱和三个发展阶段，顺应社会发展要求适时进行调整优化，从单一纯语言型人才培养发展到复合型人才培养，成为一条宝贵的发展经验。这也是国外的通行做法，例如法国高校应用外语专业就积累了可资借鉴的丰富经验。[1]

在改革开放初期，外语人才培养的主要任务是调整语种，着力培养英语人才。1979年4月国家教育部颁布的《外语学院英语专业四年制教学计划（试行草案)》《综合大学英国语言文化专业四年制教学计划（试行草案)》《高等师范院校英语专业四年制教学计划（试行草案)》，明确了三类培养目标：外语学院培养德智美全面发展的英语翻译和教师及其他英语工作者；综合大学培养德智美全面发展的英美语言文学研究人员和教师及其他英语工作者；高等师范院校培养德智美全面发展的英语教师。其实三者培养目标互有交叉，培养规格差别不大。围绕"多出人才，出好人才"的要求，外语专业教育迅猛发展，出现单一外语人才过剩，而外语专业人才的社会适应性差，缺少管理、创新等能力，职场成就低等问题，这表明传统的以语言技能为主的纯语言型人才培养模式已不能适应国家全面开放的形势，更不能满足经济全球化的需求。

随着对外开放的深入，外语教育逐渐普及，外语专业教育转入了内涵发展阶段，注重复合型人才培养。一大批外语类院校和综合大学外语学院

---

[1]苏静. 复合型外语人才培养路径探析——法国高校应用外语专业建设启示[J]. 吉林省教育学院学报，2017（11）.

（专业）开展了复合型人才培养改革实验，有效地促进了学科发展，拓展了学生就业途径。高等院校采取"2＋2"分段教学模式：前两年主要培养学生听、说、读、写、译方面的语言技能，夯实语言基础；后两年在外语教学的基础上融入金融、贸易、管理、旅游、商务等专业课程。这种"语言知识+专业技能"的复合应用型外语人才培养模式，既能深层次地提高学生的外语水平，又能使学生掌握语言知识以外的专业基础知识，有效地提升学生在人才市场的竞争力。

在全面提高开放水平的新时代，"一带一路"建设的重点任务是政策沟通、设施联通、贸易畅通、资金融通、民心相通，对外语人才培养提出了更高的要求：加快培养熟悉沿线国家历史文化的外语人才，要特别注重培养一些非通用语种的语言人才；围绕建设中可能遇到的问题，培养政治法律人才；在国际贸易和金融研究人才培养方面要有新思维、新创新和新进展；根据所涉及的贸易、运输、基建、金融、电商、能源、旅游、法律、科技、文化等合作领域，培养"专业知识+外语技能+文化素养"一体化的复合型人才，是外语教育顺应时代发展的必然趋势，也为各高校外语人才培养指明了方向。[1] 显然，"一带一路"外语规划的重点并不是一般意义上的外语人才，而是高端国际型专业化外语人才，在"互联互通"建设过程中，需要大量精通外语、懂得国际规则、熟悉对象国文化的多领域、高层次、国际化精英人才，外语人才规划将从单语人才向复语人才转变、从单一语言技能向复合型人才培养模式转变，这就要求相关院校在加强语种布局和人才质量建设的同时，还需要关注"类型"和"领域"两个维度。从类型维度看，精通多种外语的"复语型"人才、精通专业+外语的"复合型"人才、精通国际区域与国别问题的"研究型"人才将是外语教育规划的新重点，相关高校需要重点布局，储备一定的区域国别研究人才，满足

---

[1]董晓波."一带一路"建设中复合型外语人才的重要性[N]. 光明日报，2017-10-22.

国家战略需求；从领域维度看，国际基建、能源、航空、铁路等重点和关键领域的人才外语能力的培养尤其值得关注，须慎重考虑"专业型"外语人才培养工作。

外语类院校陆续开设了"一带一路"建设所需的多种非通用语种专业，其双语培养的模式是：以非通用语种为主要培养专业，把英语作为第二外语。实践证明，掌握双语种或多语种的外语人才的竞争力远远高于单语种外语人才。如北京外国语大学坚持外、特、精的办学理念，从20世纪90年代开始陆续建设复语种复合型专业（人文社科领域），着眼"家国情怀、国际视野"，培养具有跨文化交际能力和多种语言能力的人才；从情感、认知和行为等不同层面实现语言和文化的深度沟通，打造国内最优质的外语特色本科教育，构建具有高水平通识教育、特色明显的本科人才通识教育培养体系，创新学科组织模式，探索教学方向从语言交际功能向文化功能的拓展，探索培养高端国际化人才培养模式，培养一批了解中国国情、具有全球视野和跨文化能力、熟练运用外语、通晓国际规则、精通国际谈判的专业人才，培养能够参与全球治理的复合型复语型高层次国际化人才，成为培养外交、翻译、经贸、新闻、法律、金融等涉外高素质人才的重要基地。上海外国语大学面对外语教育整体水平提升的现状，适应国家战略需求，应对"互联网+"时代语言教学和知识获取方式转型的挑战，培养"多语种+"卓越国际化人才，将"多语种+"作为新时代的办学战略，提出了新时代的中国高等外语教育的人才观：培养"会语言""通国家""精领域"的卓越国际化人才，着力探索专业特色型、多语复合型、战略拔尖型三大类人才培养模式，打破原来的单一化、标准化人才培养机制，以学生为中心，增加学生选择的自由度，提供个性化、自主化的培养方案，构建"听说读写译"五位一体的外语院校特色思政体系。[1]

---

[1]姜锋，李岩松. 办好新时代的外语高等教育[N]. 光明日报，2017-11-10.

# 三、坚持政府主导、学校主动和社会参与相结合

外语教育关系外交大局，关系改革开放全局，关系国计民生，需要解决"干什么""怎么干""为谁干"的问题，需要全社会的共同努力和支持。40年来所积累的一条重要的发展经验就是政府发挥主导作用，学校发挥主动作用，社会有序参与，国外资源合理引入，形成学校外语教育和社会外语教育共同发展的大格局。

## （一）政府主导方向配置资源

语言显示国家软实力，语言政策是国家事权，语言教育关系文化传承，外语教育事关中华民族伟大复兴和人类命运共同体建设。党和政府高度重视外语教育，因为这关系到培养什么人、怎么培养人、为谁培养人、谁来领导保障、靠谁培养人等一系列重大问题，推动学校教育和社会培训并举，在政策、机构、制度、课程教学、教材、师资、学科学位、考试评价、经费等方面给予支持或规范，统筹《中国日报》《环球时报》、国际广播电台、央视外语频道、外文出版社、上海译文出版社等社会外语教育资源，丰富外语学习资源。

### 1. 把方向，突出国家战略利益

成熟的外语教育政策是国家战略的重要组成部分，外语与国家利益密切相关。语言安全是文化安全的重要组成部分，许多国家都把外语政策纳入国家语言政策统筹，将"国家安全语言战略规划"的制定纳入国家安全的议事日程：在国家层面设立外语政策管理和协调机构，突出语言战略意识，统筹各类外语资源，协调各部门和机构，从外语语种、外语人口、外语教育、外语资源利用等方面进行全方位的外语规划，以明确其维护民族核心利益和国家安全的目标定位。从世界主要国家的外语教育实践来看，成功的外语教育并没有必须遵从的固定模式，直接照搬用于第二语言环境只能是鹦鹉学舌，因此应该结合本国实际，凸显地域文化色彩，形成一种既不同于母语文化又区别于外国语言文化的"第三种位置"，从而达到一种比较和互鉴的"超文化"新境界。从英语教育的全球推广来看，英语在

传播过程中不但没有走向标准化、统一化，反而出现了很多变体，表现出丰富的地域文化色彩，这是一个认可标准和非标准结盟的世界，在日益发展的多元文化社区中，不同语言身份正得到整个社会全新的认可和尊重。[1]强调纯粹的外语教育，只能勉强称之为外语教育"在中国"，而不是"中国的"外语教育。外语教育凸显民族立场和文化本位。外语教育的本质仍然是教育，而教育又以价值观的塑造和养成为最高目标，但外语教育将教育目的蕴含在语言工具性学习的表象之下，就存在着外语学习对教育本质戕害的潜在危险。外语不仅是交际的工具，更是文化的载体。马克思曾说："语言是思想的直接现实。"世界上根本就不存在不承载任何价值观念、不展现任何意识形态的"纯粹语言"。外语，特别是产生于英美文化圈的英语，其背后镶嵌的正是一整套的西方价值观念和意识形态。随着英语逐渐突破地域性和民族性成为一种世界性语言，西方国家也正在通过外语学习向他国进行强势而隐蔽的意识形态渗透。很多国家都积极探索在外语教育中融入民族精神的有效方式，以维护国家本位和民族立场。如日本近年来提出了"培养能够使用英语的日本人"的外语教育行动计划，强调"要培养的不仅仅是能够使用英语进行国际交流的日本人，而且是精通本国语言历史文化，能够使用英语对其进行展示，能够使用英语进行信息发布的优秀的世界人"。当前，"让世界了解中国，让中国走向世界"是我国在新的历史时期对外交流工作的主要目标，加强基于语言交流之上的人文交流日益重要。

## 2. 改革办学机构，培养多层次多规格外语人才

国家通过设置不同的学校，分类分层培养人才，改革传统外语专业学院办学模式，从仿照苏联单科性外语学院有步骤地改革为多科性外语大学，逐步由以外国语言文学学科为主的外国语学院向多语种、多学科、多层次的外国语大学发展，培养既懂专业又会外语的高层次专业人才。改革

---

[1]戴维·克里斯特尔. 英语的故事[M]. 晏奎，杨炳钧，译. 北京：商务印书馆，2016：727.

普通院校外语学院（系），培养多语种外语教学与研究人才。在1963年创办7所外国语中学的基础上发展到100多所，其中16所学校具有保送资格，开设英、法、德、日、西等多语种，成为储备外语人才的基地。改进大中小学普通外语教育，提高学生外语应用能力。兴办新型国际学校，适应对外教育需求，设置了中外合作办学、民办学校、公办高中国际部等多种办学形式（目前约有600所"说英语"的国际学校，就读学生将由2017年的47.5万人增至2022年的88.1万人）。[1]

### 3. 定内容，不断改进课程教材

课程教材是国家事权。国家规定外语为必修课程，贯穿于从小学三年级到研究生教育10多年的教学中。发挥课程标准的规范导向作用，制定修订中小学外语课程标准和大学外语课程教学要求，在新课程改革中突出综合语言能力培养，注重技能、知识、情感、策略、文化，学段整体设计，实现目标分级。注重教材建设，教材经历了国产化到精品化的过程，如1956年编写的《大学英语》改变了借用苏联教材的局面，以后多次修改完善使用；出版于1963年的许国璋主编的《英语》历经数十年而不衰，为国内外所罕见，之所以经久不衰影响了几代人，正是因为结合我国实际，适合成年人自学，在内容和形式上融入了中华民族自身的元素，成功地实现了外语教材在中国的"变体"，偏重于语法，是典型的考试型英语教科书，适用于各种英语等级考试。此外，支持人教社、外研社、高教社等出版社与国外出版机构积极展开合作，联合编写外语教材，同时适当引入国外优质教材，如《新概念英语》，这些国外优质教育资源实用性较强，适合各类人员学习标准英语。

### 4. 创制度，外语纳入升学晋职考试科目

1978年6月，教育部下发的《关于1978年高等学校和中等专业学校招生工作的意见》规定，高考全国统一命题，考外语科目。当时规定外

---

[1]中国的四种国际学校[N]. 参考消息，2018-09-05.

《新概念英语》（新版）首发研讨会在北京举行

语科目成绩虽然暂不记分，仅做参考，但从此外语成为高考必考科目之
一。1979年5月，教育部下发的《关于1979年高等学校招生工作的意见》
规定，报考重点院校的，外语考试成绩按10%算分，报考一般院校则不算
分。1980年4月，教育部下发的《关于1980年高等学校招生工作的意见》
规定，逐年提高外语成绩在高考成绩中的记分比例：1980年30%、1981
年50%、1982年70%，1983年起按100%计入总分。2014年9月发布的《关
于深化考试招生制度改革的实施意见》规定，外语成绩与语文、数学并
列为150分，并可以二次考试，分值不变。硕士、博士研究生入学考试
也将外语列为必考科目，甚至是硕士研究生入学考试两门公共必考科目
之一，也是博士研究生入学考试的唯一公共必考科目。从1979年始，大
学公共外语课程在高校逐步设立，大学外语专业学生被要求学习第二外
语。1987年、1989年国家教委先后推行大学英语四、六级标准考试，部
分高校自愿参加。自20世纪90年代中期以来，一些高校将英语四、六级
考试与学士、硕士学位挂钩。"外语热"进一步从学校延伸到社会，其标

志是人事部门规定将中级以上职称晋升也与职称外语考试挂钩。1998年7月人事部发布了《关于专业技术人员职称外语等级统一考试的通知》，决定自1999年开始实行全国专业技术人员职称外语等级统一考试，规定凡专业技术职务试行条例中规定专业技术人员需具备一定外语水平的，在晋升专业技术职务时应参加相应级别的职称外语统一考试，实行全国统一大纲、统一命题、统一组织制度。2016年3月中央印发《关于深化人才发展体制机制改革的意见》开始纠偏，规定专业技术人员评定职称时，对职称外语和计算机应用能力考试不做统一要求。人力资源和社会保障部2017年开始取消统一外语职称考试，逐步完善职称外语政策，对不同职业、不同层级、不同年龄的专业技术人员做出不同要求，对基层、年龄较大和具有较高外语水平的专业技术人员，以及对外语水平要求不高的系列和岗位可以不做职称外语要求，促进职称外语和国家其他外语考试的成绩互认，逐步推动外语要求由评审必备条件转为岗位聘用条件。

**5. 强保障，多方面投入外语教育**

国家投入表现在支持外语教育发展的硬件和软件方面。建设外语院校，覆盖主要学段和中心区域；装备语音设备，从日本和欧美等国家和地区进口大量教学设备；招聘外语师资，全国外语教师达百万人之多；设立学位点，从1981年国务院批准首批5个英语语言文学博士点和28个硕士点起，2014年发展到本科英语专业点近1,000个，英语文学硕士点200多个，外国文学博士点40多个；设立公派留学项目，国家留学基金委资助高校外语专业人员留学，并与国家基础教育实验中心外语教育研究中心于2001年联合设立"中小学优秀外语教师出国留学奖学金项目"，已有43批教师和教研员共1,600人赴英语国家（英美）高校进行为期2—6个月的英语知识与技能、教学法、教学手段、教学研究与教学管理方面的培训，在中小学外语教育中发挥了骨干作用；设立研究项目，如国家社科基金、国家自然科学基金、高校人文社科研究项目中设立专项；设立专门奖项，1993年由国家教委基教司批准设立全国中小学外语教师园丁奖，作为全国性基础教育外语教学单科奖，由中国中小学幼儿教师奖励基金会同国家基础教育实验中心外语教育研究中心共同组织，每两年奖励一次优秀中小学（含中师、职业学校）外语教师和教研员。

外语必修制度是在外语人才奇缺以致影响到国家当时外交工作正常开展的特定历史背景下产生的，肩负着特殊的历史任务，有其历史合理性。当时是为了加强专业技术人员的外语学习，提高专业技术人员队伍的整体素质，增强专业技术人员在国际经济技术合作中的竞争能力，促进经济、社会发展和科技进步。外语纳入中高考成绩也是不少国家的通行做法，如全俄外语统考包括英语、德语、法语、西班牙语和汉语。但纳入职称考试和与出国进修作为硬性条件显得过于泛化。1979年11月，国务院批转民政部、国家计委、外交部、教育部《关于全国外语人员普查结果和做好调整、使用工作的报告》指出："目前，中国外语人才在数量和质量上，还远远不能适应四化建设的要求。今年全国高等学校外语专业毕业生3,597人，而社会各方面需要的则为7,921人，相差近一倍。"但到2001年，全国已有400多个高等学校开设英语专业，英语专业在校生超过15万人，并在继续增加。我国业已成为翻译大国，据中国翻译协会提供的数据显示，截至2004年上半年，全国在岗聘任的翻译专业技术人员约6万人，翻译从业人员保守估计达50万人，而有关抽样调查显示该数字可能达到100万人。多年前中国外语必修制度设立时的特殊历史背景已不存在，其原来所肩负的特殊历史任务已经完成，外语必修制度到了必须改革的时候。现在世界上还没有哪个国家像中国一样实行将外语和高校入学考试、学位授予、硕士博士研究生入学考试、职称晋升等绑在一起的外语必修制度。外语教育评价制度可参照国际上通行的做法逐步改革，在学校教育升学考试中设置科目，逐步淡化特殊性，减少硬挂钩，给地方和学校更多弹性。例如，从2014年起，山东高考外语考试科目取消听力测试，同时外语总分降30分，由原来的150分变为120分；近年来北京地区高考也在酝酿改革，如计划将英语科目分值由150分下调至100分，并进一步强化听说能力考核，2021年加试口语。对国民学习外语主要采取一些激励性、倡导性的措施，创造尽可能好的外语学习环境，开展一些专业技能竞赛，鼓励开办外语培训机构等，吸引更多的人自愿学习外语。

## （二）学校主动作为

学校是外语教育的主体，担负"怎么干"的问题。行业龙头北京外国语大学把实践育人作为人才培养的关键，创新实践育人方法途径，加强包括"三个中心一项工程"（多语言服务中心、大学生创业中心、全球化与中外青年责任国际比较研究中心和"歆语工程"）在内的优质实践育人平台建设，推动实践育人取得新成效。[1] 其亚非学院对外语非通用语人才培养目标与模式进行积极探索，启动高校"专业综合改革试点"项目，以"语言+地区研究"培养模式为重点，整合教育资源，升级课程设置，培养复合型亚非非通用语高素质人才，着力解决国内非通用语专业在教学、人才

2009年"歆语工程"中小学英语教师高级研修开学典礼在北京举行

---

[1]北京外国语大学加强平台建设推动实践育人[EB/OL]. http://www.moe.edu.cn/jyb_xwfb/s6192/s133/s141/201412/t20141230_182538.html.

培养和学科建设中面临的诸多挑战。[1] 一是实现语种科学布局，建设国际领先的、完备的亚非语种群，增设阿姆哈拉语、孟加拉语等8种外语选修课，新申报尼泊尔语、祖鲁语、阿塞拜疆语等23种新语种专业，覆盖东北亚、东南亚、南亚、西亚、北非等七大地区"一带一路"沿线近50个对象国，成为国内乃至全球同类院校中规模最大的亚非语种群基地。二是加强地区研究学科建设，建立语种群、学科群、地区研究交叉体系，深化人才培养内涵。通过整合学院、学校、国内、国际教学资源与专家团队，新增设"亚非地区研究"二级学科，建设语种、学科、地区研究"三位一体"的培养体系，为学生提供各学科门类及丰富的国别区域课程，并承担"一带一路"高层次人才培养任务。三是优化师资队伍结构，建设具有一定规模的校内外、国内外高水平教学团队。通过优秀人才"外引内培"战略，使得师资覆盖文学、法学、人类学、宗教学等11个学科，辐射东南亚等7个地区。四是构建"一轴两线"创新课程体系，以升级专业语言课程为核心，实现相近语种技能课程交叉，探索培养掌握两门非通用语复语型人才新路径。五是通过"非通用语+国际商务"复合专业，依托大学生创新创业、第二课堂、国际交流合作三大平台，实现多元化、宽口径、创新型国际化人才培养。加强第一、第二课堂衔接，打造学生实践与创新平台，深化国际交流合作，实现90%以上本科生具有半年以上海外"非通用语+学科专业"学习经历。这项教育改革实践有不少创新，创立了国内首个"非通用语+地区研究"人才培养模式，为培养国别区域研究应用型、复合型人才积累了经验，解决了传统外语人才仅掌握语言技能或简单对象国知识，其他专业学科知识与技能相对匮乏的问题，推动了国际亚非非通用语、地区研究教学与科研机构合作，拓宽了人才培养的渠道，为国家培养了急需的非通用语人才、国别和区域研究人才，为我国参与全球治理、加强在亚非地区的对外传播能力和对外话语体系建设、推动中华文化走向世界提供了有力支撑。

---

　　[1]孙晓萌，傅聪聪. "一带一路"，语言人才培养如何"开路"[N]. 中国教育报，2018-07-02.

　　北京外国语大学和上海外国语大学是中华人民共和国外语高等教育的发祥地，以上海外国语大学为例，该校以"诠释世界·成就未来"为办学理念，着力培养"会语言、通国家、精领域"的"多语种+"卓越国际化人才，承担"服务国家发展、服务人的全面成长、服务社会进步、服务中外人文交流"的使命，致力于建设成国别区域全球知识领域特色鲜明的世界一流外国语大学。[1] 现有44个本科专业，其中，英、俄、阿语言文学为国家重点学科，西欧语种群为国家非通用语种本科人才培养基地；培养三大类型人才：多语复合型（实行双外语制教学，即英语+第二外语/专业外语+英语）、专业特色型（全国首创，突出英语教学特色，实施英语双学位、双专业培养）、战略拔尖型（设立卓越学院，开设多语种高级翻译实验班、多语种国别区域实验班、多语种国际组织人才实验班和多语种外交外事人才实验班等，致力于培养兼具中国情怀和国际视野、擅长多元文化理解与沟通，在国际事务合作与竞争中善于把握机遇和争取主动的国际青年精英领袖）；提升三大基本能力：会语言、通国家、精领域；培育学生三大基本品质：创新、自主、多元。外国语言文学学科入选国家"双一流"建设名单，是外语类高校中具有博士学位授予点（外国语言文学、政治学、工商管理）最多的高校。着力推进"战略语言"建设，现有授课语种数量已达39种。学校毕业生就业率、就业能力和就业薪资等在全国高校中均位居前列，10%的毕业生在国内重点高校继续读研深造；约60%直接就业的毕业生广泛就职于外交、外事、外宣、外贸、外语教育等领域，包括国家部委、政府机关、新闻传媒、教育机构、国际组织、大型国有企业、知名民营企业、全球500强跨国公司等。

　　外语教育基础阶段的改革不断深化。以地方外语教育机构为例，石家庄外国语教育集团原为创建于1994年的石家庄市第43中学，因选择外语教育而走上快速发展之路，1997年增挂"石家庄外国语学校"校牌，1999年

---

[1]诠释世界·成就未来[N]. 中国教育报，2017-06-15.

被河北省政府批准为"河北省重点中学"，2000年增设幼儿园、小学，从而形成了幼儿园—小学—初中—高中一条龙的办学格局。2002年增挂"石家庄国际学校"校牌，开始招收外国留学生来校就读。2004年学校被教育部批准为"全国普通高校招生保送资格学校"，每届均有20%以上的学生可以不用参加高考直接进入全国顶尖的高校。学校是国家基础教育实验中心外语教育研究中心确定的"全国外语实验学校"，文理并重，突出外语，设有英、日、俄、西班牙、德、法语，常年聘请10名外籍教师担任外语口语教学，成立了基础教育国际化联盟，成为河北省乃至全国最优秀的中学之一，被香港大学授予"优秀生源基地"荣誉。其倡导的"爱国、交际、协作、文明、健康、创新"十二字方针体现了中学教育的精髓。其发展之迅速，堪称中国教育史上的一个奇迹。

### （三）社会积极参与

改革开放以来，社会力量办学方兴未艾，外语教育成为社会力量办学的重要领域，覆盖了从早教、考级、升学、出国留学到职场发展等各个领域，与出国相关的托福、雅思、SAT、ACT等语言课程培训项目也迅速走红，成为外语培训机构增幅最大的项目，兴起了上海前进学校、新东方、环球雅思、李阳疯狂英语等一大批外语培训机构。据ChinaVenture发布的《2007教育行业投资行为报告》显示，中国有近3亿人的庞大外语教育消费群体，培训机构总数量超过5万家，2007年英语培训行业年产值已达到200亿元人民币。在信息化时代，传统外语教育机构融合发展增值，又产生了一批在线英语培训机构。国外教育机构介入培训市场，产生了瑞思少儿英语、剑桥少儿英语等，为人们提供了多种选择。

社会教育机构市场化发展。创办于1993年的新东方多年来专注教育培训，累积培训学员超过2,000万人，从早教到成人，业务涵盖早教、学前、小学、中学、四、六级考试、考研、出国考试、留学咨询、英语能力提升、国际游学、国际教育、图书、网络课堂等，60多所学校为学员提供一站式终身学习服务。新东方模式的成功逻辑在于延伸业务链、建设师资团队、标准化连锁经营，这也构成了国内教育培训企业有效商业模式的基本范式。

社会教育机构多业态发展。随着互联网技术的进步以及中国网络用户庞大体量的形成，在线教育行业度过最初的萌芽期和生存期，经快速成长后，在技术带动和内容升级的基础上形成了更加多样化、规范化、创新化的在线教学服务体系，并逐渐迈进初步成熟期。业内典型企业在各自的主战场中发挥优势，沉淀形成B2C在线课程付费等愈加成熟稳定的盈利模式。艾瑞咨询联手沪江发布了在线教育调查报告《2017年中国成人在线外语教育行业白皮书》，报告显示2017年中国在线语言教育市场规模预计将达到375.6亿元，用户规模突破2,600万，未来在线语言教育市场规模与用户规模将持续增长。[1] 在线语言教育市场规模增长的主要原因是课程易于标准化，可复制性强，利于降低成本；在线教育用户认可度不断提升，与外教直播互动学习可实时营造使用场景，提高语言使用率，吸引更多的用户；用户学习行为数字化进一步完善，人工智能等新兴技术不断与在线教育结合，个性化学习逐步实现；在线语言教育细分领域中差异化产品更加丰富，更多传统线下教育企业线上化转型加速。与线下语言培训相比，在线语言教育性价比高，而且不受地域限制，这有利于实现优质教育资源共享，能够有效缩小不同地区的教育资源配置差距。在线外语教育的市场集中度相对较高，初步显现沪江、51Talk、新东方在线、TutorABC等一些中等偏大的企业，大都以成人外语教育起家。当前，这些企业大多具有市场认知度高、用户量大、注重教学教研的投入与产出等特点。而在线成人外语教育市场中的企业长尾效应明显，主要是互联网巨头延伸至成人外语教育的产品战线、主打出国留学考试类的相关企业以及不断深耕成人外语各个细分领域的新兴创业公司，为市场注入新的活力。现阶段在线语言教育在发展过程中仍存在授课形式固定化、学习内容过于标准化等行业痛点，而"人工智能+教育"的应用能够推进个性化、定制化学习的进一步突破。在优质教育内容和优质老师的资源基础上，人工智能开启在线语言教育领

[1]任晓宁. 在线外语教育市场风起云涌[N]. 中国新闻出版广电报，2017-11-20.

域的新型服务模式是大势所趋。目前沪江、英语流利说、成都超有爱科技有限公司等企业在人工智能领域均在持续探索研发并有产品推出，将个性化学习理念落实到教育实践中。成人在线外语市场主要分为工具类、课程类和学习社区类三大类[1]，大学生的主要诉求为升学考试和考级，强调标准化课程；职场用户多以工作需求和提升素质为动机，对个性化学习需求旺盛。方便、丰富和自主是他们选择在线学习的主要原因。英语是绝对刚需，超八成用户学习英语，其后是日、法、韩、德等语种。九成以上用户使用两种及以上的工具类产品，强调学习内容的专业性。课程类用户关注课程内容的丰富性、专业性、针对性，并对课程的趣味性和互动性等有很高的要求。社区类用户关注社区内容的专业性和丰富性，希望内容能及时更新，且有专人维护社区秩序。用户对"人工智能+教育"和"一站式学习服务"多持期待态度，个性化学习和提升学习效率是其期待的主因。

## 四、坚持健全体系，完善考试评价机制

外语教育事业是一个系统工程，要适应和满足多样化的社会需求，需要不断完善纵向衔接、横向贯通的教育体系做保障，逐步改变唯分数、唯升学的评价体系。40年来，外语教育事业之所以持续发展，不断健全体系满足多方需要、改进考试评价机制发挥正确导向作用成为一条重要经验。

### （一）形成专普结合的双层两类教育体系

在学习借鉴国外模式（如俄罗斯莫斯科国立语言大学、法国国立东方语言文化学院、乌克兰明斯克国立语言大学、乌兹别克斯坦撒马尔罕国立外国语学院、哈萨克斯坦国际关系与世界语言大学等）和本土化实践过程中，我国形成了"二层次两类型"外语教育体系（见图7-1），以专业带动

---

[1]2017年中国成人在线外语教育行业白皮书[R]．2017-10-10.

普通，以普通巩固专业，保障了普及与提高、公共和专业分类分层发展，满足了多样化外语学习需求。

图7-1　外语教育体系

　　加强专业体系，提升外语能力。加强外语院校（专业）建设：定位外国语院校功能，如北京外国语大学、上海外国语大学、广东外语外贸大学等院校着重培养外交、翻译、经贸、新闻、法律、金融等涉外高素质人才，北京第二外国语学院侧重培养非英语专业的"多语种复语、跨专业复合"的具有国际视野、家国情怀的高层次、应用型人才，综合大学外语专业培养外语学术人才，高等师范院校外语专业培养外语教师，军事院校（如解放军南京外国语学院、解放军洛阳外国语学院）培养外语军事人才，特殊学院（如国际关系学院以国际问题和外语教学科研为重点，培养品学兼优的复合型人才）。

　　发展外国语学校。1979年9月，教育部发布《关于办好外国语学校的几点意见》，明确提出整顿恢复现有的11所外国语学校，这些学校按照大区布局，集中在东部发达地区；支持各省发展一批外国语学校，由此形成一批外语特色中学，为外语院校定向输送优秀人才。

此外，在高等教育阶段，改进高校公共外语教育，提高大学生外语应用能力；在基础教育阶段，加强中小学基础外语教育；推动中等职业学校涉外专业开设外语，等等。这些措施完善了外语教育普及体系，提高了全民外语素养。

### （二）形成校内外考试相配套的考试评价体系

有教学投入就会有测评，这既是对教育质量的评估，也是对学习成果等级的区分。40年来，我国外语教育形成了内外考试相配套的考试评价体系，有力保证了外语教育质量。

一是形成教育内部考试体系，升学考试涵盖了主要的外语语种。中考语种包括英语、法语、德语、西班牙语、俄语、日语。高考语种包括英语、法语、德语、西班牙语、俄语、日语。以英语考试为例，在英语高考方面，2018年高考考试大纲公布，英语考核内容包括语言知识及应用，语言知识要求考生掌握并能运用英语语音、词汇、语法基础知识以及所学功能意念和话题，要求词汇量为3,500个左右，语言应用包括听力、阅读、写作和口语，从而影响中学英语教学，有效促进学生听说读写综合能力的提升。[1] 在大学英语四、六级考试方面，1987年第一次大学英语四级考试举行，这是一个涉及上千万考生的超大规模标准化考试。通过四、六级考试可得到合格或优秀证书，从2005年6月起，考试成绩改为290—710分，只发成绩证明。该考试已成为考研、招聘的标准之一，得到社会的承认，产生了一定的社会效益。四、六级考试取消完形填空，形式与GRE、托福考试更为接近。在专业四、八级考试方面，真正有规模、系统且发挥检测作用的是1990年启动的英语专业四级考试和1992年启动的英语专业八级考试，这两个测试代表着英语专业本科教学的两个节点，考试由高校外语专业教学指导委员会英语组命题，教育部考试中心四、八级办公室负责实施，目前已经成为英语专业标志性的考试，其科学性和权威性得

---

[1]程晓，张诗蕾．被新高考改变的高中英语教与学[N]．文汇报，2018-09-09．

到各方认可，为英语专业教学的发展做出了很大贡献。在研究生考试方面，为保证达到《中华人民共和国学位条例暂行实施办法》中规定的外语要求，加强攻读学位研究生外语课程的教学工作，提高研究生运用外语的能力，教育部1983年制定《研究生外国语学习和考试的规定（试行草案)》，明确攻读硕士学位要求一门外语，攻读博士学位要求两门外语。从2010年开始，全国硕士研究生入学考试的英语试卷分为学术学位卷和专业学位卷。

二是改进职称外语考试。外语能力是衡量专业技术人员素质和专业水平的一个重要方面，全国专业技术人员职称英语等级考试是由人事部组织实施的一项国家级外语考试。考试遵循"严格要求、实事求是、区别对待、逐步提高"的原则，根据英语在不同专业领域活动中的应用特点，结合专业技术人员掌握和使用英语的实际情况，对申报不同级别专业技术职务的人员的英语水平提出了不同的要求。凡依据相应专业技术职务条例受聘担任相应专业技术职务的人员，均应按照《关于专业技术人员职称外语等级统一考试的通知》规定的范围，报名参加相应语种、级别的外语水平测试。考试主要测试专业技术人员阅读理解外文专业基础文献的能力。报考人员可根据自己所从事的专业工作，任选一个语种及有关类别参加考试。这种制度设计初期有助于加强外语教育，但"一刀切"的政策物极必反，过于强化外语的极端重要性导致全民学外语产生了一些副作用，广为社会诟病。2016年1月，人力资源和社会保障部深化职称制度改革，促进职称外语和国家其他外语考试的成绩互认，推动职称外语由必备条件转为聘用条件。[1] 2017年1月《关于深化职称制度改革的意见》发布，对外语不再统一要求，实际上已经取消职称外语考试，确有需要的由用人单位或评审机构自主确定评审条件。

---

[1]人力资源和社会保障部. 推动职称外语由必备条件转为聘用条件[Z]. 2016-01-22.

三是完善出国外语考试。全国外语水平考试是教育部举办的针对非外语专业人员的外语水平考试，其成绩主要用于选拔公费出国留学人员，也用于评定专业技术职称、聘用外语人才或其他用途，每年考试三次，由国家教委设立，由国家教委考试中心组织实施。1980年出现了较有影响的英语测试，教育部组织专家研制"英语水平测试"。后逐步发展为英、日、德、法、俄语五个语种，分别是全国英语水平考试、全国日语水平考试、全国俄语水平考试、全国德语水平考试、全国法语水平考试，以及近年新推出的韩语出国留学考试科目。

## 五、坚持外语教师复合型培养培训一体化建设

外语大计，教师为本。教师是发展外语教育的第一资源，是改进学校外语教学的主力军。改革开放40年来，适应外语教学的需要，优先建设外语教师队伍，着重培养培训一体化，外语师资经过了从数量满足、结构优化到质量提高的发展过程，成为外语教育发展的一条宝贵经验。

### （一）数量基本满足

改革开放初期教师队伍青黄不接，高水平教师后继乏人。根据1979年民政部、计委、外交部、教育部关于全国外语人员普查结果，当时全国有现职外语干部188,943人，其中英语145,843人，闲散在社会上的外语人员12,813人。[1] 因此，外语人员在数量和质量上还远远不能适应四化建设的要求。为解燃眉之急，主要采取以下措施：对用非所学的外语人员，除长期从事领导或其他专业岗位、原学专业已经荒疏的以外，应根据专业对口、工作需要予以调动，采用多种形式，把闲散在社会上可用的外语人员利用起来。国家明确提倡在职进修，邀请外国语言专家来华讲学或举办外语教师训练班，以高等师范院校为主、外语学院和综合性大学为辅，应急举办

---

[1]戴炜栋，胡文仲. 中国外语教育发展研究（1949—2009）[M]. 上海：上海外语教育出版社，2009：141.

两年制中学师资班、电大、夜大、函大等。1980年，国务院批准了教育部制定的"1980年至1983年高校英语教师培训计划"。北京外国语大学、上海外国语大学等16所院校承担了英语专业教师的培训工作，9所理工院校外语系承担了公共英语师资培训工作。这是自中华人民共和国成立以来第一次规模较大的英语师资培训，先后培训了4,800多名英语教师，占全部高校英语教师总数的四分之一。[1] 经过多年努力，形成了多渠道外语师资供给体制，基本满足了外语教学需要。

## （二）结构优化

### 1. 学段结构优化

2001年颁布的《关于积极推进小学开设英语课程的指导意见》和《英语课程标准（实验稿)》，提出了在小学三年级开设英语、每班不超过30人、每周教学活动不少于4次的目标，显示出小学外语开设时间迟于中学，小学外语教师比较短缺，开设年级不统一，一年级、三年级、六年级都有，课时也不一致。中等职业学校（除外事类专业）基本不开设外语。

### 2. 城乡结构优化

城市外语教师剩余，乡村学校缺乏外语教师，非外语专业比例过大，不能按照国家规定开齐开足外语课。需要多方支援乡村学校，通过特岗、兼课培训、轮岗、走教、购买服务、银龄讲学计划、志愿者服务、信息化教学等方式有效弥补了师资不足问题。

### 3. 语种结构优化

中华人民共和国成立初期，一些英语教师转型为俄语教师。改革开放初期，又有一部分俄语教师转型为英语教师。国家强调非通用语种建设，但目前英语学科一家独大的局面未有改观，"一带一路"建设为培养多语种教师创造了有效需求，如北京外国语大学已开设101种外国语言，欧洲语种群和亚非语种群是目前我国覆盖面最大的非通用语建设基地。

---

[1]戴炜栋，胡文仲. 中国外语教育发展研究（1949—2009）[M]. 上海：上海外语教育出版社，2009：143.

#### 4. 中外教师结构优化

《中华人民共和国教师法》第42条规定，外籍教师的聘任办法由国务院教育行政部门规定。根据国务院《外国文教专家工作试行条例》制定的《高等学校聘请外国文教专家和外籍教师的规定》，贯彻以我为主、按需聘请、择优选聘、保证质量、用其所长、讲求实效的原则，在工作中要加强计划性，防止盲目聘用，凡可由我国国内教师承担的教学和科研任务，一般不聘请外国专家、外教。第七条规定"语言专业类（含外语短训班）的专家、外教，除语言实践课（包括听说读写等）可以面对学生授课外，应主要用于培养师资和编写教材。除国家设立的出国人员培训部外，原则上不聘请外国专家、外教承担我国有关人员以出国为目的的语言培训任务"。要求聘请对象为一般语言外籍教师者，应有本科以上学历，受过语言教学的专门训练并具有一定的语言教学经验。本土教师为主，适当吸收外教。随着高等教育国际化日渐深入，高校其他专业的外籍教师增多。其他各级各类学校，一般不聘请外籍教师来校任教。但实际上，外国语学校和普通学校也聘请外国人做外语口语教师。2017年《厦门市教育局关于中小学外籍教师聘用与管理试行办法》的发布，改变了各校自行招聘的办法，要求应聘外教须取得大学学士及以上学位，已获得所在国教师资格证书，或者已获得TESOL（国际认可的通用英语教师资格证书）或TESL（对外英语教学）或TEFL（专门为教授英语为非母语的英语教师特别设计的培训课程）这三项国际认可的通用英语教师资格证书之一，具有两年以上教学经验，能连续任教不少于一年，年龄在55岁及以下；改变以往的一些外教只"外"不"教"，即只会语言，不会教书的状况，出台普通高中国际化规划，提出到2020年80%的普通高中要有外教。

外语教师不仅要提升自身的外语能力，还要关注行业发展动态，不断充实自身。自20世纪80年代中后期以来，一些外语类院校开始进行专业融合和各学科人才培养实验，掀起了"复合型"外语人才培养浪潮。第一步是在语言教学的基础上加设方向型课程，形成"语言+辅修专业"或"语言

+专业方向"模式；第二步是在此基础上形成的"外语+专业"或"专业+外语"的转轨。1998年12月，教育部转发《关于外语专业面向21世纪本科教育改革的若干意见》，要求培养具有扎实的基本功、宽广的知识面、一定的专业知识、较强的能力、较好的素质的人才，这实质上是要求培养具备掌握两种专业实用技能的人才；形成了以北京外国语大学、上海外国语大学为代表的南北两大区域、六种模式的专业教学改革态势。[1] 建设复合型师资队伍不能闭门造车，它需要"引进来、走出去"。"引进来"是指从校外、国外引进人才；"走出去"是指各高校立足实际，采用外语学院和政法学院、管理学院、商学院、旅游学院等合作的模式对本校外语教师进行集中培训，以实现语言型教师向专业型教师的转型。

## （三）名师荟萃

外语教育的质量取决于外语教师的水平，40年来，我国外语教育界荟萃了一批学贯中西、文理兼通的专家学者，涌现了一大批外语教育名师。

高校、科研机构中外语大师荟萃，如1981年全国首批博士生指导教师有9人：北京大学的李赋宁、朱光潜、杨周翰；北京外国语大学的王佐良、许国璋；南京大学的陈嘉、范存忠；中山大学的戴镏龄；中国社会科学院的卞之琳。[2] 北京外国语大学薄冰的《薄冰英语语法》一书成为影响几代人英语学习的经典之作，他也因此被誉为"5亿人的英文老师""60年来影响中国语言学习的十大人物之一"。[3] 许国璋既是一位著名的英语教育家，又是一位杰出的语言学家和语言哲学家。而世人熟知许国璋，大多是通过他主编的四册大学《英语》教科书。许国璋的名字与"英语"成了同义语，已经是家喻户晓。他还是国内最早研究和评论结构主义语言学的学者，发表在《西方语文》第2卷第2期（1958年5月）的文章《结构主义语言学述评》，不仅在国内产生了巨大的影响，还被全文译载于苏联的《语

[1][2]戴炜栋，胡文仲.中国外语教育发展研究（1949—2009）[M].上海：上海外语教育出版社，2009：70、53.
[3]许路阳，陈白.不做教育家 只当教书匠[N].新京报，2013-09-08.

235

言学问题》杂志，这在当时是极其难能可贵的。20世纪60年代，他的研究触角从英国文学完全转入现代语言学，和朱德熙先生一起讨论结构主义语言学，给中国外语教学带来新的气息。改革开放之后，尤其是20世纪80年代中期他担任北外外语研究所所长以后，他更深入、系统地钻研西方语言学理论，逐渐形成了自己的语言哲学体系。"南王北许"是当年外语教学界的流行说法，其中蕴藏着人们对智如泉涌的王宗炎、许国璋的爱戴与敬仰，足见他们在中国语言学界确乎不拔的地位。北京外国语大学陈琳教授2018年获得教育部"全国优秀教师"荣誉称号，为外语教育事业奋斗70载，为推动中国外语教育发展做出卓越贡献。他致力于外语教材普及，为我国外语教材树标立本，先后参与编写了新中国第一部全国大学英语专业通用英语教材，主持《英语课程标准》研制等，奠定了中国英语教材的基础。改革开放初期，他担任中央电视台《广播电视英语课程》节目主讲人，在全国掀起了一个英语学习的高潮，开启了大众英语教学新时代。何其莘与路易斯·亚历山大（英）合著的《新概念英语》（新版）（共10册），由朗文公司和外研社合作出版，20余年来，在大中小学和社会上产生了广泛、深远的影响，一度成为学校英语教育的有益补充。许多人就是靠着《新概念英语》拓展了视野，提高了英语听说读写能力。该套丛书不断完善，迄今仍然发挥着重要影响。上海外国语学院的首任院长是著名俄语翻译家姜椿芳，方重、王季愚、夏仲毅、徐仲年、董任坚、许天福、陆佩弦、颜棣生、杨寿林、漆竹生、钱维藩、戚雨村、王德春等众多杰出的名家大师都荟萃于此，执教治学，开创并丰富着学校的人文传统。北京外国语学院俄语专家李莎等编写了一套影响力很大的俄语教材。李莎原名伊丽莎白·基什金娜，是中国籍俄罗斯人，著名俄语教育家。1998年，国际俄语教师联合会授予李莎教授普希金奖章。

　　在基础外语教育界，有张志公、刘道义、龚亚夫等名师。龚亚夫长期从事基础英语教学与研究工作，在中学任教并担任英语教研员多年。他现任中国教育科学研究院研究员、中国教育学会外语教学专业委员会理事长。他参加教育部现行《高中英语教学大纲》的制定工作，为国家《英语

《俄语》教材封面

课程标准》研制组核心成员。他参与编写、改编和主编多套中小学英语教材，提出了"多起点、多层次、多途径、多媒体"的教材编写思路。他主编、改编多套大型电视英语教学片，其中较有影响的有《走遍美国》《澳洲之旅》《TPR儿童英语》等。再如，湖北省郧县教研室的谢庆娥获得省级以上大奖38项，成为点亮山区小学英语教师心灯的人。

## 六、遵循规律改进外语课程教材教学

遵循人的发展、语言发展和外语教学规律，不断改进课程教材教法，努力解决外语教学中存在的"费时低效"问题，也是外语教育发展的宝贵经验。

### （一）坚持母语教育和外语教育相结合

开设外语课有助于学生拓展思维、开阔眼界、扩大视野。根据课标要求，初中阶段的语言技能是"听、说、读、写"，而小学阶段的语言技能是"听、说、玩、演、唱"，在小学阶段倡导主要通过做游戏学习外语。

只要方法正确，符合儿童心理和年龄特点，小学开设英语课不仅不会妨碍本族语言的学习，而且能够互为补充。有调查表明，在中小学中，凡语文成绩好的学生，英语成绩也好，反之亦然。[1]

2012年，杭州外国语学校学生在中央电视台举办的首届中国汉字听写大会总决赛上取得佳绩。教学实践说明，外国语学校不仅能教好学生外语，同时也能教好汉语，并取得很好的成果。这些经验值得其他学校借鉴，其实教好汉语与教好外语并不矛盾，关键是思想上重视和改进教学方法，做到事半功倍。

## （二）坚持语言学习和文化传承相结合，强调外语课程工具性和人文性的统一

外语教育绝不只是一个学习外语的工具，而是要通过外语教育来培养学生的素质，提高他们的人文修养，开拓了解世界的窗口。在全球知识经济浪潮之下，外语学习已经不仅仅是一种语言知识的简单积累和储存，而是更加注重整体外语能力的培养和提升。语言和文化紧密相连，不可分开，语言是文化的载体，文化也因为语言的使用得以体现和传承，因此语言教学与文化教学必须紧密结合。在外语教学过程中，不仅要重视知识的传授，还要注重语言背后的文化渗透，通过文化渗透来强化学生对语言的学习，提高学生的跨文化意识和跨文化交际能力，使语言在实际运用中更加得体。

## （三）坚持理论和实践相结合的教学方法

强调外语教学实践和理论的统一，以实践为主。尤其是在小学外语教学过程中，教师要把教学的重点放在实践上，而不是刚一接触外语就讲授大量的如语法等语言理论，这一点是以前中小学外语教学普遍存在的问题。以前的外语教学，教师用汉语整天在课堂上讲理论，学生没有开口说话的机会。要改变"哑巴英语"和"聋子英语"现象，就要坚持实践第一，

---

[1]陈琳. 通过英语教育为学生的终身发展、全面发展奠基[J]. 基础教育课程，2012（1/2）.

在大量实践的基础上再系统学习语法，提倡以"任务教学法"为主的多种外语教学法，用英语中的"can do"来要求学生，培养学生用英语"做事情"的能力。

### （四）坚持教学与研究相结合

在结构主义的影响下，我国传统的外语学习以语言知识为结构，以词汇、语法或是基础语言技能为核心，外语考试则以语言知识点作为考查范围，由此形成了一个封闭机械的外语学习范式。很长一段时间以来，从中小学英语到大学外语、从公共外语到外语专业，几乎所有的课程大纲或教学指南都强调语言基本功，外语课程多以综合英语、听力、口语、阅读等形式出现，即便在外语专业"国标"体系中，也还是强调语言知识。在单一的语言工具性价值取向下，语言被作为一种知识对象，机械式的外语学习由此脱离了思想与人文范畴。把语言当作一个自主、封闭的组织结构，割裂了语言与文学、文化与区域国别等知识课程体系的联系，由此形成了全球化时代外语教育的语言"孤岛"。这一外语学习的传统范式，其优点是满足了基础层次有限的外语学习需求，同时也便于外语评价和考试选拔，但却忽视了语言的社会应用价值，缺乏开放性和交际性。[1]上海外国语大学为改变这个状况专门设立了中国外语战略研究中心。

加强外语教学研究。1980年2月，教育部发布《关于成立中国外语教育研究会的几点意见》，中国外语教育研究会也于翌年5月在杭州成立。在1984年年底召开的深圳会议上，中国外语教育研究会提出了《关于高校外语教育改革的几点意见》，指出中小学外语基础薄弱、大学外语低起点、高校外语无专业、专业外语不过关、非英语专业受忽视、大学零起点等问题。1984年成立英语教学研究会，王佐良任会长。1985年9月，首次召开了英语教学国际会议，邀请国内外名家参与，交流教学与研究经验。语言测试的开展极大地促进了研究工作，如英语专业四、八级考试，增设口语

[1]沈骑. 全球化3.0时代的外语学习 从"独尊英语"走向多语互补[N]. 文汇报，2017-08-04.

考试，都是经过先讨论、后立项、再试点的发展路径，发挥了科研先行的作用，催化了研究成果。

发展土生土长的外语教学法。在学习借鉴国外外语教学法，如翻译法、直接法、间接法、听说法、情境法、认知法、交际法、任务型教学法、全身反应法等的基础上，也形成了适合中国外语学习者特点的教学法，如文秋芳的产出导向法（POA包括教学理念、教学假设、以教师为中介的教学流程，是适合中国中高级外语学习者特点的教学方法）[1]、张思中外语教学法（体现为"适当集中，反复循环，阅读原著，因材施教"十六个字）、李阳疯狂英语（1988年）等在中国土生土长的实用高效的英语学习方法。李阳疯狂英语将复杂的发音规律总结成五大发音特点：分别是长元音和双元音饱满、短元音急促有力、连音、略音和咬舌头。该方法虽然受到一定的争议，但由于简洁、高效，迅速为广大英语学习者所接受，并得到迅速推广，跨出国门走向世界。

开展关键期的脑科学研究。北京师范大学脑科学研究团队表明，7岁是外语学习与母语的分水岭，7岁前属于同一大脑区域，能够母语思维；7岁后外语在另一脑皮层。深圳神经科学研究院院长谭力海表示，人脑处理语言的中枢有一定的文化差异，处理中文大概需要7个子系统，英文大概需要4个子系统，所以中国人得用更多的脑区来加工处理中文。[2] 这种差异已得到实践的证实。中文阅读障碍患者的结构性病变出现在左脑"额中回"，而英文阅读障碍患者的结构性病变却出现在另一个部位"颞顶区"。中国孩子学习英语时，如果"颞顶区"的功能不足，就会导致学习拼音文字存在障碍。初步的实验结果表明，通过无损的脑电刺激技术，可以改善中国人学习英语的这种特殊困难。未来可以结合脑机接口的技术和人工智能技术，发展一套基于人工智能的个性化高效学习系统。

---

[1]文秋芳. 构建"产出导向法"理论体系[J]. 外语教学与研究，2015（4）：547-558.

[2]专家揭秘东西方人大脑有何不同[N]. 环球时报，2018-07-16.

开展"国际区域问题研究及外语高层次人才培养项目"。教育部与其他部委合作，积极开展国别和区域研究，重视培养非通用语种人才，设立42家国别和区域研究培育基地，备案395家国别和区域研究中心，实现国别和区域研究的全覆盖。[1]

形成外语教学与研究链条。例如，北京外国语大学不仅编辑出版了《外语教学与研究》《外国文学》《国际论坛》《国际汉学》等全国核心刊物，还编辑出版了《国际汉语教育》《法语国家与地区研究》《中国俄语教学》《俄语学习》《德语人文研究》《英语学习》《区域与全球发展》《北外教育评论》等系列在外语教育界影响广泛的学术期刊。上海外国语大学编有《外国语》，获国家社科基金第一批重点资助，被美国现代语言学会（MLA）收录，并入选"全国三十佳社科学报"。

# 七、坚持信息化引领外语教育现代化发展

信息化引领现代化，给教育带来革命性的变化，最适合外语学习，既解决了优质教育资源不足的问题，也改变了传统外语教育模式，提高了学生的学习兴趣，促进了外语教育发展。

## （一）扩大优质教育资源覆盖面

教育信息化的发展，为扩大优质教育资源覆盖插上了腾飞的翅膀。进入21世纪以来，特别是党的十八大以来，伴随信息技术的飞速发展，我国教育信息化也取得了显著成就。一是加快推进"三通两平台"建设与应用，各项指标基本实现了翻倍增长，总体上超过了预期目标。二是"宽带网络校校通"发展迅速，全国中小学互联网接入率从25%上升到90%，多媒体教室比例从不到40%增加到83%。三是"优质资源班班通"不断普及深化，"课堂用、经常用、普遍用"的信息化教学新常态已初步形成。四是"网

---

[1]许涛. 努力开创教育开放发展新局面[N]. 中国教育报，2017-12-21.

络学习空间人人通"跨越式发展。五是"教育资源公共服务平台"初具规模。六是教师信息技术应用能力不断提升，近1,000万名中小学教师、10万多名中小学校长、20多万名职业院校教师经过培训，信息素养得到有效提升，为偏远地区、农村地区中小学英语教育提供了有力支撑。信息化没有边缘地区，对于大面积推进农村小学外语教育功不可没，"一口天锅，一块白板"改变了"一间屋子一块板，一张桌前战一年，一支粉笔一本书，一张开嘴说半天"的传统教学模式，改变了农村学校外语师资不足、能力欠缺、资源短缺的状况。信息化提高了外语教育的活力，改变了哑巴英语的尴尬，中国走出了一条成功之路。

例如，湖北400万名农村小学生通过"空中课堂"学英语，农村小学的孩子能够开口说英语，这是在缺口1.5万名英语教师的条件下取得的成绩。湖北郧县桃花沟村小学成为全省"空中课堂"教学的样板，年过半百的刘兆明老师借助信息化，从零起步边学边干，成功地担负起英语教学任务。

## （二）信息化改进教学模式

教育信息化对症下药，因材施教，有效地提高外语教学质量。外语学习领域存在两方面的需求，一个是课外一般性阅读或泛阅读的外语参考书，这一类图书无疑在数字化方面走得更快，但对另一种需求即教育领域的外语教材而言，受到互联网的冲击较小，更强调系统性、完整性。近年来不断有学校尝试"脱离纸质教材"的数字化教育，但试行一段时间后发现，纸质教材在教学过程中依然存在数字化不可替代的特性。两者相辅相成，才能相得益彰。英语教学产品也逐渐向"纸质出版+在线内容"搭配转变。以传统的教材加练习册，搭配学习管理系统，通过线上线下进行良好搭配。以沪江和人民教育出版社的合作为例，人民教育出版社旗下新版《中日交流标准日本语》是国内权威的日语学习教材。2014年，双方合作把图书内容开发成在线课程和移动学习产品——用户购买图书，扫描书本上的二维码，即可在线便捷学习教材配套的网络课程，出版社则可以通过互联网的方式收集用户的学习数据，为图书的再版提供帮助和依据。双方合作让版权内容实现二次开发，而更多新模式的探索，也开启了线上和线下的资源互动，加工设计出一套全新的学习解决方案，通过课件研发、平台技术、大数据分析，以满足用户在互联网上学习体验的需求。

## 八、坚持多种形式的国际交流合作

统筹国内国外两种资源发展外语教育，开展宽领域、形式多样、内容丰富的合作交流，如课题研究、合编教材、师生交流、合作办学、联合培训师资等，成为推动外语教育发展的重要经验。

### （一）合作开展课题研究

美国教育考试服务中心与中国教育科学研究院合作开展"英语教师专业发展培训体系"研究。合作学习是近年来外语教育领域备受关注的学习模式，就是学习者之间及所处社会文化之间的相互作用，这种学习方式可以增强学习动机，丰富学习策略，降低学习焦虑，提高学业成绩，不仅运用在英语教学中，也运用在日语教学中。[1]分级阅读是指读者根据自己的语言水平、认知特点、阅读兴趣等，选择适合的阶梯形系列读物进行阅读的理念和方法。分级阅读起始于19世纪的美国，在西方国家少年儿童英语母语阅读以及英语作为二语阅读领域十分盛行，已经形成了较为成熟的多种分级阅读体系，如美国的A-Z分级阅读、年级分级阅读、蓝思分级阅读，以及英国的彩虹分级阅读等。无论哪种分级阅读体系，其核心本质都是为读者找到合适的读物进行阅读，因此基本包括两项内容，即对阅读者阅读能力的评估（包括量化测试和质性观察）分级，以及符合不同阅读级别的推荐读物。分级阅读鼓励学生找到与自己阅读能力相匹配的读物进行大量的进阶式阅读，随着学生阅读能力的提升，所选择的读物难度也相应增加。这一理念对于改进我国阅读教学理念、创新人才培养模式有着重要

---

[1]赵冬茜. 外语教育研究中合作学习研究述评——以中日研究论文为例[J]. 高教学刊，2015（21）.

的借鉴意义，分级阅读在第二语言学习方面的积极作用已得到学者的研究证实。著名英语教学专家王蔷指出："在培养学生阅读素养方面，英语分级读物有其独到之处。"[1]

### （二）合作编写外语教材

1982年7月，人民教育出版社与英国朗文出版公司就人民教育出版社编译并在国内出版发行《生活英语》签订协议。1985年12月，人民教育出版社与日本光村图书出版株式会社签订协议，合作编辑出版初、中级《中日交流标准日本语》。联合国开发计划署资助编写九年义务教育英语教科书、全日制高级中学英语教科书。人民教育出版社与英国朗文出版集团合作编写九年义务教育英语教科书、全日制高级中学英语教科书，与新加坡泛太平洋出版有限公司合作编写义务教育小学英语教科书。

### （三）中外合作举办国际合作校班

截至2018年1月，全国经审批机关批准设立或举办的中外合作办学机构和项目已有2,626个，涉及34个国家、1,746所高校（其中中方高校785所，外方高校961所），覆盖了各个教学层次和类型，涉及自然科学与工程科学类以及人文社科类共计12个学科门类200多个专业。中外合作办学以质量建设为主线，其独特作用体现在"三个不可替代"，即在满足人民对多样化、高质量、国际化教育需求方面起了不可替代的作用，在促进高校学科建设方面起了不可替代的作用，在推进教育体制机制创新方面起了不可替代的作用。教育"请进来、走出去"稳步推进，带动我国教育质量的提升。高质量中外合作办学项目持续增多，丰富了我国教育供给和优质教育资源。中外合作办学将在助推中国教育走向世界中心方面发挥越来越重要的作用。

### （四）聘请外教

随着改革开放后我国综合国力的增长，外语教育有了很大的发展，越

---

[1]张金秀. 英语分级阅读激发学生阅读活力[N]. 中国教育报，2018-05-02.

来越多的学校开始聘用外籍教师进行外语教学。按照国家外国专家局的规定，外教招聘学校有资质要求。外籍教师受聘在中国境内工作，须持有《外国专家来华工作许可证》和《外国专家证》，应具有大学学士以上学位和2年以上相关工作经历。只有获得国家外国专家局颁发的聘请外教资质证书的学校，才可以聘请外教。具有外教聘请资质的学校才可以给外教办理工作签证和外国专家证，从而合法使用外教。在国内，基本上TESOL、TEFL和TESL外教证书都已经被混用了，三者没有被严格地区别，都被作为外教资格证来看待，国内高校和专业的英语培训机构招聘外教都会要求外籍教师要有三个证书之一。据统计，2017年，国内大约有40万名外国人以工作签证身份从事教育工作。然而，国家外国专家局最新准入标准统计显示，符合母语工作签证要求的合法外籍教师只占总体数量的三分之一。外教稀缺所形成的卖方市场，导致外教招不到、签证难、管不了、用不好、留不住成为教育机构普遍存在的问题。

因为有出国留学的渴望，家长们普遍非常重视对孩子的英语教育，从而衍生出了发达的外教市场。相比新生的互联网机构，线下外教从业的时间更长。聘请外教是保障外语教育质量的重要措施。外教有学校直接聘用，也有借助互联网便利足不出户教学。澳大利亚最南端格伦加里村的小学退休教师内莉（Nellie），下载了"老外趣聊"APP，在家里的摄像头前给中国学生当老师，为北京小学5年级一学生在线教学，每分钟2元。该软件有通过选拔的3,000多名外国人在线使用。他们需要提交相关证书来进行选拔，通过率在5%—10%。外教需要有国际权威机构的教师资格证和外语资格证，经过多轮选拔，录取比例低于5%。目前北美外教教龄5年以上的占70%，老师全部来自美国和加拿大。一开始通过社交平台招聘，后来过半老师都来自同行推荐。达里安·斯迈利（Darion Smyly）是VIPKID的一名外教，她是美国亚特兰大的一名小学老师，在网上给中国孩子教课后，现在已辞职来中国发展。最近，她给18,000名学生上了一堂课，创下了在线语言课程的吉尼斯纪录。VIPKID平均时薪是17—22美元，在美国，有超过500万名基础教育阶段的教师平均年收入在3万—4万美元，在美国属于较低收入人群，他们很愿意在线教外国小朋友学英语、实现教育梦想的同时，也有额外收入。教师资质成了传统线下外教市场最大的问题，线上机构相比更正规，对外教有筛选、公开简历。中国科学院的一份报告显示，目前70%的家长倾向于选择北美外教，因为口音更纯正、教学方式更活泼，也是子女留学首选地；20%的人愿意选择英国或澳洲外教，愿意选择亚洲（菲律宾、越南）外教的比例不到4%。一二线城市的孩子是在线少儿英语的主力军，占比超过80%，平均年龄6岁。这部分孩子的家庭经济实力比较强，年收入20万—100万元的中产家庭占近60%，他们绝大多数会每年花费1万元以上用于孩子的英语教育。在目前的外教市场上，根据外教的国籍，价格差异明显。如在淘宝上，外教分为欧美和菲律宾两类，欧美外教每节课200—240元，菲律宾外教59—89元。近年来，由于受到政策限制，给外教办理签证、让其迁入中国并不是一件容易的事，因此一些培训机构选择在国外设立教学基地，让外教通过互联网和中国学生交流。[1]

### （五）海外教师研修交流

为配合各省、自治区、直辖市英语教学改革工作，提升各地区总体英语教学水平和质量，国家留学基金管理委员会与英国高校合作设立中学英语教师出国研修项目和高校英语教师出国研修项目，主要面向西部地区。

### （六）协作发展海外游学

教育部先后在上海、江苏、安徽、陕西4省市开展"研学旅行"试点。2012年教育部、外交部、公安部和国家旅游局联合下发《关于进一步加强对中小学生出国参加夏（冬）令营等有关活动管理的通知》。在此基础上，2014年，教育部发布《中小学学生赴境外研学旅行活动指南（试行）》，在官方层面对出国游学做了定义，它不是旅游，也不是留学，而是学习占了较大比例的一种研学旅行。家长在选择游学产品时，要注意

---

[1]"我受够了！我要去中国教书！"全球外教遥望中国市场[N]. 南方周末，2018-06-14.

考察主办方的资质，以及接待的外国学校是否具备合法接收游学团的资质。游学市场的参与者主要包括教育培训机构、专职游学机构、旅行社、留学中介机构、公（私）立学校项目、网络电商平台等。目前，每年暑假的中国游学团由主管学校或中介组织与各国的专业机构对接，产品内容丰富多样，练口语、学文化、长见识，让学生、家长和老师觉得物有所值。[1]

站在新的历史方位，回顾外语教育40年发展历程，总结发展经验，得出重要结论：外语教育只能加强，不能削弱，分类要求，深化改革。中国经济要高质量发展，需要提高人才的国际素养，重视外语教育是正确的，但不能把外语教育凌驾于任何专业教育之上，应适当降低分值。如果继续执行现行的外语教育制度和考试制度，必将使千千万万的千里马"骈死于槽枥之间，不以千里称也"。由于外语学习的升温，一些教育主管部门及人事主管部门在人才培养和选拔上，设置层层外语考试关。英语考试已经变成了一种利益集团赚钱的工具，这种制度使很多学生在学习英语的过程中深受其害，浪费了大量的时间，影响了正常的学业，使教育质量受到影响，同时也使国家每年数以百亿计的巨大财富付之东流。在功利化的社会背景下，英语学科成为一个相对"优势"的学科，不但学校里开设了英语课程，社会上还有各类英语培训学校，英语受到很大的重视，让孩子学好英语成了家长们"望子成龙"的一部分内容。大学公共外语教学急需改革，应学习日本的做法不搞花架子，定位为学术交流的工具而非人文教育，从文学经典和语法翻译教学向学术英语转向，开设学术英语和科技英语课程，培养学生利用英语从事专业学习和研究的能力，培养各行各业掌握外语的人才。[2] 研究生考试也可分为有英语等级证书的硕士博士和没有英语等级证书的硕士博士。英语等级证书按实际需要进行单独考试和单独发证，英语等级证按实际需要与毕业证、学位证配合使用。在大学推行严格

---

[1]张代蕾，梁希之. 海外游学人需要冷思考[N]. 参考消息，2018-08-16.
[2]蔡基刚. 从诺贝尔科学奖看大学英语教学[N]. 文汇报，2018-10-12.

的英语等级考试，但这种考试与毕业证及学位证无关，包括硕士、博士学位。全国职称考试也同样可以不考英语，但把"英语等级证"实行单列考试，用人单位可以按实际需要在有英语等级证书的人才和没有英语等级证书的人才中选择。

外语作为文化的重要内容及载体，是全球化时代最活跃的沟通工具。外语教育既是教育事业，又关系对外开放大局。不同语种的国际地位及影响力也强烈地反映出不同语言在世界地缘政治、经济、文化版图中的历史演变及空间分布。我们要重视国外外语教育低龄化和语种多样化的新趋势，系统总结外语教育发展的成功经验，开拓我国外语教育的新局面，不断使外语教育同党和国家事业发展要求相适应、同人民群众期待相契合、同国家综合国力和国际地位相匹配。

## 第八章

外语教育走向新时代

随着改革开放和"一带一路"倡议的深入推进，我国要不断调整优化外语学科建设政策，继续加强英语学科建设，促进高校的外语学科与其他学科的交叉和融合；在英语学科基础上扩展外语学科种类，健全外语语种体系；突出外语院系"外语+专业"的人才培养目标和非外语类院校"专业+外语"的人才培养目标；注重增强学生的外语交际实际技能，提升学生沟通合作、跨文化交流和审美情趣等人文素养；不断提升中小学外语教师素质能力，尤其是提升农村教师外语师资水平，同时加强高校复合型外语师资队伍的培养；基于本土外语教学实际，针对不同学段、学习主体和内容，采用多种外语教学方法；充分发挥现代网络技术优势，变革传统教学方式，推动信息技术与外语课程的深度融合；进一步整顿、规范外语教育培训市场，营造协同育人的教育生态环境，并激活外语培训市场的内生活力，形成行业的良好生态和文化自觉；从整体上规范各级各类外语考试，构建中国特色、国际水准、功能多元的国家外语能力测评体系。

## 一、加强外语学科建设战略发展规划

外语学科建设发展规划是外语教育的重要支撑。没有科学的外语学科建设，就不能明确外语教育的方向、目标和标准。

改革开放以来，我国外语学科建设政策不断调整优化，但也存在一些问题，主要是中小学英语学科建设有待加强，高校外语学科与其他学科的交叉融合不够。

大多数发达国家从战略角度高度重视外语教育和学科建设，颁布了外语学习标准，通过强化师资队伍、改善教学条件等措施，加强外语学科建设。美国联邦政府早在1996年就颁布了《外语学习标准：为21世纪做准备》（*Standards for Foreign Language Learning: Preparing for the 21st Century*），详细制定了关于外语教育的学科内容标准。新加坡、日本、韩国、俄罗斯、德国等非英语国家均将英语教育列为最主要的外语教育。日本全力打造"亚洲第一"英语国家形象，通过致力于提高国际通用的英语能力，以提高国民的国际理解与跨文化交流能力。新加坡是加强英语学科建设的典范，推行"多语并存，英语独尊"的外语教育政策，英语是该国的第一语言，英语学科建设一直在该国教育体系中处于重要地位。新加坡政府明文规定，从幼儿园、小学，一直到大学，都要用英语作为主要的教学媒介语言，每所学校都会配备一定比例的以英语为母语的外籍教师充实到本国英语师资队伍中，同时将本国英语教师定期派送到以英语为母语的国家进行深造。

借鉴国外经验，我国应在战略上高度重视外语教育，将其纳入国家外语战略。随着改革开放的不断深入和"一带一路"倡议的深入推进，我国要在政治、经济、外交、安全和文化等领域全方位与沿线国家开展深度互动，构建相应的外语教育战略。中小学要继续加强英语学科建设，而高校的外语学科要加强与其他学科的交叉和融合，以培养国际化、复合型的专业人才。

### （一）加强外语学科建设

中小学着重加强英语学科建设。中小学应将英语教学与国家人才战略紧密结合，建构科学的英语教育规划体系，服务于国家战略、社会发展和教育改革大局。借鉴国外经验，中小学应以英语教育理论为指导，加强英语学科建设，不断提升英语教师的英语素养，推动中小学英语教学质量的提升。2018年，教育部和国家语委共同发布了《中国英语能力等级量表》，将英语教育教学纳入标准化建设轨道，这有助于促进外语教育的科学化和专业化发展。另外，中小学加强英语学科建设还要注重健全英语学科建设配套制度，组织开展常态化的英语备课、研修、教研和文化等活动。注重提升英语教师的素质和能力，进一步提升英语教师学历，积极开展英语课程改革，推进"以学生为本"的教学，引导学生自主学习和合作探究以及运用英语进行思维，全面提升学生的英语学科核心素养。

高校外语学科建设着重推动学科交叉与国际化及国际化人才培养。首先，为适应教育国际化形势，推动我国外语高等教育内涵式发展，高校应深化外语学科建设，充分发挥外语学科在国际交流与合作、文化传承与创新等方面的重要作用。外语学科建设要在继承传统学科领域的同时，建立与其他学科的多元交叉话语体系，促进文文、文理融合。同时，推动外语学科迈向国际化，着力培养国际化的外语师资队伍，为外语教师创造适当机会和时间到国外任职任教，激励外语教师在国内和国外发表学术论文，同时招聘适量的海外师资队伍协同国内高校教师共同用外语讲授有关专业课程。再者，积极推动基于社会需求定位的外语学科发展，用国际化目标定位人才培养，培养适应人类发展、国家发展和个人发展需求的国际化人才。

### （二）构建 1+N 多语种体系

当前，在经济全球化时代，我国的国际交往日趋增多，与英语国家和非英语国家的交流不断加强。特别是我国自提出"一带一路"倡议以来，与"一带一路"沿线国家的交流与合作日趋密切，经济文化活动日趋频繁，对多语种外语人才的需求也更为紧迫。

然而，我国外语教育仍存在英语"一家独大"的局面。我国中小学可供学生选择的外语科目主要是英语，另外还有为数不多的中小学开设俄语和日语，但选学这两类外语的学生数量在不断下降。值得注意的是，我国中考的外语科目基本上只有英语，而高考的外语科目却有若干种，造成初中和高中的多语种学习和评价无法有效衔接，对中小学与大学持续培养多语种人才造成不利影响。

近年来，许多国家纷纷实施外语教育战略，从中小学开始提升外语整体能力，在中学提供多门外语课程种类供中学生选择，为未来多语种人才的成长奠定坚实的基础。实际上，自20世纪末以来，许多国家充分认识到只学习本国语言不利于自己国家的发展和民族进步，也不符合全球化的经济形势，由此意识到英语及多语种教育的重要性，逐渐构建以英语为主的多语种体系。美国等发达国家还提出了专门的语言人才培养计划，旨在储备多语种的高技能语言人才。

在澳大利亚，各州可根据国家语言政策和本地区需求确定中学开设的外语课程种类，各州学生可选学的外语达8种，包括法语、德语、日语、汉语、韩语和印尼语等。在法国，学生也有很多选择外语语种的机会，如学生参加高中毕业考试时可从44门外语中进行选择，大部分学生会学两门外语。欧盟也要求中学生至少学习两门外语。

美国作为实施语言能力战略的典型，从20世纪以来就持续不断地推出语言人才培养计划，培养和储备多语种、多类型、高技能的语言人才。美国可供高中学生选学的外语有西班牙语、法语、德语、阿拉伯语、汉语、波斯语、日语、韩语、俄语和乌尔都语等。2009—2015年，美国教育部公布的关键语言有78种，分布于中东、非洲、南亚、东亚、中亚、东欧和拉美7个地区。在美国可教授的语言有153种，仅哈佛大学就能为学生提供70多种外语课程。

在我国，面对国际交流不断加强的趋势，基础教育和高等教育要在英语学科基础上扩展外语学科种类，健全外语语种体系。

中小学适当扩展外语种类。我国可借鉴国外做法，在具备条件的中学开设除英语以外的一两门外语课程。中考可据此进行适当改革，将英语以外的若干门外语纳入升学考试之中。另外，为服务"一带一路"倡议并加强我国与接壤国家的交流与合作，我国边境地区的中小学可基于现有条件或创造条件开设与接壤国家紧密相关的另一门外语。

高校扩展"一带一路"沿线国家的外语学科种类。"一带一路"沿线国家除英语、俄语及阿拉伯语外，还有50多种其他官方语言。据统计，"一带一路"沿线的国家和地区有着复杂的语言文化环境，官方语言及民族语言等多达2,400多种。我国要与"一带一路"沿线国家开展交流合作，迫切需要在高等教育阶段扩展有关这些国家的外语种类。我国在高校多语种外语人才培养和储备方面，可以学习和借鉴美国的经验。高校要进一步在语言教育中增设"一带一路"沿线国家语言的种类，制定非通用语种人才储备战略，储备某一阶段看似"无用"的非通用语种人才。

## 二、明确复合型人才培养目标

随着经济全球化和贸易一体化的到来，社会需要具有专业背景知识的复合型、应用型外语人才，"外语+专业"和"专业+外语"成为复合型人才培养的主要模式。在"外语+专业"复合型人才培养模式中，以外语为主、专业为辅，用该模式培养的人才主要是在外语专业基础上，将外语能力与某些专业知识有机结合，利用外语专业优势学习和掌握某些专业知识，拓宽自身的知识结构和专业领域。在"专业+外语"复合型人才培养模式中，以专业为主、外语为辅，该模式培养的人才主要是利用外语语言工具从事专业工作或利用外语优势把握外国最新信息用以指导自己的专业工作。

我国高校对复合型、应用型外语人才的培养还有待加强。无论是"外语+专业"，还是"专业+外语"，在外语与非外语学科的交叉和融合方面都做得不够，造成真正的复合型人才稀缺。"一带一路"的深度融合与深层合作需要外语人才，特别是能支持基础设施建设、能源、经贸、技术研发等领域合作的语言服务人才。然而，目前我国精通专业、技术和外语的服务人才非常稀缺。大多数外语专业学生不能适应当前语言服务行业的发展，因为"一带一路"建设和国际合作中的语言服务，是集语言技术、信息处理技术和市场营销等为一体的知识密集型行业。同时，多年来步入社会和人才市场的高校非外语类专业毕业生的专业外语能力也难以满足社会对复合型人才的需求。这与多年来的外语教学导向有关，如强调基础外语能力的培养，重视四、六级考试等外语能力考试，轻视学生的专业外语能力培养，或因专业外语师资力量不强不开或少开专业外语课程。

为此，要突出外语院系"外语+专业"的培养目标和非外语类院校"专业+外语"的培养目标。

## （一）突出外语院系"外语+专业"培养目标

高校外语院系的外语人才培养要凸显"外语+专业"的培养目标，着力培养跨界语言服务人才，特别是具备战略思维、较强的跨界能力和开阔的跨界视野的复合型外语人才。在外语人才培养中，须进行"供给侧"改革，培养"外语+专业"的高素质复合型人才。要为外语专业学生创造跨学科、跨专业的学习机会和条件，扩展学生的行业背景知识和专业知识，增开外语专业课程与行业、市场结合的模拟实训和实践类课程；同时培养学生的团队合作、吃苦耐劳、责任担当等综合素质能力。外语专业学生的口译和笔译要强化实践性和实务性，对接职业岗位；增设语言大数据服务、语言服务管理、语言资产管理、技术文档译写、跨境电商语言服务等专业方向。探索大数据和"互联网+"环境下的语言服务教学方法，扩大与"一带一路"沿线国家的教育与文化交流，建立海外实习和实践基地，通过"联合培养""合作办学"等方式培养高水平多语种语言服务人才。

### （二）强化普通高校"专业+外语"培养目标

北京外国语大学在"专业+外语"复合型人才的培养方面做了有益探索。2011年7月至2017年7月，该校承担了国家教育体制改革试点项目"探索国际组织需要的复合型人才培养模式项目"，以提升外语复合型人才培养质量为目标，有效结合法律、政治、管理学、外交学等非外语学科，在中外联合培养双学位制、复语、复合、跨学科、知识创新能力与实践创新能力等方面进行了多方位、多层面的综合探索。[1]

非外语类院校要重视"专业+外语"复合型人才的培养，强化"专业+外语"培养目标，构建"专业课程+专业外语"的课程体系，加强学生的专业外语能力培养，以期为学生的可持续发展奠定基础。先培养和夯实学生的专业知识和能力，再加强学生的专业外语能力，如引导学生增加专业外语学习，让学生通过学习专业外语论著和前沿专业外语资料信息学会用外语表达专业内容和用外语思考与处理专业领域前沿信息，根据专业课内容引导学生在外语环境中学习和探究专业问题，培养学生的思辨能力。

## 三、突出交际能力和人文素养的培养模式

随着经济全球化的不断推进，各国文化的融合加深，不同国家间的语言交流不断加强，外语交际能力成为外语学习过程中的关键能力之一。同

---

[1]张大良. 高等教育人才培养模式改革[M]. 北京：高等教育出版社，2012：298.

时，外语兼具工具性和人文性，这要求中小学和大学的外语教学融合人文教育，将其渗透到外语教学的各个环节和学生外语学习的整个过程，以期为学生的全面发展打好基础。

我国政府很重视中小学生学习外语过程中交际能力和人文素养的培养。《普通高中英语课程标准（2017年版）》指出，普通高中的培养目标是进一步提升学生综合素质，使学生具有科学文化素养和终身学习能力，具有自主发展能力和沟通合作能力；课程内容有机融入社会主义核心价值观、中华优秀传统文化、革命文化和社会主义先进文化教育内容，帮助学生树立人类命运共同体意识和多元文化意识，形成开放包容的态度，发展健康的审美情趣和良好的鉴赏能力，加深对祖国文化的理解，坚定文化自信。我国的大学外语教学也要求强化学生的外语交际能力，并兼顾外语学习的工具性和人文性。2016年公布的《大学英语教学指南》明确指出：大学英语在注重发展学生通用语言能力的同时，应进一步增强其学术英语或职业英语交流能力和跨文化交际能力，以使学生在日常生活、专业学习和职业岗位等不同领域或语境中能够用英语有效地进行交流；大学英语教学的主要内容可分为通用英语、专门用途英语和跨文化交际三个部分。

但在我国，无论中小学还是大学，学生的外语交际能力和人文素养还有待加强。大多数学生从小学三年级甚至更早就开始学习外语，投入大量精力和时间，但"哑巴"外语现象和书面表达能力低下问题依旧普遍存在。很多中小学生交际用语和口头表达词不达意，"哑巴外语"问题严重；外语写作不规范，不仅结构和逻辑思维存在一定问题，单词拼写及语法、搭配等错误也普遍存在。由于基础教育阶段的考试升学压力，中学阶段的外语教学重点放在词汇、语法和读写上，轻视外语听说能力尤其是用外语"说"的能力，导致相当一部分大学新生刚入校时外语交际能力偏低，相当一部分大学新生无法用外语进行简单的日常交流，更不用说用外语进行更深层次的专业探究。在人文素养培养方面，受升学考试等因素的影响，多年来中小学外语教学过于关注学生的外语词汇、语法知识强化和读写等技能训练，忽视对学生人文素养的关注和培养。而高校外语教学重视外语知识灌输、技能培养，尤其是过于注重外语等级考试训练，教师和学生将大量时间和精力放在应对外语等级考试上，对中外文化的了解也限于应对考试，缺乏对中外文化的深入分析和比较探究。学生在借助网络媒体等手段了解外国文化的过程中往往片面理解或误解他国文化的内涵和实质，而多注重其文化的外在表现，如服饰、问候、肢体动作等。

美国、德国、加拿大等国的外语教育均强调能力导向的外语教学，凸显在外语教育中对外语交流和实践活动等能力的培养。美国在《外语学习标准：为21世纪做准备》中明确了美国21世纪外语学习的主要目标，即著名的"5C"：（1）交流（Communication）：用外语开展交际；（2）文化（Cultures）：对其他文化的认识和理解；（3）联系（Connections）：跨学科研究获取更多信息；（4）对比（Comparisons）：对语言和文化的洞察力；（5）社会活动（Communities）：参与国内外多语言群体活动。从中可以看出，美国外语教育非常重视交际能力和人文素养。

2018年青少年模拟联合国大会开幕式在北京举行

针对我国学生在外语交际和人文素养方面存在的问题，借鉴国外做法，我国的中小学和大学应注重增强学生的外语交际实际技能，提升学生的沟通合作、跨文化交流和审美情趣等人文素养。

## （一）增强外语交际能力

外语是用来交际的，外语交际（包括口语交际和书面交际）能力自然是外语学习能力的关键之一。中小学和大学都要加强学生的外语交际能力。

中小学外语教学强化学生的外语交际能力。为增强中小学生的交际能力，外语教师首先要引导学生进行听说训练。听是进行外语口语交际的前提。在外语课堂上，教师应最大限度地引导学生开展听的训练，尽量用外语而非母语组织课堂教学，并基于中小学生的年龄特点和外语习得规律，利用实物、图片等直观手段，调动学生的视觉、听觉，激发学生的学习兴趣。同时，口头的说和书面的写是外语交际的关键。教师在外语课堂中可利用学生好奇多动、喜爱游戏等特点，设计新颖有趣的课堂游戏等交流活动，并联系学生的现实生活创设学生感兴趣的真实交流话题，营造真实、宽松愉悦的外语交流情境（如小组对话讨论、话题辩论、社会热点问题争鸣等），让学生轻松自由地用外语表达自己的真实想法，引领学生进行有效的口头或书面的语言交际。应当注意的是，我国学生的外语课堂在交流外国文化和国外热点事件的同时，也应关注我国本土的文化和热点事件等话题，例如对低龄中国学生国外留学的看法、对假期参与奢华出境游学的看法，等等。利用学生熟知的本土话题与国外的生活方式、文化和餐饮方式等话题进行对比讨论，更能增加我国学生的文化自信，也能培养其参与意识和外语交际兴趣，使其在熟知的交际场景中进行富有意义的外语交流，并培养其分析、解决本土实际问题的能力，从而促进其智力、情感和思维的发展。同时，要将外语文化背景常识作为外语交际教学的必要补充，要让学生在外语交际活动中探究外语国家和其他国家的文化习惯，以便于学生能够使用外语正确表达思想、得体地开展外语交流。另外，可启发和引导学生总结和利用汉语和外语之间在结构、语法、习惯等方面的差异学习外语，提高外语交际能力。最后，适当利用多媒体引导学生开展外语交流。随着多媒体信息技术的普及，外语教学环境更加优化。教师可根据外语教学需要适当播放一些经典外语电影片段，并设计外语学习任务，让学生在真切的外语语境中学习外语，增强外语交际的真实感和成就感。教师还可创新作业形式，如让学生通过网络搜集素材，独立创作外语剧本、用外语开展表演竞赛、点评外语剧本的内容和外语表达等。

高校外语教学同样要强化学生外语交际能力的培养。首先，高校应在中学阶段培养学生外语交际能力的基础上进一步完善外语交际教学方法，引导学生提升外语交际的深度和难度。例如，联系大学生的现实生活和他们关注的社会热点问题，设计他们感兴趣的交流话题，让他们进行深度思考，利用所学的相关学科知识深入探究解决社会问题的路径，通过对话研讨、话题辩论、问题争鸣等方式，开展深入的口头或书面外语交际。其次，随着教育信息化的不断深入，高校应当大量采用信息技术手段开展外语教学。例如，许多高校盛行利用"微课""慕课""翻转课堂"等网络平台开展外语教学，在一定程度上提升了教学效果，调动了大学生开展外语交际的积极性和内动力，但未来还需进一步提升外语交际的实效性。大学外语教师应在信息化、网络化的时代背景下，在掌握信息技术手段的基础上，深入开展大学外语教学改革，提升外语交际教学的实际效果。再次，高校要深入研究跨文化交际课程的内容和教学方式。世界文化具有多样性和复杂性，而文化作为一个宽泛的概念，又涉及社会生活的诸多方面。高校外语教师要根据不同专业领域内容设计有针对性的跨文化交际内容和适切的跨文化交际交流方式；高校教师还要引导学生正确把握文化差异，确保坚定、正确的政治方向。最后，高校要进行层次化、差异化的外语交际教学活动，提高不同层次学生的通用外语和专门用途外语的口头和书面交际水平；尤其是在外语教学中要正确理解和运用交际教学法，选择与学生所学专业相关的语料作为主要教学内容，选择来自未来职业环境的交际场景设计教学单元，引导学生在真实的外语环境中学习和运用外语，注重交际的学术规范性。[1]

## （二）强调人文素养

无论基础教育阶段还是高等教育阶段，外语课程都具有工具性和人文性。因此，无论中小学还是大学的外语教学，都要把培养学生的人文素养放在重要位置。

中小学外语教学培养学生的人文素养。中小学外语教师要转变教学理念，在日常的外语教学中将外语教育的工具性和人文性有机结合起来，调整教学策略和方法，在外语教学中渗透对学生人文素养的培养。一是在课堂教学中渗透人文素养的培养。中小学外语教师要充分利用外语教材和外语教学资源，根据学生的认知特点及外语能力，结合外语教学内容，营造适切的外语学习情境，巧妙地将中外人文知识融入课堂教学中，引领学生积淀文化底蕴，提升人文素养。可以引导学生开展小组合作，通过学习、研讨外语版的中外诗歌、经典名著、影视片段、寓言故事、成语故事等，探究中外人文知识、人文精神等。在学习外语素材的同时，注重拓宽学生的文化视野，培养学生的人文素养；还可以采用比较学习法，引导学生通过查询网络资料等方法，比较中外节日、中外文化习俗等方面的文化差异，从而提高学生的外语能力与人文素养。二是在课堂外培养学生的人文素养。除课堂教学外，外语教师还要指导学生开展课外活动，拓展课外人文知识，培养学生的人文素养。比如，利用课外时间，指导学生阅读国外经典名著，或让学生观看外语影视作品片段，或组织学生开展中外文化演讲比赛等，让学生在提升外语阅读能力和听说能力的同时，领略和感受外国的历史、政治、经济、文化、传统习俗、风土人情、行为规范等，并学会得体地运用外语进行交流。

---

[1]严世清.《大学英语教学指南》与大学英语教学改革与发展[J]. 当代外语研究，2017（4）：33-35.

中英学生一起练习书法

　　高校外语教学也要增强学生的人文素养。高校外语教学是语言教学，也是文化教学。人文知识渗透到外语教学中会改善外语教学效果，提升学生人文素养。为此，高校要加强对学生人文素养的培养和提升。首先，在外语教学中营造良好的人文氛围。外语教学要引导学生处于一种浓厚的文化环境中。比如，在大学外语教材中深入挖掘和充分利用其中的人文教育素材，有意识地渗透给学生，引导学生真切领悟其文化的实质和内涵，在学习外语的同时潜移默化地接受人文素养教育。再比如，在外语教学内容中，根据教学需要适当加入外文版的经典名著、外国文化生活介绍、中外文化比较分析等内容，以此调动学生学习和了解外国文化的兴趣和内动力，同时也避免学生埋头于外语应试训练。其次，开展多样化的中外文化活动以提升学生的人文素养。高校比中小学有更多条件和机会开展各种丰富的课外活动，要引导大学生开展形式多样的中外文化活动，如中外文化知识比赛、中外文化观赏交流会、外国原版名著鉴赏评析交流会、外国原版影视配音或赏析、外国原版戏剧评析或表演、中国传统优秀文化笔译大赛、中国传统优秀文化外语演讲大赛等，这样既能提升学生的外语听说读写等技能，也有助于培养和提升学生的人文素养，还可以引导学生坚定文化自信。

## 四、多途径加强外语师资建设

随着经济全球化的推进，各国对能参与国际竞争的复合型人才的需求日趋强烈。这就迫切要求外语师资队伍除了外语专业能力外，还要有更宽和更广的知识面，甚至要有外语专业以外的专业实践技能。

从实际情况看，我国的外语师资队伍大多是外国语言或文学专业的学术型研究人员。在经济全球化的今天，外语师资队伍的知识和专业的深度、广度、宽度不够，不利于培养参与国际竞争的复合型外语人才。中小学外语教师在外语专业能力方面还呈现较大的城乡差异：经济发达地区和城市的外语教师质量整体相对较高，而经济欠发达地区和农村的外语教师整体数量不足，有的外语教师从其他学科转岗而来；外语教师质量整体不高，学历普遍较低，教学方法陈旧而单一，教学科研能力薄弱。在高校外语师资队伍方面，复合型外语教师的专业素质有待进一步提高。首先，复合型外语师资队伍的专业结构不合理，难以满足复合型外语人才的培养需求。由于外语专业的师资队伍基本上都由来自外国语言或文学专业背景的教师构成，他们大多缺乏经济、外贸、法律、新闻等专业知识；兼具较强的外语能力和专业知识技能的教师匮乏，大多数教师具有相对扎实的外语能力，但缺乏相关专业知识和行业背景，行业实践经验不足，教学过程中实践操作性弱，而少数来自企业、行业的外聘复合型外语教师，虽有丰富的行业实践经验，但缺乏扎实的外语知识结构，教育教学经验不足，流动性也较强。其次，复合型外语教师大多面临较重的教学和科研负担，专业研修机会较少，制约了复合型外语学科的可持续性发展。

许多发达国家非常重视外语师资建设，纷纷出台外语师资专业标准、职业资格等外语师资的政策和法规，以确保外语师资的专业化。2013年，美国外语教学理事会（ACTFL）与美国师资培育认证理事会（CAEP）联合发布了《外语教师培养标准》（*Program Standards for the Preparation of Foreign Language Teachers*），提出了外语教师应符合的六项专业标准，包括语言能力，文化、语言学及相关学科的基本常识和概念，青少年语言习得理论，教学资源整合，语言和文化评价之于学生学习的影响，专业发展和师德等内容。韩国的基础教育阶段外语师资建设与其他学科相同，注重国家层面法律法规等相关制度的建立和完善。根据韩国《初·中等教育法》中有关中小学教师资格的规定，小学教师的任职资格包括在教育学院毕业等条件，初中教师的任职资格包括在师范大学毕业或在教育大学取得硕士学位等条件。德国对小学外语教师的入职规定与其他学科一样，教师须先完成大学师范专业学习，通过国家教师职业资格考试，并完成职前培训，才能获得教师资格。

他山之石，可以攻玉。我国可以借鉴发达国家经验，多管齐下，采取多种途径和措施，进一步提高外语教师队伍的素质和能力。中小学阶段要注重开展外语教师轮岗交流和搭建外语专业化发展平台等，提升外语教师的素质和能力，尤其是提升农村教师外语师资水平；高校则要基于培养复合型外语人才的迫切需要，重点加强复合型外语师资队伍的培养，主要是突出外语师资来源的多元化，吸收外语能力较强的科技、商贸、法律等非外语专业的人员充实高校外语师资队伍；而义务教育阶段要保障充足的外语师资队伍，开足开齐外语课程。

## （一）采取多种途径加强外语师资建设

中小学加强外语师资队伍建设。鼓励和支持城市中小学外语教师到农村轮岗交流任教，缓解农村边远地区中小学外语教师数量的不足，推动外语师资的合理优化配置。同时，要为外语教师搭建专业化发展平台，比如创造条件和机会引导他们开展教学课题研究；鼓励他们创新教学方法，改革传统的教学方式，将"以师为本"转为"以生为本"；发挥老教师的"传帮带"作用,请有经验的中老年教师帮助和指导青年教师;定期按需派教师参加研修和培训,提升其专业素质及多媒体等现代教学手段应用水平;鼓励和支持青年外语教师提升专业学历,提高专业水平和教育教学能力;组织外语教师外出观摩"优质课"和"示范课",参加外语教学比赛,提升外语教学水平;建立名师巡讲制度,定期聘请外语教学专家来校进行讲座、交流、示范讲课等;创立中小学优质外语教学资源网,让农村外语教师与城市高水平外语教师共享优质外语教学资源;开展发展性、个性化教师评价,促进外语教师队伍的可持续发展,不仅仅利用学生外语考分、外语听课评分、赛课成绩、外语教学工作量等传统指标对教师进行评价。

高校重点加强复合型外语师资队伍的培养。首先,支持高校教师加强学习和研修。根据师资队伍状况开展分层次的按需研修培训,提升教师队伍的专业素质;在高校自身范围内,统筹安排外语学院与金融、法律、新闻、管理、外交、旅游等院系开展合作培训,强化本校外语教师外语以外的专业知识和技能;将从企业和行业引进的教师派到外语院系学习外语,增强其外语能力和教学能力;建立科研梯队,由经验丰富的老教师通过"导师制"等途径帮助青年教师提高科研能力和水平;支持青年教师外出、出国进修学习,攻读跨专业高学历;外聘外语能力和专业能力强、行业实践经验丰富的国内外知名专家学者到高校长期执教。日本和新加坡等国都通过高薪等优惠政策吸引国外优秀人才参与本国外语教育,新加坡强调使用国外师资和教育顾问,而日本则吸引以外语为母语的人员参与日本的交流与教学项目。其次,借助多媒体和信息技术研发复合型人才培养所需的精品课程和优质多媒体课件,打造慕课课程和翻转课堂等,创新复合型外语教学方式。再次,加强高校与企业、行业的合作。高校与企业、行业共同建设行业实践基地,由高校派教师到企业、行业开展业务实践,并与企业、行业共同开展项目合作、研发产品等。

高校在线开放课程联盟联席会在北京举行

### （二）开齐开足义务教育外语课程

随着改革开放的深入和"一带一路"倡议的不断推进，我国需要培养大批外语人才。这就要求从义务教育阶段开始，要开齐开足外语课程。然而，在我国的某些地区，尤其是欠发达地区和农村的义务教育学校、村级小学和教学点，外语师资力量紧缺，还无法开齐开足义务教育外语课程。

一些发达国家非常重视义务教育阶段的外语课程建设，许多国家将义务教育阶段的外语课程开设时间前移。日本在外语课程方面开设英语A、英语B、德语、法语等外语语种。要求所有一年级学生必须从中选修一个科目，完成所规定的学分。英语A的教学主要是英语基础知识，包括面向初学者的内容；英语B的教学稍深一些。在一门外语之外增学第二外语时，教师要讲授那门外语的最基本知识。

借鉴发达国家的经验，我国的义务教育阶段应开足开齐外语课程，为中小学生的发展提供更多的选择，也为将来多语种人才培养奠定基础。

发达地区和城市的外语师资队伍相对较强，但不能过度开设外语课程，不过多提倡在幼儿园阶段就开设外语课程，否则不利于幼儿的健康成长。发达地区和城市的小学可以从一年级开始普遍开设外语课程。中西部农村和欠发达地区可以根据国家政策从三年级开始开设外语课程。各地要根据国家规定的课程要求，采取多种措施，开齐开足义务教育外语课程。一是掌握义务教育外语课程情况。认真组织开展义务教育外语课程开设状况调查，尤其是调查农村小学和教学点的外语开设情况，摸清外语课程开设实际状况，查找开课不齐不足的原因，对症下药。二是加强义务教育外语课程开设情况督导检查。将开齐开足外语课程纳入县域义务教育均衡发展评估验收和示范、特色中学教育督导评估体系，对外语课程开设不齐不足的义务教育学校和有关教育行政部门进行指导与监督。三是完善义务教育外语师资队伍建设。补足配齐义务教育外语学科教师，配足配齐外语课程设施设备及完善外语教学场所，充分发挥教育信息化优势，利用多媒体和信息技术扩充农村外语教师资源和外语教学资源。基于"县管校用"政策，县（区）教育行政部门在本县（区）域内制定专门的"巡回走教"政策，统筹招聘一定数量的外语教师担任本县（区）域内义务教育学校的"岗位人"而非"学校人"，统一安排他们在本县（区）域内若干所义务教育学校和农村小学、教学点开展"巡回走教"；鼓励在一所义务教育学校任教的外语专职教师在县（区）教育行政部门统筹下交流到有需求的乡村学校担任兼职教师。在有城区和郊区的城市，在学区化管理、学校联盟、集团化办学、名校办分校等办学模式内，以多种形式开展外语教师交流，包括全职交流轮岗、跨校兼职兼课等；有条件的区可统筹本区教育资源推进外语教师跨学区（教育联盟、教育集团等）交流轮岗；鼓励城区学校承担贯通培养、跟岗培训外语教师等项目，开展跨区域办学以及与乡村学校开展对口支援与帮扶支教等。对外语教师分级、分层培训，全面提高外语教师综合素质；选派农村中青年外语教师参加各级培训和教研活动，待其学成归来后再培训其他外语教师。

## 五、运用多样化教学法

过去，我国有些地区受应试教育影响，中小学外语教学方式僵化，外语教学方法单一，教师"满堂灌"传授知识的教学方式较为普遍，学生缺乏学习英语的兴趣和热情，学习效果也不令人满意。中小学外语教学大多仅围绕课标词汇、语法和教材知识点以及外语学习方法和考试训练方法进行框架设计，没有考虑让学生将所学语言用于真实生活，没有考虑让学生通过外语学习提高综合素养，具体的课堂教学也以知识灌输和考试训练为主；有些外语教师照搬某些国外教学法，结果导致两种倾向：重读写轻听说导致"哑巴外语"，重听说轻读写导致外语读写困难。高校不少外语教师也仍在采用"满堂灌"传授外语知识的教学方式，忽视学生外语实践能力、思辨能力等的培养和学生的个性化发展，多数大学生在学习中依赖教师课堂讲授，难有机会自主运用综合知识和技能解决现实问题，也缺乏主动探索、分析及解决问题的积极性和能力；教师的教学方法单一，缺乏互动式、启发式、探究式等教学方式，不利于学生创新意识、思辨能力的形成和社会现实问题解决能力的提高。

当前，外语教学的趋势是贴近学生的现实生活，关注学生的年龄特点、心理需求、兴趣爱好和外语实践能力培养，采用适切性的多元外语教学方法，以满足学生学习外语的兴趣和需求。

发达国家的外语教学非常重视兴趣化、情境化和实践性。教师往往根据学生的年龄特点、兴趣爱好和外语学习目标与要求，灵活采用多种适合学生的外语教学法。新加坡在英语教学中就广泛采用情境教学法，经常让学生模拟面试、工作汇报、导游、谈判等场景，通过情境教学法培养和提升学生运用和实践英语的能力。

专栏8-1　　新加坡人说英语亚洲第一

"亚洲人正在追赶！"德国《焦点》周刊2018年11月4日报道，近日公布的全球英语指数报告显示，欧洲人是非英语国家和地区中英语说得最好的。其中，瑞典和荷兰排名前二，新加坡位列第三，成为首个进入前三的亚洲国家。本次调查共覆盖88个非英语母语国家和地区，有逾130万人参与测试。结果，前10名中有8个国家来自欧洲。但亚洲英语正实现跨越式发展，这与亚洲国家和地区重视英语教育有关。中国大陆排第47位，中国台湾排第48位，日本排第49位。[1]

我国外语教学方法的探究和运用，可以适当借鉴其他国家的做法，同时考虑本土外语教学实际，并与具体的教学条件、教学目标和学习主体相联系，尤其针对不同学段、学习主体、学习内容，考虑不同的教学方法。凭借当前教育改革注重发展学生核心素养的契机，应根据学生的年龄、兴趣等情况和外语师资力量的现实状况采取多样化的外语教学方法，提高学生的外语学习兴趣和内动力，发展学生的思维和创新等能力，切实提升学生的外语素养和技能。

## （一）中小学根据年龄特点和学校师资力量等采用多种外语教学法

外语学习的初级阶段倡导把语言和行为相联系，通过身体动作学习外语。为此，小学阶段可采用全身反应法，引导学生根据教师指令做出相应动作，从而感知并理解掌握语言。作为一种简便易行、操作性强、生动直观的教学方法，这种教学法能吸引学生参加游戏、角色表演、小组竞赛等活动，并消除学生的紧张心理，调动学生的学习积极性，让他们在轻松的外语情境和多种活动中学习外语。情境教学法在中小学外语教学中已经获得较大范围的应用，宜在中小学进行更大范围的推广。这种教学法倡导在外语教学过程中，外语教师有目的地引入或创设具体的真实场景，融言、行、情为一体，有助于激发学生的学习情绪和学习兴趣，使学习活动成为

---

[1]新加坡人说英语亚洲第一[N]. 环球时报，2018-11-05.

学生主动的、自觉的活动；有助于陶冶学生的情感，净化学生的心灵，并锻炼学生的创造性思维，培养学生受情境启发后解决问题的能力。任务型教学法要求学生用英语完成各种真实的生活、学习等任务，并通过听说读写等活动用所学语言做事，用中学，学中用，引导学生在真实生活中参与和完成真实的生活任务。它适合中小学各个学段的学生，教师可基于不同学段的教学目标和内容，结合相应学段学生的兴趣特点、外语能力等，运用该教学法。它有助于引导学生用外语思考现实问题、互动合作、完成任务，提高外语学习、交际、运用的积极性；它为学生提供了较大的实践空间，能比较好地发挥学生的外语学习主动性和创造性；它对各种教学方法也有很大的包容性，适合多种活动类型和组织形式。在外语师资力量强、有关学科教师有能力进行外语授课的中小学或外国语学校，可采用浸入式教学法，即用第二语言（外语）作为某些课程教学语言的教学方法。在这种教学法中，外语不仅是学习的内容，而且是学习的工具；学生在校的大多时间被"浸泡"在外语环境中，教师不但用外语教授外语，而且用外语讲授部分学科课程。在浸入式教学法中，教师的一切教学活动均用外语进行，有助于促进学生外语思维能力的形成。这种教学法也促使传统的外语教学向外语与学科知识教学相结合的方向转变。

## （二）大学基于外语类人才培养需求采用多种外语教学法

现代大学外语教学重视让学生在多学科交叉中博采众长，注重培养学生的创新能力、思辨能力和问题解决能力等，教师从知识的提供者转变为学习引导者。因此，外语教学方法应融入探究、合作、批判、体验等要素，引导和启发学生学习和探究。基于高校学生的培养方向、年龄特点、兴趣爱好、专业领域，高校可采取不同的外语教学法。

任务型教学法在创造真实的外语学习情境、提供互动和研讨机会、促进学生合作探究、培养学生用语言做事和解决问题的能力方面，具有诸多可资借鉴之处，因而可以作为高校外语的教学法之一。当然，教师在学生学习外语语言规则等方面，要对学生进行充分的提示、指导和必要、适当的讲解；在选择和确定外语学习"任务"过程中，要认真准备，充分发挥学生的作用，与学生共同研讨和确定学生的学习任务，使学习任务具有层次性、连续性和系统性，满足不同学生各阶段的学习需求；评价学生的外语学习效果或测试学生外语学业成绩时，也不能仅凭学生完成某些课堂外语学习任务而下定论，而要结合其他评价和测试手段。另外，近年来，外语教学经历了巨大变革，教学的主要目标是引导学生成为自主、高效的学习者，教学的中心从教师转向学生，教学研究重点也由对教学法的研究转向对学生学习策略、风格的研究。基于这样的理念，关注学生实践能力的教学模式应运而生，问题导向教学法作为基于问题的教学方法，成为国际上较为流行的教学法之一，可以在高校中广泛采用。该方法基于建构主义学习理论，以学生的问题解决为中心，将学生置于可探索的现实生活问题情境或案例中，通过教师提出问题，引导学生自主学习、互动交流，利用所学知识查询资料和信息，分析、反思、研讨、解决问题，总结汇报和展示成果，并在每个问题完成和每个课程单元结束时进行自我评价和小组评价。该教学法有助于创设一种宽松、平等、民主的外语学习环境，引领学生变被动学习为主动学习，激发学生学习的内动力，培养和提高学生独立思考、合作探究、互动交流、创新思维等能力，尤其是解决问题的能力，从而发展学生的外语技能、专业知识及实践技能，以提高学生的综合素质。这种方法既是教学方法，也是学习方法，可以满足不同外语素质和不同外语水平学生的需要。近几年来，"产出导向法"在高校教师中也引起了广泛的关注，在部分高校的教学中起到了不错的教学效果。

## 六、积极发展在线教育

在线教育不受时空限制，有利于丰富教育资源、促进教育公平、推动个性化学习的开展。近年来，随着大数据、云计算、移动互联网、人工智能技术的发展与进步，我国在线教育呈现良好的发展态势，在线用户增长迅速。据统计，截至2018年6月，我国网民规模达8.02亿，其中学生群体占比最高，达24.8%。在线教育用户达1.72亿，较2017年年末增加1,668万人，增长率为10.7%。其中手机在线教育用户1.42亿，较2017年末增加2,331万人，增长率为19.6%。[1] 如此规模庞大的在线教育用户，为发展在线外语教育提供了无限可能和广阔空间。

## （一）依托网络技术推动传统教学结构性变革

网络信息技术的发展，不仅为外语教学提供了多模式的教育手段、平台和空间，而且提供了丰富的教学资源和跨时空的外语学习和使用机会。大量的国际化开放资源，为构建互动式、开放性、富媒体的新型外语课程奠定了基础。外语教学应充分发挥现代网络技术优势，努力营造信息化教学环境，积极探索"互联网+"教学模式，变革传统教学方式，推动信息技术与外语课程的深度融合。

网络信息技术正在重塑教学形态。以翻转课堂为例，这种教学模式以视频等教学材料为核心教学内容，学生在课前观看视频等教学材料，自学教学内容，在课堂上讨论交流，解决自学中出现的问题，从而使"课上听讲，课后做作业"的传统教学模式发生"翻转"，变成"课前看视频，课上做作业"。翻转课堂拓宽了课堂的时空，增加了师生交流的时间和机会，促进了群体教学与个别学习的有机融合。该模式通过对学习时间的重新分配，使学生获得更多自主支配的时间，增加了个性化学习机会。学生可以自己掌控观看教学视频的进度，按照自己的节奏调控学习，从而获得学习的主动权，真正实现了学习向学生的回归。在翻转课堂中，教师和学生的角色定位发生了变化，教师从传统课堂中的知识传授者、课堂管理者转变为教学资源开发者、学习指导者，学生则由被动接受者转变为主动学习者、研究者。

人工智能与教育的结合，重新定义了人与机器的分工，将重复性、程式性、记忆性和机械性的练习模块用机器智能取代，将人的价值集中在情感交互、个性化引导、创造性思维的开发上。目前人工智能主要应用于面部识别、图像识别、语音语义识别、自适应等方面，在教育场景中的应用

---

[1]中国互联网络信息中心．中国互联网络发展状况统计报告[EB/OL]．http://www.cnnic.net.cn/hlwfzyj/hlwxzbg/hlwtjbg/201808/t20180820_70488.htm．

包括智能阅卷、批改作业、语音测评、拍照搜题、在线答疑等。从内容分析到知识建构，从自适应学习到教育游戏化，"人工智能+教育"基本覆盖了外语教学的各个环节。其他如自组织学习、混合学习、云课堂等各种突破传统模式的在线教育教学模式也不断涌现，有力地推动了传统外语教学的结构性变革。

　　慕课融合了互联网、信息技术与高等外语教育的各自优势，已成为推动新时代高等教育深化改革、加速"变轨超车"的重要基石。2018年3月，北京外国语大学倡议发起中国高校外语慕课联盟（CMFS），上线了中国高校外语慕课平台（UMOOCs）。该平台不仅汇聚了全国外语学科优势院校的英语等通用语种的优质课程，还涵盖了日语、德语、泰语等非通用语种及"一带一路"相关优秀课程群，以满足深度推进国家"一带一路"倡议所带来的教学改革需求。同时，UMOOCs通过上线外语类国家精品在线开放课程，不断推进优质教育资源的共建共享，在高等外语教育领域产生着越来越广泛的影响。

2018年3月23日，中国高校外语慕课平台正式启动

### （二）利用移动通信网络变革学生学习方式

随着移动互联网的爆发性增长，各种新型学习方式应运而生。目前，外语学习资源和应用软件正逐渐向移动终端倾斜。未来的移动学习应用将以大数据、云计算为技术手段，充分配合学生的学习习惯，不断提高内容的实用性、难度的适切性以及路径的个性化。因此，外语教学应加强与移动互联网、云计算等信息技术的融合，努力为学生提供高度个性化、自适应的学习方案，推动学生学习方式的变革。个性化学习方案的制定通常基于对学生学习情况的海量数据分析，具有极强的针对性，能够为学生提供"千人千面"的学习体验，学生完全可以根据自身需求，量身定制学习内容。另外，个性化学习还可以成为解决学习负担过重和教育资源不均的有力突破口。

依托移动互联网的学习可以实时记录学生的学习行为，包括学习的内容、时间、频率，甚至学生对每个问题的回应。通过分析、挖掘这些数据，可以追踪学生的学习过程，了解他们的学习习惯、参与程度、学习效率、作息规律等信息，判断学习过程中遇到的困难，并及时提供合适的建议和帮助。学生可以参照这些建议，调整学习策略，调控学习进程。这种学习方式还顺应了现代社会快节奏的特点，能够帮助学生充分利用零碎时间见缝插针地学习。如国内新航道推出的"60秒学英语"，宾夕法尼亚大学的"60秒系列讲座"，甚至还有公司专注60秒视频学习，如美国纽约的Grovo公司就提供"世界上最小的训练平台"，旨在抓住人们在办公室通道上行走的时间学习。这种学习方式要求学习内容应尽量精炼，并且能够在短时间内抓住学生的注意力。外语学习恰好具有知识碎片化的特点，如记单词、学一个语法点、做一轮游戏形式的小测试等。因此，基于移动网络技术开发的微型学习应用非常适合外语学习的开展。

线上、线下教育相互融合，是未来在线教育的发展趋势。一方面，线上教育产品的开发基于线下教育内容的整合，只有保证课程内容的质量，线上的技术支持和平台互动才有意义。对于线下教育而言，也需要突破平台、技术、时空等方面的限制，触及更多外语学习者。另一方面，在线教育以培训为主，无法完全取代面对面的教育，特别是在人文思辨、人格培养、社交能力等方面。未来的线上教育将侧重资源和工具，线下教育将侧重人的成长和发展。需要强调的是，在线教育的本质是"教育"而不是"在线"，教育的目标是应学会什么，而不是在哪里学习。外语课程整合的核心是实现在线技术和课程内容的双向互动。因此，创建多语境支持的全天候教育模式，淡化"课内课外、课前课后"时空限制，打造"时时可学、处处可学"的类母语环境，应是未来外语课程改革的一个方向。

外研在线顺应教育技术智能化、交互化、自主化和移动化的大趋势，全面助力外语混合式教学与学习，将内容与技术深度结合，发布了集教、学、评、研、合作交流于一体的共同校园Unipus，内容涵盖精品数字课程、教学管理系统、测试评价工具和院校共建项目等，通过高效、智能、精确的数字技术手段打造完善的学生成长与教师发展线上平台，创建了学习者、教学者、研究者、管理者、教育资源与服务提供者等多方参与的全新外语教育生态。

新一届（2018—2022年）教育部高等学校外国语言文学类专业教学指导委员会和大学外语教学指导委员会已经成立。两个教指委将在推动高等外语教育改革发展、全面提高人才培养质量方面发挥参谋咨询、指导引领、凝聚队伍、监督推动等重要作用，同时还将在本科专业类教学质量国家标准的落地生根、指导高校抓好专业内涵建设、发展"金课"、淘汰"水课"以及教材的编写和使用、教师教书育人等方面发挥积极作用。

2017年12月初，国家教材委员会召开全体会议，审查通过了普通高中课程方案和包括英语在内的14个学科的课程标准，这将对基础阶段的外语教学起到重要的引领和规范作用。

## 七、促进外语培训行业健康发展

校外培训是我国教育培训体系的组成部分，对满足学生选择性学习需求、发展兴趣特长、拓展综合素质具有积极作用。但在商业利益驱使下，一些校外培训机构违背教育教学规律和素质教育要求，开展众多应试导向的课外补习，裹挟家长被动参与，一定程度上影响了学生的正常学习，干扰了国家教育方针政策的落实。

当前，部分外语培训机构开展课外补习，并非学校外语教学的扩展，而是过度机械化的语言强化训练。这些机构抓住政府要求学校减负而家长担心减负对孩子学习成绩产生影响的心态，实施各种过度增加学生学业负担的外语培训，包括提前教学、超纲教学、强化应试等。这些机构的从业人员缺乏统一的岗位资格要求，教学场所等条件缺乏保障，教学中更多强调超前学习、知识灌输、技能强化，忽视学生的生活体悟、情感体验和全面发展。[1] 在全面推进社会治理体系现代化的背景下，亟须进一步整顿、净化和规范教育培训市场，营造协同育人、风清气正的教育生态环境。

## （一）加强对外语培训机构办学行为的监管和规范

2018年8月，国务院办公厅发布《关于规范校外培训机构发展的意见》，从规范校外培训机构、减轻学生课外负担入手，提出了具体的政策措施，明确了相关任务与要求。外语培训机构应以此次专项治理为契机，科学定位发展目标，有效整合内外部资源，提升自身实力和服务能力，推动外语培训行业健康发展。

建立严格的准入机制，对外语培训机构应达到的场所、师资、管理等硬件软件条件做出详细、明确的规定。应建立科学的服务标准，完善多层、多元、多边监管体系，构建教育培训市场的综合治理框架。多层就是要明确中央、省市、县区和基层等不同层面的监管职责，形成自上而下的治理合力，并保持不同层面之间的良性互动。多元是指充分调动教育培训行业各利益相关者，如政府、培训机构、家长、社会等的积极性，形成多方协力、多头共管、多面协商、多向整合的治理格局。多边就是要把实体监督和网络监管结合起来，共筑培训市场的监管防线，特别要完善教育培

---

[1]王素斌，朱益明. 论校外培训机构的综合治理[J]. 基础教育，2018（2）：49-54.

训机构的资质、经费、经营和质量审查，发布教育培训行业质量年报，建立信用公开和信用等级档案制度；建立教育培训行业社会监督网络管理平台，通过问卷调查、电话访谈、网络跟踪等方式，畅通投诉举报渠道，加强对教育培训市场的监管和调控。[1]

## （二）激发外语培训行业的内在活力

在加强监管和规范的同时，还要采取多种措施，激发外语培训机构的内生动力，激活外语培训市场的内在活力，通过弘扬主旋律、释放正能量，树立外语培训行业在社会上的良好形象，形成行业的良好生态和文化自觉。一方面，需要政府主管部门理性引导。政府主管部门应鼓励外语培训机构在守法规范经营的基础上，努力成为自我约束、自我监督和自我发展的市场主体，并勇于承担社会责任。另一方面，需要外语培训行业自律自觉。应鼓励富有创新活力和良好社会声誉的外语培训机构组建行业联盟，积极探索行业的现状、特点和趋势，研究行业的标准、制度和规范，建立行业准入机制和退出机制，完善行业评估体系，开展行业年度自评，引领行业发展方向。另外，应推进社会各界和外语培训行业的良性互动，完善外语培训行业发展的社会支持、监督管理、服务评价等机制，最终形成行政部门依法管理、培训机构依法自治、社会各界广泛参与的行业生态。

加强对外语培训机构的监管和规范，还应持续开展有效的舆论引导和宣传，动员社会各方力量重新认识外语培训，尤其要让广大家长认识到这些机构开展各种活动的真正意义和教育价值。造成当前校外培训、课外补习盛行的一个重要原因，是社会上存在过度渲染"教育改变命运"和"不能让孩子输在起跑线上"等落后教育观念的现象，人为制造教育焦虑症。随着中国特色社会主义教育事业进入新时代，让每个孩子都能享有公平而有质量的教育将是我国教育的发展方向。教育将不再是改变个人命运的工具，而是促进个人全面发展、获得幸福和安全的需求之一。一些家长并不

---

[1]南钢. 规范教育培训市场需标本兼治[J]. 教育发展研究，2017（10）：3.

清楚孩子需要接受多少教育、适合接受什么样的教育，而是片面追求让孩子接受更多教育；一些家长并不清楚终身教育的思想与观念，仍把学校教育看成终结性教育。正是这些陈旧观念与想法的存在，导致当前校外培训、课外补习的泛滥。需要将新时代教育发展与变革的政策、内容、趋势等信息传递给广大人民群众，使全社会树立起科学的教育观、学习观，使广大人民群众自觉、主动地选择合理的教育。

# 八、改进外语测试与评价

测试与评价是教学的重要环节，不仅对教学有重要的导向作用，而且对学生未来发展也会产生重要影响。虽然目前我国的外语教学在各阶段都有相应的课程标准，各阶段考试也有相应的考试大纲，但外语测试与评价仍存在一些问题。一是现有的考试对考查综合语言运用能力重视不够，各学段之间缺乏有效衔接，存在内容重复或断档的情况，考试与评价手段相对单一，不利于促进教学的开展和教学质量的提升。二是强调终结性评价，忽视形成性评价。目前我国外语评价较为强调考试的甄选功能，存在忽视形成性评价的现象，对学习的过程关注不够。目前我国还缺乏一个统一的外语课堂教学评估标准。三是各种外语考试缺乏可比性。我国外语考试种类众多，但各种考试之间横向、纵向可比性不强，造成考生在毕业、升学、就业、出国时不得不参加各种名目的考试。[1] 因此，从整体上统一、规范各级各类外语考试，进一步提高外语考试的系统性、科学性和规范性，具有十分重要的意义。

## （一）加快构建国家外语能力测评体系

要解决目前外语测试与评价中存在的问题，需要加强顶层设计，进一步深化外语教学改革和考试招生制度改革，加快构建具有中国特色、国际

---

[1]刘建达. 基于标准的外语评价探索[J]. 外语教学与研究，2015（3）：417-425.

水准、功能多元的国家外语能力测评体系。目前，根据国务院《关于深化考试招生制度改革的实施意见》的要求，我国正在着手建立覆盖大中小学各教育阶段，覆盖听说读写译综合能力，覆盖外语学习、教学和测评的评价系统，旨在为各阶段外语教育提供统一的外语能力标准和测评方法，构建沟通衔接各级各类外语教学、科学评价多种学习成果的终身学习"立交桥"。[1]教育部"国家外语能力测评体系建设"项目提出了制定国家英语能力标准、研发国家英语能力等级考试、制定国家外语考试质量标准、改革完善现有外语考试的内容和形式、探索形成性评价与终结性评价相结合的综合评价方法5项主要任务。

制定外语能力标准是构建国家外语能力测评体系的一项基础性工作。2018年2月，《中国英语能力等级量表》正式发布，对英语能力的描述涵盖了语言理解能力、语言表达能力、语用能力、语言知识、翻译能力和语言使用策略等多个方面，详细列出了我国英语学习者应掌握的各种英语知识和能力，全面界定了学习者使用英语实现交际必须达到的标准，科学勾画了具有中国特色的英语能力模型，为实施英语课程、教学与评价改革提供了一套适合我国国情的能力参照标准。

从教学的角度讲，教师可以利用量表中对语言能力和语言知识的描述，指导学生在听说读写译等方面全面协同发展，加强综合语言运用能力培养，提高教学的针对性和实效性；利用量表对"理解和表达意义"背后的各种"典型认知行为"的描述，培养学生的认知能力和思维能力；利用语用能力量表，培养学生的实际语言运用能力、文化意识和跨文化交际能力。从学习的角度讲，学生可以利用量表中对学习策略、交际策略的描述，加强对语言使用策略的培养；利用量表对语言能力和语言知识的描述，开展英语能力的自我诊断，发现优势和不足，进而设定相应的学习目标，培养自主学习能力。从评价的角度讲，量表为各类英语考试提供了科

---

[1]姜钢. 贯彻落实《实施意见》积极推进国家外语能力测评体系建设[J]. 中国考试，2016（1）：4.

学的能力测评标准，可帮助和指导考试组织者制定科学合理的考试目标及能力要求，提高考试的科学性和规范性，保障考试的公平和质量；量表为国内外英语考试提供了衔接定位的统一标尺，可有效推动国内外考试的对接与互认，提高考试的可比性，也有助于我国现有英语考试的国际化；量表为英语教学的过程性、终结性等测评方式提供了能力参照标准，有利于促进多元评价的发展，构建英语学习、教学与测评的完整体系；量表还可以帮助提升各阶段英语考试的有序衔接，整合现有的英语考试，减少重复考试，改革考试的内容与形式，满足毕业、升学、就业、出国等对综合语言运用能力评价的多元化需求。

### （二）积极对接国外外语能力考试标准

语言测量在西方发达国家是一门比较成熟的学科。自20世纪90年代开始，美国和欧洲许多国家和地区的教育测量、测试专业协会以及考试管理机构，如全美教育测量委员会、美国教育考试服务中心、欧洲语言测试者协会、英国剑桥大学考试委员会，先后推出了较为完善的语言测试质量标准。这些标准的制定和颁布，对提高测试质量、提升教育心理测量行业的专业化水平起到了重要作用。

---

**专栏8-2** **美国和欧洲有较为完善的语言测试质量标准**

美国在制定测试质量与公平性标准方面处于领先地位。其中，美国教育研究会（AERA）、美国心理学会（APA）、全美教育测量委员会（NCME）联合制定的《教育与心理测试标准》（*Standards for Educational and Psychological Testing*）是国际心理测量和教育考试领域最具代表性和影响力的质量标准，美国的SAT考试和ACT考试都使用这一标准对其考试进行规范和指导。美国教育考试服务中心制定的《ETS质量与公平标准》（*ETS Standards for Quality and Fairness*）也在国际上具有一定的影响力。托福考试、GRE考试、托业考试（TOEIC）的研制都是参照这个标准。

在欧洲，欧洲语言测试者协会（Association of Language Testers in Europe）制定的《实践准则》（*Code of Practice*）和《ALTE考试良好实践准则》（*Principles of Good Practice for ALTE Examinations*）在国际上最具影响力。欧洲语言测试者协会自

成立之初就致力于统一考试标准，促进考试证书在国际上的相互认可。英国剑桥大学考试委员会的雅思考试、剑桥英语五级证书考试（KET、PET、FCE、CAE、CPE）、英国高中课程考试（A-Level）等都以欧洲语言测试者协会制定的质量与公平标准作为其考试的质量和公平性准则。

国际知名语言测试质量标准为我国制定国家外语考试质量标准提供了一些可资借鉴的经验，比如，维护测试的质量和公平是一个需要平衡各种利益冲突的复杂的社会过程，需要所有考试利益相关者承担应尽的责任；标准的制定要充分考虑制定和使用标准的外部环境特征。但由于我国的核心价值观、考试体系、考试环境、考试管理方式与欧美国家和地区相比存在一定差异，所以在制定我国语言测试质量标准时，不仅要考虑语言测试的共性，更要充分考虑在我国环境下语言测试的特点和我国社会对外语测试的需求。

另外，我国的语言测试研究还要加强对考试分数的解释，提高考试分数的解释力。考试分数解释既是考试结果反馈的重要基础，又是考试合理使用的必要条件。目前，我国大多数英语考试服务于不同教育阶段的英语教育，考试分数解释面临的挑战是既要参照课程标准，又要与语言能力标准对接。近年来，我国英语教育改革持续推进，教育部门修订了各阶段的英语课程标准。同时，《中国英语能力等级量表》为英语教学和测试提供了参考。英语课程标准的修订和英语能力等级量表的制定，促使我国英语考试修订测试目标、评分标准和分数解释。对于常模参照考试，还有必要研究考试分数与课程目标、能力等级的对应关系，使分数更具解释力。[1]中国考试要走向世界，必须将考试的分数解释对接《欧洲语言共同参考框架》等具有国际影响力的语言能力描述体系，以使世界各地的使用者能够有效地理解我国考试分数的含义。

---

[1]金艳，杨惠中. 走中国特色的语言测试道路：大学英语四、六级考试三十年的启示[J]. 外语界，2018（2）：29-39.

　　当前，我国国际交往日趋增多，改革开放正在逐步深化，随着全球贸易一体化时代的到来，外语的重要性愈发凸显，对多语种外语人才的需求也日趋扩大，新的时代对外语教育提出了新的要求。虽然自改革开放以来我国的外语教育积累了丰富的经验，取得了瞩目的成就，为改革开放做出了突出贡献，但在外语学科建设、复合型人才培养模式、外语师资建设、多样化教学法、发展在线教育、促进外语培训行业健康发展以及改进外语测试与评价方面，仍然有漫长的路要走，尚须努力探索、实践和完善。

　　新时代，新要求。习近平总书记多次指出，中国开放的大门不会关闭，只会越开越大，我国教育要与综合国力和国际地位相匹配，要扩大教育对外开放，同世界一流资源开展高水平合作办学，提升我国教育的世界影响力。当今的中国外语教育既面临不可多得的机遇，也面临前所未有的挑战，外语教育服务国家外交和国家战略的能力只能继续加强，外语教育在中国走向世界舞台中央的进程中正肩负起自己光荣的职责和伟大的使命。

# 附录

## 外语教育大事记
### （1978 — 2018年）

**1978年**　　教育部制定《全日制十年制中小学教学计划试行草案》。之后，制定《全日制十年制中小学英（俄）语教学大纲（试行草案）》。
《汉英词典》（北京外国语学院英语系编写）在北京出版。

8月　经国务院批准，教育部于8月至9月在北京召开全国外语教育座谈会，提出《加强外语教育的几点意见》。

**1979年**　3月　经国务院批准，教育部印发《加强外语教育的几点意见》。

4月　教育部发出通知，规定高校入学统考外语成绩1979年按10%计入总分，1980年、1981年和1982年分别按30%、50%和70%计入总分，1983年起全部按100%计入总分。

8月　教育部批准北京外国语学院成立外语教学与研究出版社。

8月　教育部批准上海外国语学院成立上海外语教育出版社。

9月　教育部颁布《关于办好外国语学校的几点意见》。

**1980年**　　国务院批准教育部"1980—1983年高校英语教师培训计划"，清华大学、天津大学、上海交通大学等9所理工院校为全国高校大学英语教师2,100多人举办进修班、培训班。从1980年至1983年，共举办英、法、德、日、俄、西班牙、阿拉伯语7个通用语种的教师培训班158期，由300多位中外语言文学专家任教，接受培训教师达5,500余人次。

6月　高等学校理工科公共外语教材编审委员会成立。

6月　高等学校理工科公共外语教材编审委员会扩大会议审定通过《高等学校理工科本科四年制试用英语教学大纲（草案）》。

6月　应用语言学与英语教学学术讨论会在广州召开。

| 6月 | 教育部组织北京、上海、广州等地的一批英语教学专家赴香港考察，之后成立命题小组，开始进行"英语水平测试"（EPT）的设计工作。 |
| 8月 | 教育部印发《理工科德语教学大纲（草案）》《理工科俄语教学大纲（草案）》《文科俄语教学大纲（草案）》。 |

8月和11月，教育部先后在烟台和青岛召开会议，制定《高等学校英语专业基础阶段英语课程教学大纲》。

| 9月 | 《日语教学大纲（高等学校理工科本科四年制试用）（草案）》出版。 |
| 9月 | 《日语（第二外语）教学大纲（草案）》出版。 |
| 11月 | 全国高等学校外语专业教材编审委员会成立大会和第二次会议召开，修订了1980—1985年高等学校外语专业教材编选计划，制定了《高等学校外语专业教材编审委员会工作条例》。 |
| 11月 | 教育部批准成立高等学校理工科公共外语教材编审委员会及英语、俄语、日语、德语等编审小组。 |

**1981年**

国务院批准首批博士和硕士学位授予单位，其中英语语言文学博士点5个，硕士点23个。

| 4月 | 教育部颁发《全日制六年制重点中学教学计划（试行草案）》，其中对外语课的要求是"切实打好一种外语基础"。 |
| 5月 | 中国外语教学研究会在杭州举行成立大会。 |
| 5月 | 国务院批准颁发《中华人民共和国学位条例暂行实施办法》。 |
| 12月 | 教育部在南宁主持召开全国高校外语师资培训工作会议。 |

**1982年**

| 2月 | 教育部印发《全国高校外语师资培训工作会议纪要》《高校英语专业和公共英语课教师培训班调整方案》和《1982年邀请外国语言文学专家讲学计划》两个附件。 |
| 4月 | 教育部在武汉召开高等学校公共英语课教学经验交流会。 |
| 5月 | 教育部召开中学外语教育工作会议，颁布《关于办好外国语学校若干问题的通知》。 |
| 5月 | 教育部召开全国中学外语教育工作会议，制定《关于加强中学外语教育的意见》。 |
| 5月 | 中国公共外语教学研究会成立。 |

| | | |
|---|---|---|
| | 6月 | 中国翻译工作者协会正式成立。 |
| | 10月 | 包括北京外国语学院附属外国语学校在内的8所外国语学校开会交流工作经验，总结外国语学校办学经验，并就外国语学校的教育计划和教学大纲进行深入讨论。 |
| | 12月 | 高校外语教材编委会英语编审组在上海召开会议，拟定英语专业基础阶段教学大纲工作计划。 |

| | | |
|---|---|---|
| **1983年** | | 语言实验教学研讨会在广州举行。 |
| | | 教育部在完成《1980—1983年高校英语教师培训计划》之后，在天津大学、上海交通大学、重庆大学、大连工学院、西安交通大学、华中理工学院6所院校设立固定的公共英语教师培训中心。 |
| | 6月 | 中国教育学会对外汉语教学研究会成立大会暨第一次学术讨论会在北京举行。 |
| | 7月 | 教育部颁布《研究生外国语学习和考试的规定（试行）》。 |
| | 12月 | 高校外语教材编委会英语编审组与中国英语教学研究会在北京召开，有25所高等院校的外语院系代表参加英语专业高年级教学座谈会。 |
| | 12月 | 基础阶段英语专业课程设置讨论会在上海召开。 |

| | | |
|---|---|---|
| **1984年** | 1月 | 国务院批准第二批硕士、博士点，研究生教育的恢复和博士点的建立对我国外语教师队伍的建设起了极为重要的作用。 |
| | 5月 | 大学英语教学大纲修订工作组在杭州召开会议，审定通过高等学校理工科本科用的《大学英语教学大纲》草案。 |
| | 6月 | 全国12所高等院校的外语学院参加在上海举行的高等外语院校教育研究协作组筹备会议，协作组计划于1985年在西安正式成立。 |
| | 10月 | 全国高等学校文科公共英语教材编审组在上海召开大学英语教学大纲修订工作会议，成立文理科通用大学英语教学大纲修订组。 |

| | | |
|---|---|---|
| **1985年** | 2月 | 教育部印发《大学英语教学大纲（高等学校理工科本科用）》。 |
| | 10月 | 第一次四、六级考试设计组工作会议在上海召开。 |

| | | |
|---|---|---|
| | 11月 | 国家教委设立大学外语教材编审委员会，替代原有的理工科公共外语教材编审委员会。 |
| | 11月 | 《大学英语教学大纲（高等学校文理科本科用）》由高等学校大学外语教材编审委员会综合大学英语编审组审定通过。 |
| **1986年** | 1月 | 大学英语四、六级标准考试设计组成立。 |
| | 3月 | 国家教委印发《大学英语教学大纲（高等学校文理科本科用）》。 |
| | 8月 | 全国部分非通用外语教材教学讨论会在北戴河召开。来自北京大学、北京外国语学院、广州外国语学院、广西民族学院等院校的缅甸语、印地语、印度尼西亚语、老挝语、泰国语、越南语等6个语种的教师参加会议。 |
| | 10月 | 国家教委印发《高等学校外语教材编审委员会工作条例》《高等学校外语教材审稿办法实施细则》。 |
| | 10月 | 国家教委主持召开全国中学外语教学改革工作会议。 |
| | 11月 | 国家教委印发《高等学校教材工作规程（试行）》。 |
| | 11月 | 中国公共外语教学研究会更名为中国大学外语教学研究会，后正式定名为高等学校大学外语教学研究会。 |
| | 12月 | 外语专业教材编审委员会法语编审组在南京召开会议，审阅和通过《高等学校法语专业基础阶段教学大纲》。 |
| **1987年** | 2月 | 国家教委在上海举办外语通用语种基础阶段教学大纲研讨会。 |
| | 3月 | 《大学英语四级考试大纲及样题》出版。 |
| | 6月 | 国家教委批准颁布《大学俄语教学大纲》。 |
| | 6月 | 《大学俄语教学与研究》创刊。 |
| | 7月 | 大学英语教学研讨会理工科南片会议在青岛举行。 |
| | 7月 | 首次大学法语教学研讨会在贵阳举行。 |
| | 7月 | 国家对外汉语教学领导小组正式成立，并在北京举行第一次会议。 |
| | 7月 | 第一次全国翻译理论研讨会在青岛举行。本次研讨会宗旨：深入探讨翻译理论，交流研究成果，促进中国翻译学的建立，进一步繁荣翻译事业。 |
| | 8月 | 大学英语教学研讨会理工科北片会议在北京举行。 |

8月　第二届国际汉语教学讨论会在北京举行。会议期间，正式成立国际性的民间学术团体——世界汉语教学学会。全国政协主席邓颖超给大会书写"发展世界汉语教学，发扬中华民族文化"的题词。

9月　大学英语四级考试在全国范围内首次举行，考试规模约为10万人。

12月　国家教委印发《普通高等学校社会科学本科专业目录》《普通高等学校社会科学专业简介》等文件。

**1988年**　4月　国家教委高教一司批转《高校德语专业基础阶段教学大纲》，要求从1988年秋季起试行。

4月　国家教委高教一司批转《高校俄语专业基础阶段教学大纲（高等学校非俄语专业通用）》，自1988年秋季起参照执行。

7月　第一次研究生外语教学、学术交流会在重庆召开，1987年成立的研究生外语协作组更名为全国理工院校研究生外语教学研究会。

9月　《大学英语六级考试大纲及样题》出版。

9月　高等学校外语专业教材编审委员会法语编审小组在成都召开大学法语教学大纲讨论会。

11月　联邦德国歌德学院北京分院落成。

**1989年**　1月　大学英语六级考试在全国范围内首次举行，考试规模约为6万人。

2月　国家教委高教一司批准《高等学校法语专业基础阶段教学大纲》，从1989年秋季开始执行。

5月　国家教委高教司批准《大学日语教学大纲（高等院校非日语专业本科用）》，1989年秋季起参照执行。

6月　《大学日语教学大纲》出版。

8月　全国首次系统功能语法研讨会在北京举行。会议决定每两年召开一次全国范围的研讨会。

8月　《英汉大词典》（陆谷孙主编）出版。

10月　经国家教委批准，全国高等学校外语学刊研究会在上海举行成立大会。

10月　大学外语教材编审委员会法语编审组在山西召开大学法语教学大纲讨论会。

11月　大学外语教材编审委员会德语编审组扩大会议在合肥召开，审定通过《大学德语教学大纲（第一外语）》。

12月　国家教委发出通知，成立大学法语教学大纲研订组。

**1990年**

6月　大学俄语四级考试首次举行。

7月　大学法语教学大纲审定会在呼和浩特举行。

7月　高等学校教材编审委员会改名为高等学校教学指导委员会。

**1991年**

5月　《大学德语教学大纲》出版。

12月　高等学校大学外语教学指导委员会成立大会在北京召开。

12月　大学英语教学大纲词表调整工作组成立。

**1992年**

7月　第三次研究生外语教学学术交流会在广州召开，全国理工院校研究生外语教学研究会更名为全国高等院校研究生外语教学研究会。

8月　国家教委批准《大学法语教学大纲》。

8月　大学外语教学指导委员会德语组扩大会议在南京召开，审定通过《大学德语教学大纲（第二外语）》。

8月　国家教委研究生工作办公室召开《非英语专业研究生英语教学大纲》审定及第二次研究生外语教学工作座谈会。

11月　国家教委研究生工作办公室印发《非英语专业研究生英语（第一外语）教学大纲（试行稿）》。

**1993年**

2月　中共中央、国务院印发《中国教育改革和发展纲要》。

3月　《大学日语四级考试大纲及样题》出版。

4月　国家教委批准成立大学德语四级考试命题组。

5月　《大学日语（第二外语）教学大纲（非日语专业本科用）》出版。

6月　大学日语四级考试正式举行。

12月　高等学校大学外语教学指导委员会法语组在济南召开会议，讨论《大学法语四级考试大纲及样题》。

12月　《大学英语教学大纲通用词汇表（1—4级）》出版。

1994年　4月　《大学法语教学大纲（第二外语）》出版。

6月　国家教委高教司成立大学法语考试组。

7月　第一届全国大学英语四、六级考试委员会成立。

7月　全国大学英语教学研讨会在大庆召开。

12月　高等学校大学外语教学指导委员会在桂林召开全国大学英语教学上新台阶座谈会。

1995年　3月　《中华人民共和国教育法》颁布，为我国教育事业发展提供法律保障。

4月　《大学德语四级考试大纲及样题》出版。

11月　全国大学英语教学研讨会在上海举行。

11月　高等学校大学外语教学指导委员会法语组在成都召开审定会，审查并通过《大学法语四级考试大纲及样题》。

1996年　5月　《面向21世纪的大学英语课程教学内容与课程体系改革研究与实践》项目组成立。

5月　全国高等院校大学英语课程（基础阶段）试题库工作组在武汉召开题库建设专题研讨会。

6月　大学法语四级考试正式举行。

6月　大学德语四级考试正式举行。

8月　全国大学英语四、六级考试新题型公布。

11月　国家教委下发《关于聘任第二届高等学校大学外语教学指导委员会的通知》，成立第二届大学外语教学指导委员会，下设英语组、俄语组、日语组、德语组、法语组。

12月　第二届高等学校大学外语教学指导委员会工作会议在杭州召开。

1997年　5月　高等学校大学外语教学指导委员会英语组在上海召开全国大学英语多媒体课件研讨会。

7月　《大学德语教学大纲（第二外语）》出版。

7月　"外研社杯"全国大学生英语辩论赛开始举办。

12月　为了落实素质教育，推动基础外语教育的改革和发展，国家教委设立国家基础教育实验中心外语教育研究中心。

**1998年**　2月　《大学英语教学大纲（修订本）》词表工作组成立。

5月　高等学校大学外语教学指导委员会英语组在武汉召开会议，提出《大学英语教学大纲（征求意见稿）》。

11月　第一届亚洲地区英语语言测试研讨会在上海召开。

12月　高等学校大学外语教学指导委员会英语组扩大会审定通过《大学英语教学大纲（修订本）（高等学校本科用）》。

12月　教育部基础教育司下发文件，设立全国基础教育外语教学研究资助金项目。

12月　教育部高教司批转《关于外语专业面向21世纪本科教育改革的若干意见》，成为新时期外语专业教育改革的指导性文件。

**1999年**　1月　国务院批转教育部《面向21世纪教育振兴行动计划》，要求各级人民政府和各有关部门要切实把教育摆在优先发展的战略地位，充分认识全面振兴教育事业的重要性，认真实施《面向21世纪教育振兴行动计划》，把生机勃勃的中国教育带入21世纪。

5月　党中央、国务院做出扩大高校招生规模的决定。

5月　大学英语四、六级考试口语考试（试点）首次举行。

7月　外研社全国高校大学英语教学理论与实践研修班开始举办。

8月　第二届全国大学英语四、六级考试委员会成立。

9月　《大学英语教学大纲（修订本）（高等学校本科用）》出版。

9月　《大学英语四、六级考试口语考试大纲及样题》出版。

**2000年**　　　教育部全面启动基础教育课程改革，中学俄语课程改革也随之启动。《俄语课程标准》分别于2000年、2003年和2011年做过重大修订。

4月　教育部批准在全国实行高校外语专业教学指导委员会英语组制定的《高等学校英语专业英语教学大纲》。

4月　《大学日语教学大纲（第二版）》出版。

5月　教育部启动"新世纪网络课程建设工程"项目。

7月　大学外语教学指导委员会德语组在昆明召开工作会议，审定通过《大学德语教学大纲（第二版）》。

9月　北京外国语大学中国外语教育研究中心被教育部正式批准为普通高等学校人文社会科学重点研究基地。

9月　广东外语外贸大学外国语言学及应用语言学研究中心被教育部正式批准为普通高等学校人文社会科学重点研究基地。

9月　黑龙江大学俄罗斯语言文学与文化研究中心被教育部正式批准为教育部人文社会科学重点研究基地。

10月　21世纪学校外语教学国际研讨会在北京举行。

**2001年**　4月　2001—2005年教育部高等学校大学外语教学指导委员会成立。

5月　《大学德语教学大纲（第二版）》出版。

6月　全国高等院校研究生外语教学研究会在西安召开常务理事会，选举出新一届会长，通过新章程。

6月　《大学俄语教学大纲（第二版）》出版。

8月　教育部印发《关于加强高等学校本科教学工作提高教学质量的若干意见》。

9月　《大学德语四级考试大纲及样题（第二版）》出版。

**2002年**　1月　教育部办公厅公布"新世纪网络课程建设工程"第二、三批项目。

4月　全国高等院校研究生外语教学研究会在桂林召开会议。

5月　中国外语教育研究中心和外语教学与研究出版社联合设立中国外语教育基金项目。

7月　《大学法语教学大纲（第二版）》出版。

8月　教育部高教司在北京召开大学英语教学改革座谈会。

9月　语言测试与语言教学国际会议在上海召开。

10月　全国大学英语教学研讨会在南京召开。

12月　教育部高教司下发《关于启动大学英语教学改革部分项目的通知》。

12月　"CCTV杯"全国英语演讲大赛（后改为"外研社杯"全国英语演讲大赛）开始举办。

**2003年**　1月　高等学校大学外语教学研究会主办的大学英语教学改革座谈会在南京举行。

2月　教育部高教司发出通知，成立"大学英语课程教学要求"项目组。

2月　教育部高教司正式发函，委托高等教育出版社、清华大学出版社、外语教学与研究出版社、上海外语教育出版社承担大学英语教学软件的开发工作。

4月　教育部正式启动"高等学校教学质量和教学改革工程"，将大学英语教学改革列为"质量工程"四项工作中的第二项。

10月　教育部高教司组织的大学英语教学改革研讨会在北京召开。

12月　教育部高教司印发《关于开展大学英语教学改革试点工作的通知》。

12月　《大学日语四级考试大纲》出版。

12月　《大学俄语四级考试大纲》出版。

**2004年**

1月　教育部印发《大学英语课程教学要求（试行）》。

1月　《大学法语四级考试大纲（修订版）》出版。

2月　教育部高教司在北京举办大学英语教学改革骨干教师培训班。

2月　教育部高教司确定180所院校参加大学英语教学改革试点工作。

3月　大学英语四、六级考试改革项目组成立。

4月　教育部高教司在北京交通大学设立教育部大学英语教学改革联络办公室。

7月　第三届全国大学英语四、六级考试委员会成立。

11月　教育部高教司批准设立239个大学英语教学改革扩展研究项目。

**2005年**

3月　教育部高教司印发《全国大学英语四、六级考试改革方案（试行）》。

3月　教育部高教司发出《关于对180所高等学校大学英语教学改革试点工作进行验收的通知》。

4月　全国高等院校研究生外语教学研究会在北京召开会议。

6月　改革大学英语四、六级考试计分体制。

7月　《大学日语第二外语课程教学要求》出版。

10月　教育部高教司批准设立195个第二批大学英语教学改革扩展项目。

**2006年**

3月　教育部委托大学外语教学指导委员会和大学外语教学改革联络办公室，对全国50多所高校大学英语教学改革情况进行考察调研。

| | | |
|---|---|---|
| 4月 | 教育部基教司批准全国基础外语教育研究培训中心成立。 | |
| 4月 | 教育部批准31所高校为大学英语教学改革示范点项目学校。 | |
| 4月 | 2006—2010年教育部高等学校大学外语教学指导委员会成立大会暨第一次工作会议在南京举行。 | |
| 4月 | 全国高等院校研究生外语教学研究会在北京召开常务理事会，成立高等院校研究生外语教学研究会研究生英语教学改革项目组。 | |
| 7月 | 教育部办公厅发出《关于进一步提高质量，全面实施大学英语教学改革的通知》。 | |
| 9月 | 教育部高教司印发《关于开展大学英语教学改革巡讲活动的通知》。 | |
| 11月 | 教育部高教司成立《大学英语课程教学要求（试行）》修订项目组。 | |
| 12月 | 《大学英语四级考试大纲（2006修订版）》出版。 | |
| 12月 | 全国非英语专业研究生培养专题学术研讨会在杭州召开。 | |
| 12月 | 改革后的大学英语四级考试首次在全国范围内实施。 | |

**2007年**

| | |
|---|---|
| 1月 | 教育部高教司在北京召开"大学英语四、六级考试大型题库和基于互联网的考试系统的研究和开发"项目立项评审会议。 |
| 2月 | 教育部下发《关于进一步深化本科教学改革，全面提高教学质量的若干意见》，将进一步推进和实施大学英语教学改革列入"质量工程"建设工作计划。 |
| 5月 | 《大学英语六级考试大纲（2006修订版）》出版。 |
| 6月 | 改革后的大学英语六级考试首次在全国范围内实施。 |
| 6月 | 教育部高教司批准全国34所高校为第二批大学英语教学改革示范点项目学校。 |
| 7月 | 教育部印发修订后的《大学英语课程教学要求》。 |
| 8月 | 教育部高等学校大学外语教学指导委员会英语组2007年度工作会议在北京召开。 |
| 12月 | 全国非英语专业研究生培养专题学术研讨会在杭州召开。 |

**2008年**

| | |
|---|---|
| 2月 | 教育部高教司公布第一、二批大学英语教学改革扩展项目验收合格名单。 |

| | | |
|---|---|---|
| | 3月 | 全国高等院校研究生外语教学研究会在北京召开会议，审定《非英语专业硕士/博士学位研究生英语教学要求（试行）》。 |
| | 5月 | 教育部高等学校大学外语教学指导委员会英语组2008年度工作会议在苏州召开。 |
| | 6月 | 教育部在北京召开大学英语四、六级考试委员会工作会议。 |
| | 7月 | 教育部高教司在北京召开教育部大学英语教学改革示范点项目学校工作会议。 |
| | 9月 | 《大学日语课程教学要求》出版。 |
| **2009年** | 1月 | 《国家中长期教育改革和发展规划纲要》开始向社会各界公开征求意见的工作。 |
| | 9月 | 《大学日语四、六级考试大纲》出版。 |
| | 10月 | 2010年北京市高考改革方案公布，成为教育部批复的第12个新课改后高考改革方案的省份。 |
| | 11月 | 在香港浸会大学举办粤港澳高等教育发展规划座谈会。 |
| **2010年** | 6月 | 2010年中国外语战略论坛在上海举行。 |
| | 6月 | 2010北京国际教育博览会在北京举行。 |
| | 7月 | "外教社杯"全国高校外语教学大赛开始举办。 |
| | 7月 | 中共中央、国务院颁布《国家中长期教育改革和发展规划纲要（2010—2020年）》，这是我国面对全球化挑战、实现民族伟大崛起、走向大国的重大教育战略举措。《规划纲要》明确提出"培养各种外语人才"，体现了党和国家对于中国外语教育发展的战略思考。 |
| **2011年** | 2月 | 外国语言文学"十二五"科学研究发展战略规划研讨会召开。 |
| | 3月 | 全国翻译硕士专业学位教育指导委员会2011年年会暨扩大会议召开。 |
| | 4月 | 全国艺术类专业大学英语教学研讨会召开。 |
| | 4月 | 首届全国语言研究与外语教学研讨会召开。 |
| | 5月 | 第十二届世界俄语大会召开。 |
| | 5月 | 2011年翻译教育发展国际学术研讨会暨国际大学翻译学院联合会（CIUTI）年会召开。 |

| | |
|---|---|
| 6月 | 2011年全国首届英语词汇学教学与研究研讨会召开。 |
| 6月 | 2011首届中国二语习得研究高层论坛举行。 |
| 7月 | 中国外语教育研究中心和外语教学与研究出版社共同举办的高等学校外语学科中青年骨干教师高级研修班在北京举办。 |
| 8月 | 第十六届世界应用语言学大会（AILA 2011）在北京举行。 |
| 9月 | "中国法语年"在北京开幕。 |

**2012年**

| | |
|---|---|
| 1月 | 《义务教育英语课程标准（2011年版）》出版。 |
| 1月 | 《义务教育日语课程标准（2011年版）》出版。 |
| 1月 | 中国与欧洲各非通用语国家文学交流研讨会在北京召开。 |
| 3月 | 上海合作组织成员国教育专家会议分别在上海合作组织秘书处（北京）和琼州学院（三亚）召开，来自中国、哈萨克斯坦、吉尔吉斯斯坦、俄罗斯和塔吉克斯坦的教育部和使领馆官员及各国教育专家参加会议。 |
| 3月 | 教育部国际司主办的区域和国别研究培育基地工作研讨会在金华召开。 |
| 4月 | 日耳曼学研究的跨学科视野国际研讨会在南京举行。 |
| 5月 | 教育部发布《"国培计划"课程标准（试行）》，对不同层次的小学英语教师国家培训项目的课程目标、内容、设置与实施建议进行详细阐述。 |
| 6月 | 2012年大学日语教育与日本学研究国际研讨会在上海举行。 |
| 9月 | 区域语言教育与高端人才培养——APEC教育国际研讨会在北京举行。 |
| 12月 | 中国非通用语教学研究会第七次代表大会暨第14次学术研讨会在北京举行。 |
| 12月 | "外研社杯"全国英语写作大赛开始举办。 |

**2013年**

| | |
|---|---|
| | 教育部启动《普通高等学校本科专业类教学质量国家标准》研制工作。 |
| | 教育部高等学校大学外语教学指导委员会正式启动《大学英语教学指南》研制工作。 |
| 4月 | 新一届教育部高等学校大学外语教学指导委员会（2013—2017）成立，并于6月在南京召开第一次全体委员会议。 |

5月　"中德语言年"在柏林揭幕。

7月　外研社"教学之星"大赛开始举办。

7月　新一届教育部高等学校外国语言文学类专业教学指导委员会（2013—2017）成立，英语分委员会召开第一次全体委员会议。

11月　党的十八届三中全会审议通过《中共中央关于全面深化改革若干重大问题的决定》，指出我国要探索全国高考统考减少科目、不分文理科、外语科目社会化考试一年多考。

**2014年**

国家社科基金项目、教育部人文社会科学研究项目、全国教育科学"十二五"规划项目评选结果显示，与中学英语相关的唯有一项，"我国中学生英语写作中思辨能力表现研究"入选。

国家社科基金项目、教育部人文社会科学研究项目、全国教育科学"十二五"规划、自筹经费项目评审结果显示，直接与初中英语相关的教育部青年基金项目"中、美、加、英、芬五国中小学外语课程标准比较研究"入选。

2014年被称为中国的"高考改革年"。高考改革，尤其是英语科目的改革备受关注。9月，国务院颁布《关于深化考试招生制度改革的实施意见》。

外国语言文学类专业教学指导委员会英语分委员会结合国家发展战略及现实需求，研制英语类专业本科教学质量国家标准。

3月　全国高校大学英语教学发展学术研讨会在北京举行。

4月　庆祝中阿合作论坛创建十周年暨中阿合作研讨会在北京举行。

5月　第三届中德高校德语专业博士生学术研讨会在北京举行。

5月　中国跨文化日耳曼学研究会纪念研讨会在北京召开。

5月　2014年上海洪堡国际学术研讨会在上海举行。

6月　德语、法语、西班牙语课程标准研制工作启动会在北京举行。

9月　第四届全国少数民族地区中小学英语教学与教师发展研讨会在兰州举行。

9月　北京外国语大学中国外语测评中心成立。中心以北京外国语大学全方位外语学科优势为依托，通过与国内外语言测试权威专家和机构密切合作，开展多层次外语测试的开发、研究与服务工作。

| | |
|---|---|
| 10月 | 第七届中国英语教学国际研讨会在南京召开。 |
| 12月 | 教育部会同相关部委联合出台《2015—2017年留学工作行动计划》，对加快培养"一带一路"建设急需的外语非通用语种人才、国际组织人才、国别和区域研究人才、拔尖创新人才以及来华青年杰出人才五类国家战略急需人才做出部署。非通用语种人才培养开始纳入国家外语人才培养的重要战略。 |
| 12月 | "外研社杯"全国英语阅读大赛开始举办。至此，"外研社杯"全国英语演讲大赛、"外研社杯"全国英语写作大赛和"外研社杯"全国英语阅读大赛合称为"外研社杯"全国大学生英语挑战赛（UChallenge）。 |

| | | |
|---|---|---|
| **2015年** | 6月 | 韩中人文学会第36届国际学术会议在北京举行。 |
| | 8月 | 中青年骨干教师研修班暨高等学校多语种翻译教学学术研讨会在北京举办。 |
| | 8月 | "拉美国情与文化"研究生学术论坛在上海召开。 |
| | 9月 | 教育部印发《关于加强外语非通用语种人才培养工作的实施意见》，拟通过加快培养国家急需非通用语种人才等重要举措，实现所有已建交国家官方语言全覆盖，人才培养、智库建设取得显著进展，基本满足我国经济社会发展特别是扩大对外开放的新需要。 |

| | | |
|---|---|---|
| **2016年** | 2月 | 中共中央办公厅、国务院办公厅印发《关于做好新时期教育对外开放工作的若干意见》，这是新中国成立以来第一份全面指导我国教育对外开放事业的纲领性文件。文件将"加快留学事业发展，提高留学教育质量"作为首项任务来抓，该项任务再次明确了培养"五类人才"的目标。 |
| | 3月 | 依托国家社科基金重点课题"非通用语种人才培养研究"的我国外语非通用语种类专业与人才培养的本体研究研讨会在北京举行。 |
| | 4月 | 第一届全国高等学校外语教育改革与发展高端论坛在北京举行。 |
| | 7月 | 教育部正式印发《推进共建"一带一路"教育行动》。《教育行动》是国家"推动共建'一带一路'愿景与行动"在教育领域的落实方案。该文件将"教育互联互通"列为首要内容，指出：要"促进沿 |

线国家语言互通。研究构建语言互通协调机制，共同开发语言互通开放课程，逐步将沿线国家语言课程纳入各国学校教育课程体系。拓展政府间语言学习交换项目，联合培养、相互培养高层次语言人才。发挥外国语院校人才培养优势，推进基础教育多语种师资队伍建设和外语教育教学工作。扩大语言学习国家公派留学人员规模，倡导沿线各国与中国院校合作在华开办本国语言专业。支持更多社会力量助力孔子学院和孔子课堂建设，加强汉语教师和汉语教学志愿者队伍建设，全力满足沿线国家汉语学习需求"。

8月　全国大学法语教学改革与发展研讨会在大连举行。

10月　"文学之路"国际学术研讨会在武汉举行。

10月　中国英语阅读教育研究院在北京成立。

11月　第五届中、韩、日三国波兰语国际学术研讨会在广州举行。

11月　中国外语测评中心推出"国际人才英语考试"首考。

11月　中国非通用语教学研究会第八次代表大会暨第16次学术研讨会在昆明举行。

12月　首届外研社"大学德语教学之星"视频大赛总决赛闭幕。

**2017年**　1月　国务院印发《国家教育事业发展"十三五"规划》。

4月　第二届全国高等学校外语教育改革与发展高端论坛在成都举行。

4月　新课标背景下的全人教育与外语教学研讨会在成都举办。

5月　首届西部地区外语学科发展研讨会在昆明举行。

6月　国家质量监督检验检疫总局、国家标准委联合发布《公共服务领域英文译写规范》系列国家标准。

6月　《外语教学与研究》创刊60周年纪念会暨第六届全国外语教学与研究专家论坛在北京举行。

9月　北京举行首次新中考英语听说模考。

9月　《公共服务领域英文译写规范》发布座谈会在北京举行。

10月　第八届中国英语教学国际研讨会在西安举行。

11月　全国应用型本科院校英语类专业教材研讨会在盐城召开。

12月　北京高考外语听力一年两考，首次考试于12月16日举行。

12月　《中国英语能力等级量表》研制完成。

12月　"中华思想文化术语传播工程"最新成果《中华思想文化术语》(第五辑)在2017中国翻译协会年会上举行发布仪式。

12月　由北京外国语大学倡议发起,全国多所外语类院校及具备外语优势学科的各类院校联合组建的中国高校外语慕课联盟在北京成立。

12月　外语教学与研究出版社外研在线推出中国高校外语慕课平台(UMOOCs)。

**2018年**

1月　中共中央、国务院印发《关于全面深化新时代教师队伍建设改革的意见》。这是新中国成立以来,首次以中共中央、国务院的名义印发的关于教师队伍建设的文件。

3月　首届一流外国语言文学学科建设与发展高峰论坛暨中国高校外语学科发展联盟成立大会在上海举办,致力于切实推动"双一流"建设,实现中国外语高等教育内涵式发展,充分发挥外语学科在服务国家"一带一路"建设中的重要作用。

3月　中国高校外语慕课平台启动,中国首个以外语学科特色为主的国际化慕课平台诞生。

3月　第三届全国高等学校外语教育改革与发展高端论坛在北京举行。

3月　由中国人民大学书报资料中心、中国人民大学人文社会科学学术成果评价研究中心、外语教学与研究出版社联合主办,书报资料中心基础教育期刊社、《英语学习》编辑部承办的基础英语教育最具影响力论文评选发布暨创新基础英语教育论坛在北京召开。

4月　全国基础外语教育教学研讨会在深圳举办。

5月　教育部办公厅和财政部办公厅印发《关于做好2018年农村义务教育阶段学校教师特设岗位计划实施工作的通知》,2018年全国计划招聘特岗教师9万名,外语为紧缺薄弱学科。

5月　全国高校英国文学研究方法与课程教学高端论坛在北京举行。

5月　教育部、国家语言文字工作委员会发布2017年中国语言文字事业发展状况。为推动公共服务领域外文译写规范的贯彻实施,先后召开《公共服务领域英文译写规范》发布座谈会和公示语外译规范与话语体系建设论坛,出版《公共服务领域英文译写指南》和《公共服务领域英文译写一本通》，并启动公共服务领域英、俄、日规范译文数据库建设。

5月　第三届"品读中国"文学翻译奖颁奖典礼在莫斯科中国文化中心举行。

5月　《中国基础教育大数据发展蓝皮书（2016—2017）》发布会在北京举行。

6月　文学翻译名家高峰论坛在杭州举行。

6月　《中国英语能力等级量表》由教育部和国家语委发布，作为国家语委语言文字规范正式实施。

7月　首届功能语言学融合与发展高端论坛暨韩礼德先生纪念研讨会在北京召开。

11月　教育部高等学校教学指导委员会（2018—2022年）成立，指导本科教育教学工作，将承担高等学校教育教学研究、咨询、指导、评估和服务等工作。涵盖2个综合类、109个专业类和40个分教指委，集中了高等教育方面最权威的专家资源。

11月　第四届全国中小学英语阅读教学学术研讨会在北京举行。

12月　教育部高等学校大学外语教学指导委员会（2018—2022）第一次全体会议在浙江大学召开。

12月　教育部高等学校外国语言文学类专业教学指导委员会（2018—2022）成立大会暨新时代外语类本科专业振兴发展研讨会在北京召开。

12月　《改革开放的先声——中国外语教育实践探索》由外研社出版。

# 后　记

　　开放带来进步，封闭必然落后。对外开放已经成为当代中国的鲜明标识，是中国发展迅猛的制胜之道和走向富强的必由之路，中国越发展，开放的大门就必然越开越大。习近平总书记多次强调，中国将继续坚持对外开放基本国策，奉行互利共赢的开放战略，不断提升发展的内外联动性，在实现自身发展的同时更多惠及其他国家和人民。改革开放40年来，中国坚持打开国门搞建设，实现了从封闭半封闭到全方位开放的伟大历史转折，不仅发展了自己，也造福了世界，其中，重视发展外语教育提高国民全球素养和培养专门人才对开放合作功不可没。在新时代继续推进高水平双向开放，更需要加强和改进外语教育，提高国家外语能力。为展现我国外语教育发展不平凡的历程，总结重要成就和宝贵经验，展望未来之路，真实记录为外语教育做出重要贡献的人士，中国教育科学研究院和北京外国语大学的研究者携手合作，共同撰著了这部探索改革开放以来我国外语教育蓬勃发展状况和历史经验的研究性作品。

　　本书从国家改革开放的历史背景出发，把握外语教育事关国家对外合作大局，突出外交与教育主线，围绕外语教育与政治、经济、社会、文化的互动关系，从内外两方面对40年来我国外语教育的政策法规、发展数据、典型事例等进行了系统梳理，并借助教育部委托研究课题深入学校调查研究，回顾总结了外语教育发展的阶段性特征、政策变迁、重要举措、重要成就、宝贵经验和突出贡献，在探索外语教育发展规律和国际比较的基础上提出了新时代外语教育的改进之策。

本书由曾天山、王定华共同担任主编，负责全书的主题、框架、内容设计。曾天山负责前言、第七章，王定华负责序和第三章。其他各章节执笔人分别为：第一章，李建忠；第二章，赵章靖、田辉；第四章，王晓宁、姜晓燕；第五章，秦琳；第六章，张晓光、田辉、李建忠、赵章靖、秦琳；第八章，陈春勇、孟庆涛；附录，徐建中、郑大鹏、赵章靖。全书由曾天山负责统稿工作，王定华审阅了全书稿，赵章靖做了大量组织协调工作。

本书的编写得到了多位外语教育界权威专家的指导。

本书的编写是在外语教学与研究出版社的支持下完成的，感谢徐建中总编辑、王芳书记、章思英副总编辑、常小玲副总编辑、刘捷副社长和李会钦、严学军、陈海燕、李鸿飞、孔乃卓的大力支持，感谢巢小倩、付分钗编辑的辛勤劳动。

本书站在历史新起点上，以新视角运用新材料，回顾40年风雨历程，试图客观反映外语教育发展及其社会贡献，总结历史经验，努力做到大事不遗漏、重点不湮没，但因主客观条件限制，其中或有偏颇之言、疏漏之处，敬请批评指正。

编写者

2019年8月